Programmierkurs für Naturwissenschaftler und Ingenieure

Scientific Computing

Wolfgang Kinzel

Programmierkurs für Naturwissenschaftler und Ingenieure

Schnelleinstieg in Linux, C, Java und Mathematica/Maple

An imprint of Pearson Education

München • Boston • San Francisco • Harlow, England
Don Mills, Ontario • Sydney • Mexico City
Madrid • Amsterdam

Die Deutsche Bibliothek — CIP-Einheitsaufnahme

Ein Titeldatensatz für diese Publikation ist bei
Der Deutschen Bibliothek erhältlich.

Die Informationen in diesem Buch werden ohne Rücksicht auf einen eventuellen Patentschutz veröffentlicht. Warennamen werden ohne Gewährleistung der freien Verwendbarkeit benutzt.

Bei der Zusammenstellung von Texten und Abbildungen wurde mit größter Sorgfalt vorgegangen. Trotzdem können Fehler nicht vollständig ausgeschlossen werden. Verlag, Herausgeber und Autoren können jedoch für fehlerhafte Angaben und deren Folgen weder eine juristische Verantwortung noch irgendeine Haftung übernehmen. Für Verbesserungsvorschläge und Hinweise sind Verlag und Herausgeber dankbar.

Alle Rechte vorbehalten, auch die der fotomechanischen Wiedergabe und Speicherung in elektronischen Medien. Die gewerbliche Nutzung der in diesem Produkt gezeigten Modelle und Arbeiten ist nicht zulässig. Fast alle Hardware- und Softwarebezeichnungen, die in diesem Buch erwähnt werden, sind gleichzeitig eingetragene Warenzeichen oder sollten als solche betrachtet werden.

Umwelthinweis: Dieses Buch wurde auf chlorfrei gebleichtem Papier gedruckt. Die Einschrumpffolie — zum Schutz vor Verschmutzung — ist aus umweltverträglichem und recyclingfähigem PE-Material.

10 9 8 7 6 5 4 3 2 1

04 03 02 01

ISBN 3-8273-1779-7

© 2001 by Addison-Wesley Verlag,
ein Imprint der Pearson Education Deutschland GmbH
Martin-Kollar-Straße 10–12, D-81829 München/Germany
Alle Rechte vorbehalten
Lektorat: Irmgard Wagner, Taufkirchen
Korrektorat: Andrea Stumpf, München
Satz: Hilmar Schlegel, Berlin — gesetzt in Linotype Aldus/Palatino
Einbandgestaltung: Hommer DesignProduction, Haar bei München
Druck und Verarbeitung: Media Print, Paderborn
Printed in Germany

Vorwort

Wer mit einem Computer Probleme mathematischer Art lösen will, muss dessen Sprachen lernen. Es gibt viele Computersprachen, von denen wir vier zur Lösung wissenschaftlicher Probleme empfehlen: C für schnelle und speicherintensive numerische Rechnungen, Java für Animationen und Präsentationen über das Internet, Mathematica oder Maple für symbolische Rechnungen und Grafik und schließlich Linux als modernes Betriebssystem mit vielen nützlichen Werkzeugen.

Diese Buch bietet einen Schnelleinstieg in diese vier Sprachen. Es wendet sich an Naturwissenschaftler, Ingenieure, Lehrer und Schüler, die mathematisch formulierbare Probleme lösen wollen. Der Leser sollte einige Kenntnisse in Mathematik haben — etwa den Stoff, der in den ersten Semestern eines einführenden Mathematik-Kurses gelehrt wird. Andernfalls können die Übungen, die beispielsweise zur linearen Algebra und zu Differentialgleichungen in diesem Buch angeboten werden, nicht bearbeitet werden.

In dieser Einführung werden viele Beispiele, Übungsaufgaben und deren Lösungen erläutert. Auf der beiliegenden CD sind alle Quellcodes vorhanden, einschließlich aller Abbildungen und weiterer Übungsaufgaben. Für Leser, die die Sprache Maple anstelle von Mathematica benutzen wollen, wurde das Kapitel fünf und die entsprechenden Übungen dazu an Maple angepasst; beides ist auf der CD vorhanden und kann vom Leser ausgedruckt werden.

Der Bedarf für diesen Schnelleinstieg wurde in einer entsprechenden Vorlesung *Vorkurs für die Computational Physics* deutlich, die an der Universität Würzburg für Physikstudenten vor dem Vordiplom angeboten wird. Auch in mathematisch orientierten Studiengängen gibt es viele Studenten, die noch keine Programmier-Erfahrung haben. Viele Studenten hatten den Wunsch, die notwendigen Computer-Werkzeuge nicht in Kursen außerhalb der Fakultät, sondern bei den Praktikern in ihrem Fach zu lernen. Deshalb entstand die Vorlesung und daraus dieses Buch.

Der Autor möchte sich bei Michael Biehl und Georg Reents bedanken, die beim Aufbau der Vorlesung mitgeholfen haben. Von vielen Studenten habe ich Anregungen und Korrekturvorschläge erhalten; besonders möchte ich danken: Martin Ahr, Christoph Bunzmann, Ansgar Freking, Timo Kretzer, Alexander Lechler, Richard Metzler, Florian Much, Robert Urbanczik und Thorsten Volkmann. Carsten Winterfeldt hat das Kapitel über Maple geschrieben und Ursula Eitelwein hat bei der Herstellung des Manuskripts geholfen.

Zuletzt möchte ich Irmgard Wagner danken, die als Lektorin von Addison-Wesley dieses Buchprojekt betreut hat.

Würzburg, Juli 2001   Wolfgang Kinzel

Inhaltsverzeichnis

Vorwort   v

1 Einleitung   1
    1.1 Programmstruktur   2
    1.2 Allgemeine Programmiertipps   4

2 Linux   7
    2.1 login und logout   7
    2.2 Kommandozeile   8
    2.3 Dateien   10
    2.4 Verzeichnisse   11
    2.5 Zugriffsrechte   13
    2.6 Prozesse   14
    2.7 Suchen   14
    2.8 Archivieren und komprimieren   15
    2.9 CD und Diskette   16
    2.10 Internet   17
    2.11 Editor emacs   18
    2.12 LaTeX   20
    2.13 Daten mit xmgr grafisch darstellen   23
    2.14 Bilder und Zeichnungen   25

3 C   27
    3.1 Programmstruktur und Notation   27
       3.1.1 Variablen   29
       3.1.2 Zeiger   31
       3.1.3 Gültigkeit der Variablen   32
    3.2 Operatoren   33
       3.2.1 Arithmetische Operatoren   33
       3.2.2 Logische Operatoren   34
       3.2.3 Bitweise Operatoren   35
       3.2.4 Bedingungsoperator   36
       3.2.5 Zuweisung   37
    3.3 Verzweigungen und Schleifen   38
       3.3.1 Bedingte Anweisungen   38
       3.3.2 Schleifen   39
    3.4 Felder und Strukturen   40

		3.4.1	Felder	40
		3.4.2	Zeichenketten	41
		3.4.3	Matrizen	42
		3.4.4	Strukturen	44
	3.5	Funktionen		45
		3.5.1	Übergabe der Argumente	47
		3.5.2	Felder als Argumente	48
		3.5.3	Kommandozeile	49
		3.5.4	Rekursionen	50
	3.6	Lesen und Schreiben		52
		3.6.1	Einzelne Zeichen	52
		3.6.2	Formatierter Text	53
		3.6.3	Dateien	56
	3.7	Mathematische Funktionen		59
	3.8	Die mathematische Bibliothek *Numerical Recipes*		64
	3.9	Übungen		67
4	**Java**			**71**
	4.1	Grundstruktur		71
	4.2	Elementares Programmieren		72
		4.2.1	Variablen	72
		4.2.2	Operatoren	73
		4.2.3	Felder	74
		4.2.4	Mathematische Funktionen	75
		4.2.5	Verzweigungen	76
		4.2.6	Schleifen	77
	4.3	Objektorientiertes Programmieren		78
		4.3.1	Klassen	78
		4.3.2	Objekte und Methoden	80
		4.3.3	Vererbung	81
		4.3.4	Pakete	82
		4.3.5	Gültigkeitsbereiche	82
		4.3.6	String- und Zahlenklassen	83
	4.4	Grafisches Programmieren		84
		4.4.1	Applet	85
		4.4.2	Grafik	86
		4.4.3	Dialoge	89
		4.4.4	Zeichenbereich	94
		4.4.5	Grafikbehälter	94
		4.4.6	Animation	97

		4.4.7	Programmvorlage	102
	4.5	Übungen		106

5 Mathematica — 109

	5.1	Grundlegendes und Notation		110
	5.2	Sprachelemente		112
		5.2.1	Ausdrücke	112
		5.2.2	Zuweisungen	114
		5.2.3	Listen	115
		5.2.4	Funktionen	117
		5.2.5	Schleifen	119
		5.2.6	Daten lesen und schreiben	120
	5.3	Grafik		122
		5.3.1	Kurven	123
		5.3.2	Flächen	129
		5.3.3	Animation	131
	5.4	Lineare Algebra		132
		5.4.1	Vektoren und Matrizen	132
		5.4.2	Lineare Gleichungen	135
		5.4.3	Eigensysteme	135
		5.4.4	Fourier-Transformation	136
	5.5	Analysis		139
		5.5.1	Differentiale	139
		5.5.2	Integrale	140
		5.5.3	Reihen	141
		5.5.4	Vektoranalysis	143
	5.6	Gleichungen		145
		5.6.1	Nullstellen	145
		5.6.2	Differentialgleichungen	147
	5.7	Übungen		150

6 Lösungen zu den Übungen — 153

	6.1	C-Übungen		153
		6.1.1	Iteration	153
		6.1.2	Sieb des Eratosthenes (250 v. Chr.)	154
		6.1.3	Euklidscher Algorithmus (300 v. Chr.)	155
		6.1.4	Bilder rationaler Zahlen	156
		6.1.5	Pi-Experiment	157
		6.1.6	Radioaktiver Zerfall	158
		6.1.7	Mathe-Hasen	160

		6.1.8	Kommentarsuche	161
		6.1.9	Abschusswinkel	162
		6.1.10	Zufallsschnitte	165
	6.2	Java-Übungen		168
		6.2.1	Scheibe	168
		6.2.2	Farben	170
		6.2.3	Maus	172
		6.2.4	Farbanimation	174
		6.2.5	Random Walk	176
		6.2.6	Drehende Scheibe	179
		6.2.7	Kepler-Problem	181
		6.2.8	Fraktal	185
	6.3	Mathematica-Übungen		188
		6.3.1	Zufallszahlen	188
		6.3.2	Iteration	188
		6.3.3	Gemischte partielle Ableitung	189
		6.3.4	Chinesischer Primzahltest	190
		6.3.5	Pendel	191
		6.3.6	Wasserstoff-Elektronen	192
		6.3.7	Spirale	193
		6.3.8	Maxwell-Konstruktion	195
		6.3.9	Nichtlineare Regression	196
		6.3.10	Kettenschwingungen	197

Weiterführende Literatur — 201

Stichwortverzeichnis — 203

1 Einleitung

Der Computer ist zum unverzichtbaren Werkzeug in den Natur- und Ingenieurwissenschaften geworden. Jeder Wissenschaftler hat heute Zugriff auf einen leistungsfähigen Rechner; selbst der PC auf dem eigenen Schreibtisch verfügt über eine höhere Rechengeschwindigkeit und mehr Speicherplatz als Großrechner noch vor einigen Jahren. Der Computer ist aber nicht nur ein Werkzeug, er ist auch zum eigenen Labor geworden. Computersimulationen spielen eine zunehmend wichtige Rolle in der Forschung. Mit Parallelrechnern und Teraflopmaschinen (1 Teraflop = 10^{12} Rechenschritte pro Sekunde) wird man in den nächsten Jahren immer komplexere und realistischere Modelle untersuchen können.

Ebenso wie die Hardware wurde auch die Software erheblich weiterentwickelt. Es stehen leistungsstarke und benutzerfreundliche Programmpakete zur Verfügung, die numerische und symbolische Rechnungen durchführen, Daten auswerten und grafisch darstellen, bewegte Bilder (Animationen) produzieren und mathematische Texte sauber formatieren können. Heutzutage kommen noch weitere Möglichkeiten hinzu: Über das Internet können Ihre Programme von irgendeinem Rechner in der Welt aufgerufen werden und dort Bilder und Animationen produzieren. Das heißt, nicht nur fertige Bilder können elektronisch verschickt werden, sondern auch Computerprogramme, die Daten und Bilder erst im fernen Rechner erzeugen. Darüber hinaus können derartige Programme mit Mausklicks und Tasteneingaben gesteuert werden.

Allerdings gibt es für jeden Wissenschaftler ein Problem: Zusätzlich zur fachlichen Ausbildung gilt es, eine Reihe von Computersprachen zu lernen. Mit deren zunehmender Vielseitigkeit wächst auch ihre Komplexität. Zu jeder Sprache gibt es deshalb ausführliche Dokumentationen mit hunderten von Seiten, und jede neue Version einer Programmiersprache erhöht die Seitenzahl der entsprechenden Lehrbücher.

Wollen Sie wochenlange Kurse belegen oder mehrere Lehrbücher und Dokumentationen durcharbeiten? Dieses Buch bietet Ihnen einen alternativen Weg: Es liefert einen Schnelleinstieg in die wichtigsten Programmiersprachen, zusammen mit vielen Übungsaufgaben und kommentierten Lösungen, so dass Sie genug Erfahrung sammeln können, um eigene Programme zu schreiben. Nach einem derartigen Einstieg mit Hilfe von *learning by doing* fällt es Ihnen umso leichter, weitere Werkzeuge aus den ausführlichen Dokumentationen zu holen.

Dieses Buch entstand aus Vorlesungen an der Universität Würzburg, zu denen Übungen durchgeführt wurden. Wir haben uns auf folgende Sprachen beschränkt: Linux/UNIX, Mathematica/Maple, C und Java. Linux ist ein UNIX-Betriebssystem für PCs, das sich unter Wissenschaftlern zunehmend durchsetzt. Es ist kostenlos erhältlich und enthält eine Vielzahl nützlicher Programme, eignet sich für Netzwerke und wird weltweit von einer großen Linux-Gemeinde weiterentwickelt.

Mathematica ist eine vielseitige Programmiersprache. Es umfasst eine große Anzahl von symbolischen, numerischen und grafischen Funktionen. Obwohl es sehr teuer ist, kann es als universelles mathematisches Werkzeug empfohlen werden. C dagegen ist eine wesentlich elementarere Sprache (Mathematica ist übrigens in C geschrieben). Wer aber schnelle numerische Rechnungen durchführen möchte, kann auf elementare Sprachen nicht verzichten. Obwohl die neue Version von Mathematica numerische Rechnungen sehr schnell durchführt, läuft ein C-Programm im Allgemeinen immer noch schneller als die entsprechenden Mathematica-Funktionen und benötigt wesentlich weniger Speicherplatz.

Java ist eine Erweiterung von C. Mit Java kann man schon übersetzte Programme über das Internet laden und ausführen lassen, und zwar auf fast allen Rechnern und Betriebssystemen. Java ist eine moderne objektorientierte Sprache mit einer umfangreichen Programmbibliothek, die laufend erweitert wird. C und Java sind kostenlos erhältlich und im Linux-Paket mit enthalten.

Dieses Buch setzt voraus, dass das Betriebssystem Linux oder UNIX und die drei Programme Mathematica (oder Maple), C und Java auf Ihrem Rechner installiert sind. Zu diesen drei Sprachen werden neben den Grundlagen nur diejenigen Funktionen erklärt, die später in den Übungen auch benutzt werden. Zu allen Lösungen der Aufgaben und Beispiele sind die Quelltexte, die Applets und die Notebooks auf der beiliegenden CD vorhanden.

Ein wichtiger Teil der Computerausbildung sind Übungen. Nur wer selbst am Computer arbeitet, kann lernen, eigene Programme zu schreiben. Der Computer verzeiht keine Fehler. Obwohl die Compiler Fehlermeldungen liefern, müssen Sie sich darauf einstellen, viele Stunden am Computer mit der Fehlersuche zu verbringen. Der Computer schult logisches und strukturiertes Denken, das ohne Mühe nicht zu erreichen ist. Aber es lohnt sich; wissenschaftlicher Fortschritt ist — jedenfalls in den Natur- und Ingenieurwissenschaften — eng mit dem Einsatz des Computers verbunden.

1.1 Programmstruktur

Jede der drei hier behandelten Programmiersprachen verlangt eine andere Denkweise. In Mathematica (das Gleiche gilt für Maple) ist jede Anweisung ein Ausdruck. Ein Ausdruck kann beispielsweise eine Gleichung, eine Zahl, eine Funktion, ein numerischer Wert, eine Liste von Ausdrücken oder eine Grafik sein. Sobald ein Ausdruck mit dem Befehl ⇧ + ⏎ (gleichzeitig drücken) eingegeben worden ist, wird er sofort ausgewertet, und zwar soweit es die Mathematica-Regeln und die vorher eingegebenen Anweisungen erlauben. Dabei kann er sich beispielsweise von einem abstrakten Symbol zu einem numerischen Wert wandeln. Selbst vorher eingegebene Ausdrücke werden durch nachfolgende Anweisungen weiter ausgewertet. Auf jeden Ausdruck können je nach Typ eine Vielzahl von Funktionen angewandt werden, die wieder neue Ausdrücke liefern.

C-Programme sind ganz anders strukturiert. Während in Mathematica jeder Ausdruck sofort ausgewertet wird, müssen in C alle Anweisungen des Programms in einem Quell-

1.1 Programmstruktur

text zusammengefasst und in eine Maschinensprache passend zu Ihrem Computer übersetzt (*kompiliert*) werden. Das C-Programm arbeitet danach schrittweise alle Anweisungen ab, wobei auch Funktionen aufgerufen werden können. Im Gegensatz zu Mathematica arbeitet C nur mit Zahlen und Zeichen. Die entsprechenden Speicherplätze der Variablen und der Funktionen müssen je nach ihrem Typ vom Benutzer vorher deklariert werden. In C gibt es sogar Variablen (Zeiger) für die Adresse des entsprechenden Speicherplatzes, so dass der Programmierer den Speicher direkt ansprechen kann.

Java wiederum erfordert eine andere Denkweise. Java-Programme enthalten so genannte Objekte, die teilweise parallel laufen. Beispielsweise gibt es ein Objekt, das ein Fenster auf Ihrem Bildschirm verwaltet, während andere Objekte Ihre Rechnungen durchführen und die Ergebnisse in dieses Fenster schreiben oder zeichnen. Weitere Objekte bearbeiten Ihre Maus- oder Tastatur-Aktionen. Jedes Objekt besteht aus Daten und Funktionen, letztere werden in Java *Methoden* genannt. Erst innerhalb einer Methode ähnelt ein Java-Programm einem entsprechendem Block von C-Anweisungen.

Ein Mathematica-Programm wird mit dem Befehl

```
mathematica name.nb
```

aufgerufen. Dann öffnet sich ein Fenster, in das Sie Ihre Anweisungen schreiben, editieren und mit ⇧ + ⏎ abschicken können. Die Ergebnisse Ihrer Rechnungen erscheinen in demselben Fenster.

Ein C-Programm wird dagegen als Text in eine Datei `name.c` geschrieben. Diese Datei wird dann kompiliert, beispielsweise mit:

```
gcc -o name   name.c  -lm
```

Jetzt existiert eine Datei `name`, die Sie mit deren Namen aufrufen können. Die Ergebnisse Ihrer Rechnungen werden durch `printf`-Anweisungen in das aufrufende Fenster geschrieben. Sie können diese Ausgabe aber auch mit der Anweisung

```
name > daten
```

in eine Datei `daten` schreiben.

Java-Programme bestehen aus so genannten Klassen. Fast jede Klasse wird als Text in eine eigene Datei geschrieben, beispielsweise mit dem Namen `name.java`. Diese Datei muss nun kompiliert werden:

```
javac   name.java
```

Dabei wird für jede Klasse eine Datei mit der Endung `.class` erzeugt. Soll das Programm nun von einem Internetbrowser aufgerufen werden, so muss die Hauptklasse `name.class` zunächst in einer Datei `name.html` aufgerufen werden, die Befehle in der so genannten HTML-Sprache enthält, mit der man Browser steuert:

```
<Applet code=name.class   width=300 height=300>   </Applet>
```

Jetzt erst kann das Java-Programm gestartet werden, beispielsweise mit dem Browser

```
netscape   name.html
```

Das soll als Einblick in die verschiedenartigen Strukturen der drei Sprachen Mathematica, C und Java genügen. Genaueres erfahren Sie in den folgenden Kapiteln. Ein entsprechendes Kapitel zu Maple finden Sie auf der beiliegenden CD.

1.2 Allgemeine Programmiertipps

Dieses Buch ist für Leser geschrieben, die wissenschaftliche Probleme lösen wollen. Der Computer selbst soll dabei kein Studienobjekt werden — dazu gibt es schließlich ein eigenes umfangreiches Studium — sondern er soll helfen, diejenigen wissenschaftlichen Modelle zu berechnen und Beobachtungen zu analysieren, die man in eine mathematische Form bringen kann.

Wie beginnen Sie eine solche Aufgabe? Hierzu seien einige allgemeine Tipps vorangestellt:

> **Formulieren Sie die logische Struktur des Problems mit eigenen Worten.**

Bevor Sie anfangen, Computerprogramme zu schreiben, sollten Sie sich über die logische Struktur und den Ablauf des Algorithmus klar werden. Dazu ist die eigene Sprache am besten geeignet. Formulieren Sie also die Grundstruktur und einzelne Schritte Ihres Programms in Worten, einschließlich aller Wiederholungen und logischen Verzweigungen.

Fast alle Programme haben zwei wichtige Elemente: Wiederholungsschleifen und Verzweigungen. Erstgenannte führen so lange dieselben Rechenoperationen durch, bis irgendein Abbruchkriterium erreicht ist. Verzweigungen führen je nach Ergebnis der Rechnungen zu verschiedenen Anweisungen. Beides kann man in Flussdiagrammen darstellen; ich bevorzuge aber eigene Worte, um die grobe Struktur eines Programms festzulegen.

> **Zerlegen Sie das Problem in mehrere Teilprobleme.**

Moderne Computersprachen machen es leicht, modular zu programmieren. Das heißt, für ein Teilproblem wird nur ein Name einer Funktion vergeben, die dann später getrennt programmiert wird. Dadurch gewinnt das Programm an Übersichtlichkeit und kann später leichter geändert werden.

> **Schreiben Sie zu allen Daten und Zwischenergebnissen Ihres Problems eine Liste von wichtigen Variablen, Feldern und Funktionen.**

Das Programm liefert Rechenergebnisse, die voneinander abhängen. Es muss von Anfang an klargestellt werden, welche Informationen in welchen Variablen gespeichert werden und welche Funktionen darauf zugreifen sollen. Beispielsweise muss bei einer Computersimulation auf einem Gitter geklärt werden, ob man die Teilchen durchnummeriert und deren Koordinaten abspeichert oder ob man die Gitterplätze abzählt und dort Besetzungszahlen speichert.

> Fügen Sie möglichst viele sinnvolle Kommentare in Ihr Programm ein.

Nach einiger Zeit versteht man oft das eigene Programm nicht mehr. Noch viel schwieriger ist es, Programme anderer Leute zu begreifen. Deshalb ist es sehr wichtig, möglichst viele Anweisungen im Programm zu kommentieren. Die Namen von Variablen und Funktionen sollten soweit ausgeschrieben werden, dass ihre Bedeutung klar wird. Da wir in diesem Buch sämtliche Programme ausführlich erklären, verzichten wir allerdings auf Kommentare im Quellcode.

> Drucken Sie zur Fehlersuche den Inhalt möglichst vieler Variablen aus.

Jeder Programmierer verbringt sehr viel Zeit mit der Fehlersuche. Zwar zeigt der Compiler viele Programmierfehler an, aber nicht immer wird sofort klar, was dabei gemeint ist. Ferner existieren Fehler, für die es keine Compiler-Meldung gibt; erst am Ergebnis merkt man, dass das Programm nicht richtig funktioniert. In diesem Fall sollte man sich Schritt für Schritt das Ergebnis aller Rechnungen anzeigen lassen, entweder mit „Debug"-Werkzeugen, die wir hier nicht erklären werden, oder indem man vorübergehend viele Druckbefehle in sein Programm einfügt.

> Speichern Sie alle wichtigen Dateien mehrfach ab.

Schon manche Diplomarbeit musste neu geschrieben werden, weil entweder der Diplomand aus Versehen die entsprechende Datei gelöscht hat oder weil die Festplatte unerwartet schnell ihr Leben beendet hat. Auch mir ist es schon einmal gelungen, mit einem einzigen Mausklick sämtliche Dateien zu löschen. Deshalb sollten Sie Ihre Daten und Dokumente gut sichern, auf Diskette, im Superuser-Verzeichnis und auf anderen Computern. Professionelle Computer-Netzwerke schreiben täglich alle Dateien auf besondere Backup-Speicher.

Diese allgemeinen Bemerkungen sollen genügen. Programmieren lernt man nicht durch abstrakte Theorien, sondern durch praktische Erfahrungen. Jeder legt sich im Laufe der Zeit einen eigenen Programmierstil zu, der zur Lösung seiner Fragestellungen passt.

2 Linux

Linux ist ein Betriebssystem. Das bedeutet, Linux steuert die Verwaltung der Dateien, den Aufruf und Ablauf von Programmen und die Organisation von Computer-Netzwerken. Außerdem enthält Linux eine Vielzahl von nützlichen Werkzeugen, unter anderem Compiler zur Übersetzung Ihrer Programme, Routinen zur Bearbeitung Ihrer Zeichnungen und Bilder sowie Editoren zum Schreiben und Manipulieren Ihrer Texte.

Die Geschichte von Linux ist erstaunlich. Das Betriebssystem wurde 1991 als UNIX-System für PCs geschrieben und wird seitdem weltweit von einer großen Gemeinde begeisterter Amateure und Profis weiterentwickelt. Zusammen mit vielen Anwendungsprogrammen ist es kostenlos über das Internet erhältlich. Außerdem bieten einige Firmen Linux auf CDs an, einschließlich einer Dokumentation zur Installation, Konfiguration und zu den ersten Schritten. Nicht nur an Universitäten setzt sich Linux weltweit immer mehr durch; es hat zur Zeit einen Standard erreicht, der es zur ernsten Konkurrenz für andere Betriebssysteme wie Microsoft Windows macht.

In unserem Schnelleinstieg wollen wir einige elementare Methoden kennen lernen, um Dateien zu editieren und zu verwalten, Programme auszuführen und Zeichnungen zu erstellen. Auf diesem elementaren Niveau gibt es kaum Unterschiede zwischen Linux und anderen UNIX-Systemen. Wer mehr wissen will, dem steht eine umfangreiche Linux-Bibliothek in den Fachbuchhandlungen zur Verfügung.

2.1 login und logout

Wir gehen davon aus, dass das Linux-Betriebssystem auf Ihrem Computer installiert und hinreichend konfiguriert ist, außerdem sollte für Sie ein so genannter *Account* eingerichtet worden sein. Das bedeutet, nach dem Einschalten des PCs erscheint entweder eine Boot-Abfrage, die man — je nach Konfiguration — mit `linux` beantwortet, oder es wird direkt nach dem Account gefragt:

```
login: kinzel
Passwort: ********
```

Jede Eingabe müssen Sie mit der Return-Taste ⏎ an den Rechner absenden.

Nach der Anmeldung befinden Sie sich in Ihrem persönlichen Benutzerverzeichnis. Je nach Konfiguration Ihres Computers hat sich schon eine grafische Oberfläche geöffnet, ansonsten sollten Sie den Befehl `startx` ausprobieren. Nun stehen Ihnen eine Vielzahl von grafischen Werkzeugen zur Verfügung, die hauptsächlich mit der Maus gesteuert werden. Die entsprechenden Befehle sind oft auf Schaltflächen am Fensterrand zu sehen und geben teilweise sogar von selbst eine Erklärung, wenn Sie mit der Maus darauf zeigen. Zusammen mit einer Hilfe-Bibliothek, die oft zu den entsprechenden Anwendungen gehört, können Sie sich durch Ausprobieren vieles selbst beibringen. Solange Sie nichts löschen, können Sie dabei kaum Schaden anrichten. Zum Beispiel können Sie Fenster durch permanenten Mausdruck auf den Rahmen verschieben und verändern, außerdem können Sie bei den meisten Systemen drei Symbole anklicken:

- Das Fenster schrumpft auf ein kleines Symbol (Icon).
- ☐ Das Fenster wird maximal vergrößert.
- ☒ Das Fenster wird geschlossen und und alle darin laufenden Prozesse werden beendet.

Um Befehle in ein Fenster eingeben zu können, muss es oft erst angeklickt werden. Je nach Einstellung der Oberfläche genügt es manchmal auch, nur den Cursor in das Fenster zu schieben.

Nach der Arbeit am Computer muss das Linux-System heruntergefahren werden. Auf keinen Fall darf der Rechner einfach abgeschaltet werden, denn sonst können Daten verloren gehen und das Betriebssystem muss beim nächsten Einschalten sein Filesystem reparieren. In einer grafischen Oberfläche gibt es zum Abschalten des Systems geeignete Schaltflächen. Alternativ dazu kann, konfigurationsabhängig, die Oberfläche mit `Strg` + `Alt` + `⌫` (gleichzeitig drücken) oder `Ctrl` + `Alt` + `Backspace` und das Linux-System danach mit `Strg` + `Alt` + `Entf` oder `Ctrl` + `Alt` + `Del` abgeschaltet werden, je nachdem ob Sie eine deutsche oder amerikanische Tastatur besitzen.

Wer nur dem nächsten Benutzer Platz machen möchte, kann auch `logout` oder `exit` eingeben.

2.2 Kommandozeile

Obwohl viele Programme in einer grafischen Oberfläche von Linux durch Anklicken (manchmal mit Doppelklick) gestartet werden können, kann der Benutzer nicht auf Anweisungen in einer Kommandozeile verzichten. Oft geht es schneller, einen Befehl einzutippen als das Programm in vielen verschachtelten Pop-up-Menüs zu suchen; abgesehen davon gibt es noch viele Rechner ohne komfortable Oberfläche oder man kann die Oberfläche nicht nutzen, weil man über das Internet von einem entfernten Rechner aus Programme startet.

Zunächst muss ein Fenster vorhanden sein, in das Befehle eingegeben werden können. Solche Fenster werden *Terminals* genannt. Je nach Einstellung wird ein Terminal entweder automatisch gestartet oder es muss durch Anklicken von entsprechenden Symbolen oder durch Drücken der Maustasten gestartet werden.

Anweisungen werden durch eine so genannte *Shell* interpretiert. Bei Linux erhalten Sie oft die Shell `bash`, die Anweisungen durch die Tabulatortaste automatisch vervollständigt und vorige Anweisungen durch die obere Pfeiltaste wieder zurückholt. Sollte das nicht funktionieren, versuchen Sie den Befehl `tcsh`.

Eine Kommandozeile können Sie auch editieren. Dazu gehört, dass Sie irgendeinen Text mit der linken Maustaste markieren und ihn dann mit der mittleren Maustaste in die

Kommandozeile kopieren. Solche nützlichen Werkzeuge erleichtern die Arbeit am Computer ungemein.

Eine Anweisung kann für den Namen eines ausführbaren Programms stehen. Die Shell sucht das Programm in dem für den Benutzer eingerichteten Suchpfad und führt es aus, falls der Benutzer Zugriffsrechte auf dieses Programm besitzt. Wenn das nicht der Fall ist, erzeugt die Shell eine entsprechende Fehlermeldung. Die Anweisung kann aber auch für den Namen einer Datei stehen, in der viele weitere Befehle stehen (so genannte *Shell-Skripte*). Oder der Name steht für eine Abkürzung einer Kommandozeile, die der Benutzer selbst in die Datei .bashrc geschrieben hat, zum Beispiel mit der Zeile

```
alias uni="netscape  http://www.physik.uni-wuerzburg.de"
```

Innerhalb von bash bewirkt dann der Aufruf von uni, dass die Internetseite der Würzburger Physik aufgerufen wird. Mit dem Aufruf alias erhalten Sie eine Liste aller vorhandenen Abkürzungen. alias selbst ist ein Shell-Befehl.

Eine Anweisung kann auch Optionen und Parameter enthalten. Optionen werden oft mit einem Minuszeichen (-) markiert, es können dabei mehrere zusammengefasst werden. Zwischen dem Befehl, den Optionen und den Parametern muss jeweils ein Leerzeichen stehen. Hier sind einige Beispiele:

`ls`	listet die Dateien im aktuellen Verzeichnis auf
`ls -l`	liefert eine detaillierte Information über die Dateien
`ls -la`	liefert außerdem Informationen über die versteckten Dateien
`ls -lat /tmp`	liefert detaillierte Informationen über alle Dateien im Verzeichnis /tmp, sortiert nach dem Zeitpunkt der letzten Änderung

Das Kommando ls gibt die jeweiligen Informationen über die Dateien als Text im aufrufenden Terminal aus. Dieser Text kann aber auch in eine andere Anweisung, beispielsweise in den Druckbefehl lpr mit dem so genannten *Pipe*-Symbol (|) umgeleitet werden:

```
ls -la /tmp | lpr
```

Nun wird die entsprechende Information ausgedruckt. Es ist auch möglich, den Text mit dem Zeichen > in eine Datei zu schreiben.

```
ls -la /tmp > name.txt
```

Hierbei wird der Text in die Datei name.txt im ASCII-Format geschrieben.

Das Kommando in der Kommandozeile erlaubt auch so genannte *Wildcards*. Mit einem Stern * werden beliebige Zeichenketten und mit einem Fragezeichen (?) beliebige einzelne Zeichen markiert. Die Anweisung

```
ls *a???.?
```

listet beispielsweise alle Dateien im aktuellen Verzeichnis auf, deren vorletztes Zeichen ein Punkt und deren sechstletztes Zeichen der Buchstabe a ist. So kompliziert werden Sie es sich nicht machen, oft genügt ein ls *.

2.3 Dateien

Dateien bestehen aus einer Menge von *Bits*, das heißt einer Folge der Symbole 1 oder 0, die jeweils durch zwei Schalterstellungen, zwei Magnetisierungsrichtungen, zwei Kondensatorladungen oder durch eine Markierung auf der CD gespeichert werden können. Vom Prozess, der diese Dateien bearbeitet, hängt es ab, wie diese Folge von Bits interpretiert wird. Bei Textdateien werden 8 Bit (= 1 *Byte*) als eines von $2^8 = 256$ Textzeichen interpretiert. Dabei wird in Linux/UNIX meistens das ASCII-Format benutzt, zum Beispiel wird das Byte 01100001 als das Zeichen a und 01000001 als A geschrieben. Solche Dateien können mit den Befehlen more und less gelesen werden:

    less name.c

Mit dem Programm less kann man in der Datei vor- und zurückblättern (mit f, b oder den Cursortasten), und das Zeichen q beendet das Programm. Eine Datei können Sie auch drucken, meist mit dem Befehl

    lpr name.c

Die zu druckenden Dateien kommen in eine Warteschlange, die Sie mit dem Befehl lpq abfragen können. Sollten Sie die Datei plötzlich doch nicht mehr drucken wollen, so können Sie mit lprm job den Druck stoppen, wobei job die Nummer des Druckjobs ist.

Textdateien werden mit Editoren erzeugt und geschrieben, Linux bietet dazu die Programme emacs, xemacs, vi, gvim, pico, joe und einige weitere an. Eine Datei kann aber auch ein ausführbares Programm, ein Bild oder einen Klang enthalten. Solche Dateien können mit Texteditoren nicht mehr gelesen werden, sondern dafür gibt es je nach Datenformat spezielle Werkzeuge. Beachten Sie auch, dass Texte, die im Betriebssystem Windows mit MS-Word erstellt wurden, grundsätzlich andere Formate haben, die mit den obigen Linux-Werkzeugen nicht gelesen und bearbeitet werden können. Dennoch können Sie sich für jedes Format mit dem Befehl strings name den Text einer Datei anzeigen lassen, allerdings unformatiert, ohne Grafik usw.

Der Name einer Datei kann fast beliebig gewählt werden. Linux unterscheidet zwischen Groß- und Kleinbuchstaben. Zweckmäßigerweise erhält eine Datei eine Endung, die anzeigt, welche Art von Datei vorliegt. Manche Programme wie Compiler verlangen eine bestimmte Endung der zu bearbeitenden Datei, auch manche Editoren konfigurieren ihre Werkzeuge nach Art der Datei. Folgende Endungen sind üblich:

name.txt	Textdatei
name.c	C-Programmtext
name.f	Fortran-Programmtext
name.nb	Mathematica-Notebook
name.tar	Paket von Dateien, mit tar erstellt
name.gz	mit gzip komprimiert
name.z	mit compress komprimiert
name.tgz	komprimiertes Paket von Dateien

`name.ps`	Bild im PostScript-Format (Textdatei), das mit `ghostview` betrachtet werden kann
`name.eps`	Wie PS, nur als *encapsulated postscript*
`name.gif`	Bild im GIF-Format, mit `xv` zu betrachten
`name.jpeg`	Bild im JPEG-Format, mit `xv` zu betrachten
`name.html`	Datei im HTML-Format für Browser
`name.java`	Java-Programmtext
`name.class`	kompiliertes Java-Programm
`name.tex`	Textdatei für LaTeX-Programm
`name.dvi`	übersetzte LaTeX-Datei, die mit `xdvi` betrachtet und mit `dvips` in die PostScript-Datei `name.ps` umgewandelt werden kann
`name.fig`	Bilddatei für `xfig`

Außerdem werden von einigen Programmen automatisch Sicherungskopien mit Namen wie `#name.c#` oder `name.c~` erzeugt. Wer den Typ einer Datei bestimmen möchte, kann dies mit dem Befehl `file` herausfinden.

2.4 Verzeichnisse

Dateien werden in *Verzeichnissen* geordnet, die Sie sich als eine Art von ineinander verschachtelten Schubladen vorstellen können, die baumartig geordnet sind. Das oberste Verzeichnis, die Wurzel, hat den Namen `/` und enthält alle anderen Verzeichnisse und Dateien. Danach folgt ein Baum von Unterverzeichnissen, der beliebig kompliziert verzweigt sein darf. Jedes Verzeichnis kann sowohl Dateien als auch weitere Unterverzeichnisse enthalten. Die Grundstruktur des Verzeichnisbaums ist bei allen UNIX-Systemen gleich; Sie werden beispielsweise bei Ihrem Computer die Verzeichnisse `/`, `/usr`, `/var`, `/etc` finden, die das Betriebssystem für seine verschiedenen Aufgaben braucht.

Der Name einer Datei setzt sich aus allen darüber liegenden Verzeichnissen zusammen:

```
/home/kinzel/java/vorkurs/Beispiel.html
```

Nach dem *Login* befinden Sie sich in Ihrem persönlichen Verzeichnis, dort können Sie die Namen der darüber liegenden weglassen:

```
java/vorkurs/Beispiel.html
```

Mit dem Befehl `cd` (change directory) können Verzeichnisse gewechselt werden:

```
cd java/vorkurs
```

Danach lautet der Name der Datei nur noch

```
Beispiel.html
```

Das aktuelle Verzeichnis kann mit `pwd` (print working directory) abgefragt werden. Es kann mit einem Punkt (`.`) und das darüber liegende mit zwei Punkten (`..`) abgekürzt werden. Der Befehl `ls -a` listet auch die Verzeichnisse `.` und `..` auf. Die Anweisung

```
cd ..
```

wechselt also von /home/kinzel/java/vorkurs zu /home/kinzel/java und der Befehl `ls ..*` zeigt danach alle Dateien des Verzeichnisses /home/kinzel an. Alternativ zur letzten Anweisung könnte man `cd ..` und danach `ls` eingeben. Ihr eigenes Heimverzeichnis können Sie mit ~ abkürzen und das entsprechende Verzeichnis eines anderen Benutzers mit dessen Namen ~name. Der Befehl `cd` ohne Namen führt Sie in Ihr eigenes Verzeichnis. Falls Sie sich also im komplexen Verzeichnisbaum verirrt haben und nicht mehr wissen, wie Sie nach Hause kommen, sollten Sie einfach `cd` eingeben.

Ein neues Verzeichnis können Sie mit `mkdir name` (make directory) erstellen und mit `rmdir name` wieder löschen, sofern es leer ist.

Dateien können kopiert, verschoben und gelöscht werden. Dies geschieht mit den Anweisungen `cp` (copy), `mv` (move) und `rm` (remove). Bei den ersten beiden Anweisungen wird zuerst die Quelldatei und dann die Zieldatei angegeben, beim letzten Befehl genügt der Name der zu löschenden Datei. Anstelle des Namens der Zieldatei können Sie auch nur ein Verzeichnis angeben, dann wird der Quellenname übernommen. Einige Beispiele dazu:

```
cd ~/java
```

Wir befinden uns jetzt im Verzeichnis home/kinzel/java.

```
cp vorkurs/Beispiel.html  .
```

Den letzten Punkt nicht vergessen! Die Datei `Beispiel.html` aus dem Verzeichnis /home/kinzel/java/vorkurs wird in das Verzeichnis /home/kinzel/java kopiert und erhält denselben Namen.

```
cp vorkurs/Beispiel.html  neu.html
```

wie vorher, aber nun erhält die Datei den neuen Namen `neu.html`.

```
mv vorkurs/Beispiel.html  ../neu.html
```

Hiermit wird die Datei `Beispiel.html` aus dem Verzeichnis /home/kinzel/java/vorkurs in das Verzeichnis /home/kinzel verschoben und erhält den Namen `neu.html`. Der alte Name existiert nicht mehr.

```
rm ~/neu.html
```

Damit wird die Datei `neu.html` im Verzeichnis /home/kinzel gelöscht.

```
rm vorkurs/*
```

Alle Dateien im Verzeichnis /home/kinzel/java/vorkurs werden gelöscht.

```
rm -r *
```

Vorsicht: Alle Dateien des momentanen Verzeichnisses und alle Dateien aus allen darunterliegenden Verzeichnissen werden gelöscht, falls Sie das Zugriffsrecht w (siehe unten) auf die Dateien haben.

> `rm` löscht ohne Warnung und unwiderruflich, also Vorsicht mit dem Befehl `rm`, besonders zusammen mit dem Symbol * (alle Namen) und der Option -r (rekursiv)!

Mit der zusätzlichen Option -i wird bei jeder Datei nachgefragt, ob sie gelöscht werden soll, damit ist man auf der sicheren Seite.

2.5 Zugriffsrechte

Nicht jeder Benutzer darf Ihre Dateien lesen, verändern oder ausführen. Jede Datei besitzt Zugriffsrechte, die Sie mit `ls -l` erfragen können. Nur der Systemverwalter, der *Superuser*, mit dem Namen `root` kann auf alle Dateien und Verzeichnisse des gesamten Systems zugreifen.

Sie können die Zugriffsrechte für Ihre persönlichen Dateien selbst ändern. Dabei unterscheidet man:

u	der Besitzer (user)
g	eine Benutzergruppe (group)
o	alle Benutzer (other)

Für jedes Verzeichnis und jede Datei können folgende Rechte gesetzt werden:

r	Datei darf gelesen werden (read)
w	Datei darf beschrieben werden (write)
x	Datei darf ausgeführt und Verzeichnis darf gewechselt werden (execute)

Mit der Anweisung `ls -l` wird eine Zeichenkette mit den Rechten der drei Gruppen ausgegeben:

```
drwxr-xr-x
lr-xr-xr-x
-rw-r-r-x
```

Das erste Zeichen steht für den Dateityp. Dabei steht d für ein Verzeichnis (directory), l für *Link* und - für eine Datei. Die nächsten drei Zeichen geben die Zugriffsrechte des Besitzers an, dann kommen die Rechte der Gruppe und schließlich die aller anderen Benutzer. Das Zeichen - bedeutet jetzt: Das Recht ist nicht gesetzt.

Der Befehl `chmod` ändert die Zugriffsrechte.

```
chmod ug+rw   name.c
```

bedeutet, dass der Besitzer (u) und die Gruppe (g) die Datei `name.c` lesen (r) und editieren (w) dürfen (+).

```
chmod  o-rwx  name.c
```

dagegen verbietet (-) allen anderen (o), diese Datei zu benutzen. Mit dem Zugriffsrecht r können Sie eine Datei nicht nur lesen, sondern auch kopieren. Ein ausführbares Programm muss das Recht x erhalten, ebenso alle Verzeichnisse.

2.6 Prozesse

Ausführbare Programme werden einfach mit ihrem Namen aufgerufen:

```
mathematica
```

Damit wird ein Prozess gestartet, der in diesem Fall ein Fenster öffnet und einige Einstellungen aus Steuerdateien, deren Name meist mit einem Punkt beginnt, abliest. Im Linux-System können mehrere Prozesse gleichzeitig laufen; das System verteilt die Rechenzeit stückweise je nach Priorität des Prozesses, die Sie mit der Anweisung nice auch selbst bestimmen können. Falls Sie ein Programm job abschicken, das viel Rechenzeit benötigt, werden Ihre Kollegen sich freuen, wenn Sie die Priorität Ihres Prozesses mit nice -10 job heruntersetzen. Die Anweisungen top, ps oder ps -ef liefern Listen der laufenden Prozesse, wobei top mit q (quit) beendet werden muss.

Wird ein Prozess von einem Terminal aus aufgerufen, so können dort während der Ausführung keine weiteren Befehle eingegeben werden. Allerdings können Sie diesen Prozess in den Hintergrund schicken und damit das Terminal wieder freigeben. Dazu geben Sie [Strg] + z ein und danach bg (background). Alternativ dazu kann man den Prozess direkt in den Hintergrund schicken, indem man hinter den Aufruf ein &-Zeichen stellt:

```
mathematica &
```

Falls ein Prozess aus irgendwelchen Gründen abgebrochen werden soll, kann dies mit dem Kommando [Strg] + c geschehen. Prozesse, die im Hintergrund laufen, können Sie mit dem Befehl kill beenden. Dazu müssen Sie die Prozessnummer mit ps -ef, eventuell von einem anderen Fenster oder sogar von einem anderen Computer im Netz aus erfragen und die Option 9 eingeben:

```
kill -9  Prozessnummer(PID)
```

2.7 Suchen

Im Allgemeinen ist der gesamte Verzeichnisbaum aller Dateien sehr groß und unübersichtlich. Deshalb gibt es Anweisungen, um Dateien zu suchen.

```
locate  .gif
```

zeigt alle Dateien an, deren Name die Zeichenkette .gif enthält. Falls locate nicht funktioniert, kann man auch find versuchen:

```
find .. -name "*.gif"
```

Hierbei werden alle Dateien aufgelistet, deren Name .gif enthält und die im übergeordneten Verzeichnis und allen seinen Unterverzeichnissen liegen. Ersetzt man den Doppelpunkt durch den Querstrich (/), so wird die gesamte Festplatte durchsucht.

Es ist auch möglich, nach Zeichenketten *in einer Datei* zu suchen. Dazu kann der Befehl grep (get regular expression pattern) verwendet werden.

```
grep xyz *
```

sucht in allen Dateien des Verzeichnisses nach der Zeichenkette xyz.

```
ps -ef | grep kinzel
```

Diese Anweisung listet diejenigen laufenden Prozesse auf, die die Zeichenkette kinzel in ihrer Beschreibung enthalten. Mit grep können Sie also auch Text filtern, der auf Ihrem Bildschirm ausgegeben wird.

Ein besonders wichtiges Hilfsmittel sind die so genannten Manualseiten. Mit der Anweisung man kann zu jedem Linux-Befehl eine Beschreibung mit allen möglichen Optionen und Parametern ausgegeben werden.

```
man grep
```

gibt eine ausführliche Beschreibung des Befehls grep. Ist dagegen der Name des Befehls nicht bekannt, so kann man nach Stichworten suchen, die in der Beschreibung auftreten.

```
man -k print
```

gibt alle Befehle aus, in deren Beschreibung das Wort print vorkommt. Zur Ausgabe benutzt der Prozess man das Werkzeug less.

2.8 Archivieren und komprimieren

Dateien können sehr umfangreich sein. Bilder mit einer Größe von mehreren Megabyte sind nichts Besonderes mehr. Um solche Dateien zu speichern oder zu transportieren, kann man ihre Größe durch geeignete Algorithmen oft erheblich reduzieren. Der Befehl gzip komprimiert eine Datei und erzeugt eine neue Datei mit der Endung .gz. Die ursprüngliche Datei wird mit gunzip wiederhergestellt. Besonders PostScript-Dateien können mit diesem Befehl erheblich verkleinert werden. So konnte etwa die PS-Datei dieses Buchs von 14 auf 1 MB komprimiert werden.

Mehrere Dateien können mit dem Befehl tar in eine einzige gepackt werden. Ein solches Archiv kann ganze Verzeichnisbäume mit den darin liegenden Dateien enthalten.

Die folgende Anweisung erzeugt ein Archiv:

```
tar cvfz archiv.tgz verzeichnis
```

tar erzeugt (c) das komprimierte (z) Archiv mit dem Namen (f) `archiv.tgz`, in dem alle Dateien des Verzeichnisses `verzeichnis` mit allen Unterverzeichnissen enthalten sind. Die Option v zeigt dabei alle Dateien an. Der Inhalt dieses Archivs kann aufgelistet (t) werden:

```
tar tfz archiv.tgz
```

Mit der Option x wird das Archiv ausgepackt und es werden selbständig alle Unterverzeichnisse angelegt:

```
tar xvfz archiv.tgz
```

2.9 CD und Diskette

Dateien von CDs können nur dann gelesen werden, wenn die CD in den Verzeichnisbaum des Linux-Systems eingefügt wurde. Dies geschieht oft mit der folgenden Anweisung:

```
mount /cdrom
```

Damit beginnen die Namen aller Dateien auf der CD mit `/cdrom/`. Wenn die CD gewechselt werden soll, muss sie erst wieder vom System abgehängt werden:

```
umount /cdrom
```

Eine (DOS-formatierte) Diskette dagegen kann benutzt werden, ohne sie im System anzumelden. Dazu stehen eine Reihe von Anweisungen zur Verfügung, die wie DOS-Befehle heißen, dabei ist nur ein m vorangestellt. Hier einige solcher Kommandos für die Diskette:

mcopy	Kopieren
mdir	Anzeige des Diskettenverzeichnisses
mcd	Wechsel des Diskettenverzeichnisses
mdel	Löschen einer Datei
mmd	Anlegen eines Unterverzeichnisses

Soll also die Datei Beispiel.html von dem Linuxverzeichnis auf die Diskette unter dem gleichem Namen kopiert werden, so lautet die Anweisung:

```
mcopy Beispiel.html a:
```

Allerdings wird der Name abgeschnitten, da unter DOS nur kurze Namen und Kennzeichen erlaubt sind. Der ursprüngliche Name wird aber gespeichert und kann weiter benutzt werden. Um eine Datei `name.c` von der Diskette zum Linux-System zu kopieren, muss man eingeben

```
mcopy -t  a:name.c  .
```

Den letzten Punkt nicht vergessen! Die Option t sollte bei Textdateien verwendet werden, um Steuerzeichen richtig zu übersetzen. Anstelle des momentanen Verzeichnisses

(= Punkt) kann natürlich jedes andere erlaubte Verzeichnis und ein neuer Name angegeben werden.

Diese Anweisungen erlauben auch Wildcards. So lautet die Anweisung, um alle Dateien der Diskette zu kopieren:

```
mcopy "a:*" .
```

Die Anführungszeichen bewirken, dass die Shell das Wildcard-Zeichen für die Diskette und nicht im Linux-System verwendet.

2.10 Internet

Heutzutage ist fast jeder Computer an das weltweite Datennetz angeschlossen. Zu Hause haben Sie Ihren PC vielleicht mit einem Modem an das Telefonnetz angeschlossen und müssen mit dem Befehl `wvdial` (bei mir geht das nur als Superuser) die Verbindung zu einem Netzknoten anwählen lassen. Dann können Sie einen so genannten *Browser* aufrufen und im *World Wide Web (WWW)* „surfen" und „chatten". Die Java-Applets dieses Buchs und weitere können Sie sich beispielsweise mit

```
netscape http://theorie.physik.uni-wuerzburg.de/~kinzel
```

anschauen.

Sie können sich aber auch direkt an einen anderen Computer irgendwo in der Welt anmelden und dort arbeiten — vorausgesetzt Ihnen wurde dort mit einem Account und einem Passwort der Zugang erlaubt. Gelegentlich gibt es dazu noch den Befehl `telnet`, allerdings erlauben sicherheitsbewusste Systembetreuer nur einen verschlüsselten Zugang mit `ssh` (secure shell). Wenn Sie also den vollständigen Namen oder die Nummer der Adresse des entsprechenden Rechners kennen, so können Sie beispielsweise aufrufen:

```
ssh -l user wpt123.physik.uni-wuerzburg.de
```

Dabei ist `user` der Name Ihres Accounts, und Sie werden nach Ihrem Passwort gefragt. Nach dem Zugang können Sie den entfernten Rechner genauso wie Ihren lokalen benutzen.

Um Dateien von und zu einem entfernten Rechner zu kopieren, gibt es den Befehl `scp` (secure copy):

```
scp user@wpt123.physik.uni-wuerzburg.de:name.txt .
```

Hiermit kopieren Sie die Datei `name.txt` vom entfernten Rechner auf Ihr eigenes Verzeichnis (.). Selbstverständlich geht es auch umgekehrt:

```
scp name.txt user@wpt123.physik.uni-wuerzburg.de:
```

Eine unsichere Kopiervariante ist `ftp` (file transfer protocol), die oft noch bei öffentlich zugänglichen Dateiarchiven verwendet wird. Als Username wird meist `anonymous` und als Passwort Ihre Email-Adresse verlangt. Auch mit dem Browser können Sie oft durch entsprechendes Anklicken Dateien kopieren.

2.11 Editor `emacs`

Wie legt man eine Textdatei an? Wie beschreibt man sie? Wie korrigiert, kopiert und verschiebt man Text? Wie fügt man Textdateien zusammen? Dazu dienen die Programme, die *Editoren* genannt werden. Ruft man sie zusammen mit einem Namen auf,

```
xemacs name.txt
```

so wird, wenn sie schon existiert, die Datei `name.txt` geöffnet, sonst wird eine neue Datei mit diesem Namen angelegt. Dann wird alles, was geschrieben wird, in einem Pufferbereich kurzfristig gespeichert. Erst wenn der Befehl zum Speichern gegeben wird, wird die Datei `name.txt` mit dem Inhalt des Puffers überschrieben. Solange Sie also nicht `save` anklicken oder entsprechende Symbole eintippen, können Sie nichts zerstören. Sollten Sie versehentlich Ihre Datei durcheinander gebracht haben, verlassen Sie einfach den Editor, ohne den Puffer zu speichern, danach können Sie wieder die ursprüngliche Datei aufrufen.

Es gibt vermutlich mehrere Editoren auf Ihrem Computer. Wir wollen hier nur ganz kurz den Editor `emacs` bzw. seine grafische Erweiterung `xemacs` vorstellen. Er ist so vielseitig, dass es ganze Bücher über seine Benutzung gibt. Je nach Einstellung reagiert er beispielsweise auf die Endungen der Dateien und stellt verschiedene Werkzeuge für die unterschiedlichen Dateitypen zur Verfügung. Dies selbst zu programmieren ist allerdings nicht einfach.

`emacs` öffnet ein Fenster, in das Sie Ihren Text schreiben. Dabei können Sie den Cursor beliebig mit den Bild- und Pfeiltasten bewegen und an den entsprechenden Stellen Zeichen löschen und einfügen. Achten Sie darauf, dass mit der Taste `Einfg` der Einfügemodus eingeschaltet wurde.

Die oberen Zeilen des Fensters erklären Ihnen schon einige Befehle, aber es gibt noch viele weitere, die durch Tastenkombinationen ausgeführt werden. Zwei Tasten sind dabei besonders wichtig: `Strg` (`Ctrl`) und `Esc`. Dabei muss `Strg` zusammen mit dem folgenden Zeichen und `Esc` vor dem folgenden Zeichen gedrückt werden. `Strg`-h b gibt eine Liste aller Tasten-Kombinationen; etwa sechs eng beschriebene Seiten. Wir haben die wichtigsten Befehle in der Tabelle 2.1 aufgelistet.

Wenn Sie Text kopieren oder verschieben wollen, so markieren Sie ihn, löschen ihn mit `Strg`-w, fügen ihn eventuell mit `Strg`-y an dieselbe Stelle wieder ein und fügen ihn mit weiteren `Strg`-y an weitere Stellen oder in andere Puffer ein. Eine einzelne Zeile brauchen Sie nicht zu markieren, Sie können sie mit `Strg`-k in den Zwischenspeicher befördern.

Selbstverständlich können Sie mehrere Dokumente gleichzeitig in verschiedenen Puffern bearbeiten, entweder in mehreren Fenstern oder indem Sie die Puffer wechseln. Wenn Sie den Editor verlassen, denken Sie daran, die verschiedenen Puffer zu speichern — oder auch nicht, falls Sie die ursprüngliche Datei nicht überschreiben wollen. Vorsicht: Ein versehentliches Speichern unter einem falschen Namen löscht die überschriebene Datei unwiederbringlich.

Tabelle 2.1: Einige wichtige `emacs`*-Befehle.*

Befehl	Beschreibung
`Strg`-x u	Mache den letzten Befehl rückgängig. Mehrmaliges Eingeben macht vorherige Befehle rückgängig.
`Strg`-x s	Suche den ganz unten eingegebenen Text. Mehrmaliges Eingeben sucht weiter oder holt den letzten Text zurück.
`Esc`-%	Suche den ersten Text und ersetze ihn durch den zweiten.
`Esc`-q	Formatiere den Abschnitt.
`Esc`-g	Gehe zu derjenigen Zeile, die unten eingegeben wird.
`Strg`-e	Springe zum Ende der Zeile.
`Esc`->	Springe zum Ende des Puffers.
`Strg`-g	Beende alle Befehle.
`Strg`-k	Lösche die Zeile hinter dem Cursor.
`Strg`-Leerzeichen	Setze eine Markierung.
`Strg`->	Markiere bis zum Ende des Puffers.
`Strg`-<	Markiere bis zum Anfang des Puffers.
`Esc`-h	Markiere den Abschnitt.
`Strg`-w	Lösche den markierten Text.
`Strg`-y	Füge den vorher gelöschten Text wieder an die Stelle des Cursors ein.
`Strg`-x i	Füge die ganz unten angegebene Datei ein.
`Strg`-l	Zentriere das Fenster.
`Strg`-x 1	Zeige nur ein Fenster.
`Strg`-x 2	Verdopple das Fenster.
`Strg`-x b	Wechsle zum vorherigen Puffer.
`Strg`-h t	Rufe das Tutorial auf.
`Strg`-x `Strg`-s	Speichere den Puffer.
`Strg`-x `Strg`-w	Speichere den Puffer unter neuem Namen.
`Strg`-x `Strg`-c	Verlasse den Editor.

2.12 LaTeX

Es ist noch gar nicht so lange her, da wurden wissenschaftliche Texte mit Schreibmaschine, Schere und Klebstoff produziert. Heutzutage wird dazu ein Textbearbeitungsprogramm verwendet. Mühelos kann man mit den modernen Programmen Wörter verbessern, Textpassagen verschieben, Texte aus anderen Dateien einfügen und sogar Grafik in den Text einbinden. Der Text wird automatisch gesetzt, mit der gewünschten Schriftgröße und -form, im Blocksatz und mit Worttrennung — falls gewünscht.

Die meisten Textbearbeitungsprogramme bereiten jedoch Probleme bei mathematischen Formeln. Selbst wenn man durch Anklicken aus einer Tabelle verschiedene mathematische Symbole — meist mühsam — setzen kann, bleibt das Ergebnis oft unbefriedigend. Es gibt jedoch ein Programmpaket mit dem Namen LaTeX, das mathematische Formeln perfekt und fast selbstständig setzt. LaTeX hat sich in den mathematisch orientierten Wissenschaften weltweit verbreitet, so dass sogar schon einige Verlage die eingesandten Manuskripte nur noch in LaTeX-Form akzeptieren. Auch dieses Buch wurde mit LaTeX geschrieben.

Allerdings müssen Sie sich erst an LaTeX gewöhnen: Sie sehen zunächst nicht, was Sie schreiben. Die Formeln werden erst einmal mit Steuerzeichen geschrieben, die alle mit einem Backslash (\) beginnen, dann wird der Text übersetzt und die Formeln werden grafisch dargestellt. Wenn Sie etwas ändern wollen, müssen Sie wieder den Text editieren und danach neu übersetzen und zeichnen lassen. Aber es lohnt sich: Das Ergebnis ist druckreif.

Es gibt eine umfangreiche Literatur zu LaTeX; Sie müssen Einiges lernen, bevor Sie ein Buch mit Grafiken und komplizierten mathematischen Gleichungen schreiben können. Hier können wir nur an einem kleinen Beispiel die ersten Schritte erläutern.

Ein LaTeX-File ist eine Textdatei, die im ASCII-Format geschrieben wird und deren Name die Endung .tex erhält. Der Text hat die Struktur

```
\documentclass[12pt]{article}
\usepackage{epsf,german}
\begin{document}
   Dieser Platz ist f"ur Ihren Text reserviert.
\end{document}
```

Dabei können die Optionen `12pt`, `article`, `epsf` und `german` durch viele andere ersetzt oder ergänzt werden. In dieses Dokument können Sie einen beliebigen Text schreiben, ohne auf das Format zu achten. Das LaTeX-Programm wird diesen Text nach Standardeinstellungen formatieren. Wenn Sie in Ihren Text eine Leerzeile einfügen, beginnt dort im formatierten Text ein neuer Abschnitt. Umlaute werden mit Anführungstrichen (") geschrieben.

Geschweifte Klammern dienen zur Markierung eines Blocks, sie werden nicht mit übersetzt. Innerhalb eines Blocks können Sie Schriftart und -größe ändern. Dieser Satz wurde *beispielsweise* mit **folgendem** Text erzeugt:

2.12 LaTeX

```
Dieser {\large Satz} wurde {\it beispielsweise}
mit {\bf folgendem} Text {\tt erzeugt:}
```

Um mathematische Formeln zu schreiben, müssen Sie den mathematischen Modus einschalten. Im Text geschieht das mit dem Dollarzeichen $ ... $ und als abgesetzte nummerierte Formel mit

```
\begin{equation}
\end{equation}
```

Im mathematischen Modus kennt LaTeX eine Vielzahl von Steuerzeichen, einige davon sind in der Tabelle 2.2 aufgelistet.

Tabelle 2.2: LaTeX-Steuerzeichen im mathematischne Modus

Bedeutung	Text	Ergebnis
Hochstellen (Potenz)	`x^2`	x^2
Tiefstellen (Index)	`x_2`	x_2
Wurzel	`\sqrt{x+y}`	$\sqrt{x+y}$
Bruch	`\frac{x}{y+2}`	$\frac{x}{y+2}$
Summe	`\sum\limits^{N}_{i=1} x_i`	$\sum\limits_{i=1}^{N} x_i$
Produkt	`\prod\limits^N_{i=1} x_i`	$\prod\limits_{i=1}^{N} x_i$
Integral	`\int f(x) dx`	$\int f(x)dx$
Bestimmtes Integral	`\int\limits^{b}_{a} f(x) dx`	$\int\limits_{a}^{b} f(x)dx$
Funktionen	`\sin (x)`	$\sin(x)$
Binomialkoeffizient	`{n+m-1}\choose{m}`	$\binom{n+m-1}{m}$
Partielle Ableitung	`\frac{\partial f (x,y)}{\partial y}`	$\frac{\partial f(x,y)}{\partial y}$
Griechische Buchstaben	`\pi \Phi (\varepsilon)`	$\pi \Phi (\varepsilon)$

Diese Steuerzeichen können Sie beliebig verschachteln, wobei auch jeder Ausdruck ein ganzer Block { ... } sein darf. Als Beispiel ist hier eine komplizierte Gleichung aus einer mathematischen Integraltafel gezeigt:

$$\int\limits_0^1 \frac{\sin(ax)dx}{\sqrt{1-x^2}} = \sum_{k=0}^{\infty} \frac{(-1)^k a^{2k+1}}{[(2k+1)!!]^2}$$

Diese Formel wurde mit folgendem Text erzeugt, wobei mit dem Stern (*) die automatische Nummerierung der Gleichung ausgeschaltet wurde:

```
\begin{equation*}
  \int\limits^1_0 \frac{\sin (ax) dx}{\sqrt{1-x^2}} =
  \sum\limits^\infty_{k=0} \frac{(-1)^k a^{2k+1}}{[(2k+1)!!]^2}
\end{equation*}
```

Mit LaTeX können Sie leicht Grafik in den Text einfügen. Dazu sollte die Grafik im PostScript-Format, möglichst als eps-File vorliegen. Die folgenden Anweisungen fügen die Grafik `teilerfremd.eps` ein. Dabei wird deren Breite auf 6cm gesetzt, die Abbildung wird zentriert, möglichst an die Stelle der Anweisung oder auf die nächste Seite gesetzt (Option ht), sie enthält eine Bildunterschrift und eine Markierung, auf die Sie im Text mit `\ref{teilerfremd}` verweisen können. Damit steht im Text an dieser Stelle die Nummer der Abbildung, die automatisch erzeugt wird.

```
\begin{figure}[ht]
  \centerline{ \epsfxsize=6cm \epsffile{teilerfremd.eps}}
\caption{Jeder Punkt markiert ein teilerfremdes Paar $(x,y)$.
  Die Daten wurden mit {\tt teilerfremd.c} erzeugt.}
  \label{teilerfremd}
\end{figure}
```

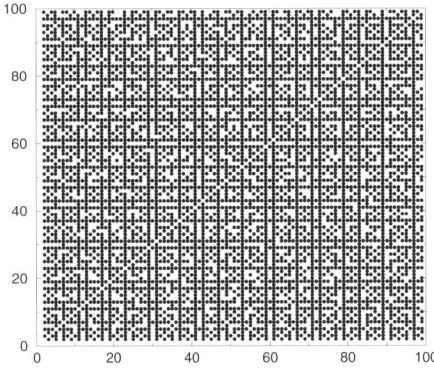

Abbildung 2.1: *Jeder Punkt markiert ein teilerfremdes Paar* (x, y). *Die Daten wurden mit* `teilerfremd.c` *erzeugt.*

Text und Steuerzeichen stehen schließlich in der Datei `name.tex`, die noch übersetzt werden muss:

```
latex name.tex
```

Jetzt meldet LaTeX vermutlich eine Reihe von Fehlern, von denen Sie den ersten korrigieren sollten. Der Compiler zeigt Ihnen die Zeilennummer und den Text, bei dem der Fehler aufgetreten ist. Ein `h` (help) gibt eine Hilfestellung, ein `q` (quit) verlässt den Compiler und mit einem `r` (run) wird alles so weit wie möglich ohne Fehlermeldungen kompiliert. Die vielen `overfull`-, `underfull`- und `font`-Warnungen können Sie meist ignorieren.

Wenn LATEX keine schweren Fehler mehr findet, legt es die Datei name.dvi an. Sie kann mit

    xdvi name.dvi

betrachtet werden und mit

    dvips name.dvi
    lpr name.ps

in eine PostScript-Datei umgewandelt und gedruckt werden.

Das soll genügen, um Ihnen die ersten Schritte mit LATEX zu zeigen. Wer weitere Werkzeuge benötigt, wie Tabellen, Skizzen, Sonderzeichen, Referenzen, Fußnoten, Aufzählungen, Schriftarten, Trennungen, Seitenformate usw. sollte in den entsprechenden Lehrbüchern nachschauen.

2.13 Daten mit `xmgr` grafisch darstellen

Wissenschaftliche Untersuchungen liefern oft eine Menge von numerischen Größen, die voneinander abhängen. Wer derartige Daten in einer einfachen zweidimensionalen Zeichnung $y(x)$ darstellen möchte, kann dazu das von Linux mitgelieferte Zeichenprogramm xmgr verwenden. Dieses Programm kann Daten als Punktwolken oder als Kurven darstellen und es enthält eine Vielzahl von grafischen und mathematischen Werkzeugen, um diese Daten zu manipulieren und auf verschiedene Arten zu zeichnen. Das Zeichenprogramm xmgr wird zwar nicht mehr unterstützt, aber es wird zur Zeit durch das ähnliche Programm xmgrace ersetzt.

Im einfachsten Fall stehen die Daten in einer Textdatei als xy-Paare zur Verfügung. In jeder Zeile dürfen nur zwei durch Leerstellen voneinander getrennte Zahlen stehen. Zusätzlich zu den Zahlenpaaren sind Kommentarzeilen erlaubt, die mit dem Zeichen # beginnen; sie werden von xmgr ignoriert. Eine solche Datei können Sie als Argument beim Aufruf von xmgr eingeben:

    xmgr name.dat

Die Zahlenpaare werden nun als Punkte interpretiert, automatisch durch Linien verbunden und damit als $y(x)$-Kurve gezeichnet, wobei die Achsen schon richtig skaliert und beschriftet sind.

Danach können in denselben Plot weitere Kurven gezeichnet werden. Dazu müssen Sie folgende Schaltflächen anklicken:

    File → Read → Block data

Jetzt wird ein Fenster geöffnet, in das Sie den Namen der zweiten Datei unter Selection eingeben. OK öffnet ein weiteres Fenster, das den Typ der Daten erfragt, hier xy-Daten. Nun müssen Sie angeben, dass x von der ersten Spalte und y von der zweiten eingelesen wird.

```
x from column: 1
y from column: 2
```

Mit accept wird nun die zweite Kurve in einer anderen Farbe gezeichnet. Die Schaltfläche AS (autoscaling) skaliert die Achsen so, dass beide Kurven vollständig zu sehen sind.

Jetzt existieren ein Graph und zwei so genannte *Sets*. Mit

```
Data → Status
```

kann man sich einige Eigenschaften der Sets zeigen lassen und diese eventuell vorübergehend (Deact) oder dauerhaft (Kill) aus der Zeichnung entfernen.

Das Aussehen jeder Kurve können Sie verändern. Dazu klicken Sie auf

```
Plot → Symbol
```

Damit können Sie auswählen, ob Sie die Daten der jeweiligen Sets als Kurve oder als Punkte zeichnen und welche Symbole, Farben und Größen Sie dabei verwenden wollen. Zu den einzelnen Kurven können Texte (Legenden) hinzugefügt und Rahmen, Überschrift und Achsenbeschriftung gewählt werden. Am besten, Sie probieren die verschiedenen Schaltflächen und Einstellungen aus.

Ein wichtiges Werkzeug ist die Wahl des Plots. Mit

```
Data → Graph operations → Set type ...
```

können die x- und y-Achsen jeweils linear oder logarithmisch dargestellt werden. Ein Potenzgesetz erscheint beispielsweise im log-log-Plot als eine Gerade.

Ferner stehen Ihnen eine Vielzahl mathematischer Werkzeuge zur Verfügung. Mit

```
Data → Transformations
```

erhalten Sie u.a. Histogramme, Regressionen, nichtlineare Kurvenfits und Fourier-Transformationen. Sie können sich auch selbst Kurven aus mathematischen Gleichungen erzeugen, sogar als Parameterdarstellung $(x(t), y(t))$. Mit

```
Data → Transformations → Load & Evaluate
```

erhalten Sie ein Fenster, in dem Sie zunächst die Parameterwerte (Load) in dem Feld Scratch a bestimmen. Dann können Sie zwei Funktionen $x = f(a)$ und $y = g(a)$ eingeben, wobei mehrere Funktionstypen erlaubt sind. Die Abbildung 2.2 zeigt einen Kreis mit verrauschten Koordinaten. Der Parameter a läuft von 0 bis 2π in 500 Schritten, dabei werden die Punkte

$$x(a) = \cos a \ , \ y(a) = \sin a$$

dargestellt, wobei zu jedem der 500 Wertepaare noch jeweils eine Zufallszahl zwischen 0 und 0.1 addiert wurde.

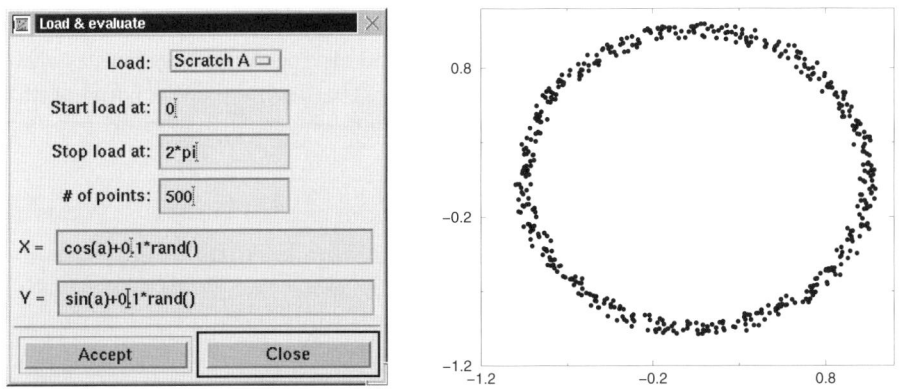

Abbildung 2.2: Ein verrauschter Kreis wurde mit xmgr *erzeugt (links) und gezeichnet (rechts).*

2.14 Bilder und Zeichnungen

Es gibt zwei verschiedene Arten, ein Bild im Computer darzustellen. Entweder werden Befehle für Linien, Flächen, Farben, Text, usw. gespeichert, oder es werden die entsprechenden Daten für jeden einzelnen Bildpunkt (*Pixel*) aufgelistet. Zu den ersten Formaten gehören die PostScript-Dateien .ps, .eps und .pdf, während die häufigsten Pixelformate die Dateiendungen .gif, .jpeg, .jpg und .tif haben. Die Bilder im PostScript-Format sind unabhängig von der Auflösung, während die Größe einer Pixeldatei von der Größe des zugehörigen Bildes abhängt.

PostScript-Dateien können Sie mit dem Programm ghostview (gv) betrachten. Sie sind Textdateien, die Sie mit einem Editor ändern können — falls Sie die PostScript-Sprache verstehen. Da es für jede Grafikkomponente eine Anweisung im ASCII-Format gibt, können PostScript-Dateien sehr umfangreich werden. Deshalb ein Tipp: Wenn Sie Grafik in solchem Format elektronisch versenden oder auf einer Diskette transportieren wollen, sollten Sie die PS-Dateien immer mit gzip komprimieren.

Für Pixeldateien gibt es das Programm xv, mit dem Sie Bilder verschiedener Grafikformate betrachten können. Wenn Sie die rechte Maustaste im aufgerufenen Bild anklicken, erscheint ein Fenster, das einige Werkzeuge zur Bearbeitung der Bilder zur Verfügung stellt. Sie können Formate ändern — beispielsweise von GIF zu PostScript, aber nicht umgekehrt —, Sie können Bildausschnitte mit der Maus markieren und speichern (Crop), Sie können vom Bildschirm den Inhalt von Fenstern als Grafik speichern (Grab) und vieles mehr.

Wenn Sie selbst zeichnen wollen, und eventuell Text und Bilder hinzufügen wollen, steht Ihnen das Programm xfig zur Verfügung. Am besten, Sie probieren alles aus. Sie können verschiedene Objekte wie Kreise, Linien, Polygone usw. erzeugen und deren Farbe und Liniendicke festlegen. Weitere Objekte sind Texte und Grafiken. Sie können Objekte zusammenfassen, verschieben, kopieren, löschen, drehen, spiegeln, vergrößern, editieren, an einem Gitter ausrichten und durch andere Objekte verdecken (depth). Abschließend sollten Sie die erzeugte Grafik zur weiteren Bearbeitung abspeichern und im gewünschten Grafikformat exportieren.

An meinem Lehrstuhl wird xfig auch zur Herstellung von Postern verwendet. Dabei werden die Texte seitenweise mit LaTeX erstellt und als PostScript-Datei in das xfig-Dokument eingefügt. Sie können das auch umgekehrt machen: Die Grafik wird mit xfig erzeugt, als EPS-Datei exportiert und so in das entsprechende LaTeX-Dokument mit eingebunden.

3 C

Zur Lösung rechenzeitintensiver numerischer Probleme werden vor allem zwei Programmiersprachen eingesetzt: Fortran und C. Beide Sprachen sind elementar; sie greifen direkt auf numerische Werte im Speicher zu und deshalb können sie einfache Operationen sehr schnell ausführen. Umfangreiche Bibliotheken bieten außerdem weit entwickelte Routinen zur Lösung spezieller numerischer Probleme an.

Wir haben uns in diesem Schnelleinstieg für die Sprache C entschieden. Das Betriebssystem UNIX/Linux ist in dieser Sprache geschrieben, ebenso wie die höhere Programmiersprache Mathematica. Die objektorientierten Sprachen Java und C++, die sich immer weiter verbreiten, bauen auf C auf. Und auch gegenüber Fortran schließlich hat C einige Vorteile: Programme lassen sich kompakter und modularer formulieren, C erlaubt rekursive Funktionen und maschinennahes Programmieren. Wir wollen aber auch nicht die Nachteile verschweigen: C erlaubt viele Fehler. Ohne Warnung kann man beispielsweise den Speicher des eigenen Programms überschreiben. Außerdem lassen sich C-Programme völlig unverständlich formulieren. Jedes Jahr gibt es einen internationalen Wettbewerb um das unverständlichste C-Programm, und wer das Programm des Gewinners versteht, kann wirklich gut in C programmieren.

3.1 Programmstruktur und Notation

Ein C-Programm besteht aus einer Folge von Funktionen. Es muss wenigstens die Funktion main enthalten, die beim Start des Programmes zuerst aufgerufen wird. Ein einfaches C-Programm könnte folgendermaßen aussehen:

```
/* Berechnung des Sinus einer Zahl x */
#include<math.h>
main()
   { double x=1.3;
     printf("Der Sinus von %f hat den Wert %f\n",x,sin(x));
   }
```

Dieser Quelltext wird im ASCII-Format in eine Datei, beispielsweise mit dem Namen sinus.c, geschrieben und abgespeichert. Dann müssen diese Zeilen in maschinennahe Anweisungen übersetzt werden, das macht der Compiler gcc:

```
gcc -o sinus sinus.c -lm
```

Nun existiert eine Datei sinus, die eine für uns nur unverständliche Folge von Bits enthält, ein sogenanntes *binary file*. Diese Datei hat das Zugriffsrecht x, sie ist daher ausführbar. Gibt man jetzt sinus ein, so wird auf dem Bildschirm der folgende Text geschrieben:

Der Sinus von 1.300000 hat den Wert 0.963558

Wir wollen nun das obige Programm erläutern. Die erste Zeile ist ein Kommentar; alles was zwischen die Symbole /* und */ geschrieben wird, ignoriert der Compiler. Mit dem Befehl #include können Sie weitere Dateien hinzufügen. Hier wird ein sogenanntes *Header-File*, die Datei math.h, dazu geladen. Wenn der Dateiname wie hier zwischen eckigen Klammern steht, wird die Datei in beonderen Verzeichnissen gesucht. Wenn Sie Ihre eigene Datei hinzufügen wollen, sollten Sie deren Namen in Anführungsstriche setzen:

```
#include "deklarationen.h"
```

Danach wird die Funktion main definiert. Sie enthält hier wegen der leeren Klammer () keine Argumente. Die geschweiften Klammern {...} fassen alle Anweisungen der Funktion main zusammen. Zunächst wird eine Variable mit dem Namen x deklariert. Sie enthält eine reelle Zahl mit 8 Byte = 64 Bit Speicherplatz, und es wird ihr sofort der Wert 1.3 zugewiesen. Dann wird die Funktion printf (drucke formatiert) aufgerufen, der drei Argumente übergeben werden: eine Zeichenkette, die zwischen die Anführungsstriche "..." eingeschlossen wird, die Variable x und die Funktion sin mit dem Argument x. Die Zeichenkette enthält Text und Steuerzeichen. Das erste Zeichen %f wandelt den Wert von x in Textzeichen um, das zweite Zeichen %f wandelt den Wert von sin(x) in Text um. Das Steuerzeichen \n ist das Symbol für die Return-Taste (neue Zeile). Weitere Steuerzeichen werden im Abschnitt 3.6 erklärt.

Noch einige Bemerkungen zur Notation: Jede einzelne Anweisung muss mit einem Semikolon abschließen. Am Anfang werden Sie häufig die Fehlermeldung *parse error* erhalten; dann haben Sie vermutlich entweder ein Semikolon vergessen oder Ihre Klammern nicht richtig geschlossen. C unterscheidet zwischen Groß- und Kleinschreibung. Die Variable mit dem Namen xY belegt daher einen anderen Speicherplatz als die Variablen Xy und xy. Bei der Namenswahl haben Sie große Freiheiten, Namen dürfen allerdings nicht mit einer Ziffer beginnen und Punkte sind für Strukturen reserviert (siehe Abschnitt 3.4).

Leerzeichen und Zeilentrennung haben im Quelltext keine Bedeutung, außer in einer Zeichenkette. Das vorherige Beispiel können Sie auch als eine einzige Zeile schreiben, jedoch wird es dadurch unverständlich. Man sollte den Text immer gut strukturieren: Zusammengehörende Klammern sollten untereinander stehen und die dazwischenliegenden Anweisungen sollten entsprechend eingerückt werden.

Abschließend noch ein Hinweis auf die verschiedenen Arten von Klammern in C: Geschweifte Klammern {...} fassen mehrere Anweisungen zu einem Block zusammen. Runde Klammern (...) kennzeichnen Argumente von Funktionen oder legen die Reihenfolge algebraischer Auswertungen fest. Eckige Klammern [...] dagegen bezeichnen Indizes für Felder. Alle diese Notationen werden wir noch in vielen Beispielen kennen lernen.

Wenn Sie nun den Quelltext in eine Datei geschrieben haben, müssen Sie ihn in Maschinenbefehle übersetzen (*kompilieren*). Wir werden hier den GNU-Compiler gcc verwenden, der meistens im Linux-Paket und auf UNIX-Systemen vorhanden ist. Mit der

3.1 Programmstruktur und Notation

Option -o können Sie Ihrer ausführbaren Datei einen Namen geben, ohne diese Option erhält sie den Namen a.out. Danach folgt der Name der Quelldatei, der immer mit .c enden muss. Am Ende der Befehlszeile wird mit der Option -lm die Mathematik-Bibliothek dazu geladen. Ohne diese Option kennt das Programm nicht die Funktion sin(x). Nun wird das Programm einfach durch Eingeben seines Namens gestartet. Falls es lange läuft, sollten Sie es im Hintergrund laufen lassen:

```
sinus &
```

Falls mehrere Kollegen den Rechner benutzen, sollten Sie nett sein und Ihrem Programm mit der Anweisung nice eine geringere Priorität geben:

```
nice sinus &
```

Falls Sie die Ergebnisse nicht auf den Bildschirm, sondern in eine Datei mit dem Namen daten schreiben wollen, können Sie die Ausgabe mit dem Befehl

```
sinus > daten &
```

umleiten. Ein Compiler übersetzt Ihren Quelltext in Maschinenanweisungen. Schon vor dem Kompilieren haben Sie jedoch in C mit dem *Präprozessor* die Möglichkeit, Symbole im Quellcode zu überschreiben. Dazu gibt es die define-Anweisung.

```
#define N 1000
```

am Anfang des Quelltextes ersetzt beispielsweise den Text N durch den Text 1000, ohne dabei auf die Bedeutung der Symbole zu achten. Diese Konstruktion hat den Vorteil, schon zu Beginn des Programmes einige feste Parameter wie Feldgrößen usw. festlegen zu können, ohne spezielle Variablen dafür zu deklarieren. Es gibt zahlreiche weitere Präprozessordirektiven, von denen wir jedoch nur die vorige verwenden werden.

3.1.1 Variablen

Jedes Programm holt Daten aus einem Speicher, führt mit ihnen Rechnungen durch und speichert die Ergebnisse wieder ab. Sie als Programmierer brauchen sich nicht darum zu kümmern, wo Ihre Daten im Computer stehen, sondern Sie müssen jedem Speicherplatz nur einen Namen geben und seinen Typ festlegen, also die Größe des Speicherplatzes und die Art, wie die einzelnen Bits interpretiert werden sollen. Es kann nützlich sein zu wissen, dass der gesamte Speicher, einschließlich der eigenen Binärdatei des Programmes und sämtlicher Zahlen, Bilder und Texte nichts anderes als eine lineare Kette von Bits (Einsen und Nullen) ist.

Sie müssen dem Compiler mitteilen, wie viele Speicherplätze Sie von welchem Typ benötigen. Das geschieht mit den *Deklarationen* am Anfang eines Blocks. Wenn Sie beispielsweise zwei ganze Zahlen mit den Namen rechts und links abspeichern wollen, so müssen Sie am Anfang des Anweisungsblocks der Funktion main die Anweisung

```
int rechts, links;
```

setzen. Sämtliche Variablen müssen in C deklariert werden, sonst erkennt der Compiler diese Ausdrücke nicht und liefert Fehlermeldungen. Das gilt auch für Felder und Funktionen (siehe die Abschnitte 3.4 und 3.5):

```
int matrix[10][20], funktion(int x);
```

Je nach Inhalt und Länge des Speicherplatzes gibt es in C verschiedene Standardtypen, einige davon sind in der Tabelle 3.1 aufgelistet.

Tabelle 3.1: *Typen von Variablen und deren Wertebereiche*

Name	Länge in Bytes	Wertebereich
char	1	$-128 \ldots 127$ oder ASCII-Zeichen
long	4	-2147483648 bis 2147483647
short	2	-32768 bis 32767
int	2 oder 4	entsprechend
float	4	$-10^{38} \ldots 10^{38}$
double	8	$-10^{308} \ldots 10^{308}$

Variablen vom Typ char enthalten 8 Bit, die entweder als ganze Zahl zwischen -128 und 127 oder als Textzeichen interpretiert werden können. Als Textformat verwendet UNIX/Linux den sogenannten ASCII-Code; jedes Zeichen hat damit eine Nummer zwischen 0 und 255. Dabei werden die Zeichen der Tastatur in einfache Anführungsstriche wie bei 'a' eingeschlossen. Die Return-Taste hat beispielsweise das ASCII-Zeichen 10, das als Zahl 10 oder als Zeichen '\n' eingegeben werden kann. Das Zeichen '0' kann als Zahl 48 interpretiert werden, während die Zahl 0 dem Zeichen '\0' entspricht.

In C geht die Analogie zwischen Zahlen und Zeichen so weit, dass Sie mit den Zeichen rechnen können. Zum Beispiel können Sie Großbuchstaben in die entsprechenden Kleinbuchstaben umwandeln, wenn Sie die Zahl 32 (eine Eins beim sechsten Bit) hinzu addieren, 'A' + 32 ergibt den Wert 'a' (oder die Zahl 97). Der Ausdruck 'B' < 'b' ist eine wahre Aussage (mit dem Wert *eins*). Auf der beiliegenden CD gibt es die C-Programme ascii und tasten, die sämtliche ASCII-Zeichen ausdrucken bzw. ein eingetipptes Zeichen als Zeichen, ganze Zahl, Oktalzahl, Hexadezimalzahl und als Bitkette darstellen.

Ganze Zahlen der Typen int, short und long können auch vorzeichenlos definiert werden wie bei unsigned int. Damit wird das erste Bit nicht als Vorzeichen interpretiert, und der positive Zahlenbereich verdoppelt sich. Außerdem können sie ganze Zahlen in verschiedenen Zahlensystemen schreiben. Neben der üblichen Dezimalschreibweise ist auch die Angabe als oktale (Basis 8) oder hexadezimale (Basis 16) Konstante möglich. Eine oktale Zahl wird durch eine Null und eine hexadezimale durch 0x am Anfang dargestellt. Die Zahl 74 kann beispielsweise als 0112 ($= 1 \cdot 8^2 + 1 \cdot 8^1 + 2 \cdot 8^0$) oder als 0x4a ($= 4 \cdot 16^1 + 10 \cdot 16^0$) geschrieben werden. An der Oktalzahl kann man auch schnell die

Bitdarstellung (jedenfalls bei positiven Zahlen) ablesen, wobei jede Ziffer jeweils durch drei Bit geschrieben wird.

```
   0    1    1    2
   ↓    ↓    ↓
  001  001  010
```

Reelle Zahlen (Fließkommazahlen) vom Typ `float` oder `double` werden durch einen Dezimalpunkt dargestellt. Es gibt weder ein Dezimalkomma noch ein Komma zur Trennung von Tausenderstellen. Allerdings dürfen relle Zahlen ein E oder ein e für eine folgende Zehnerpotenz enthalten. Gültige Zahlen sind beispielsweise −1.5; 10.26E4 für 102 600. und .5e-3 für 0.0005.

In C gibt es keinen besonderen Datentyp für die logischen Werte WAHR und FALSCH. Diese Werte werden einfach durch ganze Zahlen dargestellt, und zwar erhält FALSCH den Wert Null und WAHR einen Wert ungleich Null.

```
int i;
i = 5<2;
printf("%d",i);
```

Dieses Beispiel zeigt, dass der Wert des logischen Ausdrucks (5 < 2) einer ganzen Zahl zugewiesen werden kann, das Ergebnis ist der Wert Null.

3.1.2 Zeiger

Wir haben schon erwähnt, dass man in C sehr maschinennah programmieren kann. So gibt es Variablen für die *Adresse* eines Speicherplatzes, sie werden *Zeiger* genannt. Solche Zeigervariablen werden mit einem Stern (*) deklariert, wobei der Typ der zugehörigen Variablen, die diese Adresse hat, angegeben werden muss.

```
int * z;
```

Der Speicherplatz mit dem Namen z enthält hier eine Adresse einer Variablen vom Typ int. Ihm kann ein Wert, nämlich eine Adresse einer ganzzahligen Variablen, zugewiesen werden. Die Adresse einer gewöhnlichen Variablen erhält man mit dem Operator &.

```
int a, * z;
z = &a;
```

Hier ist a eine Variable vom Typ int. Ihre Adresse &a wird dem Zeiger z zugewiesen. Der Wert auf dem Speicherplatz mit der Adresse z kann mit *z abgefragt werden. Wird also der Variablen a der Wert 5 zugewiesen:

```
a = 5;
```

so liefert der Ausdruck *z den Wert 5. Die Tabelle 3.2 soll dies verdeutlichen.

Tabelle 3.2: Zeiger und Variablen

`int a;`	Deklaration einer Variablen vom Typ `int`
`int * z;`	Deklaration eines Zeigers, der eine Adresse einer Variablen vom Typ `int` enthält
`z=&a;`	Der Zeiger z enthält nun die Adresse von a
`&a`	Adresse der Variablen a
`a`	Wert der Variablen a
`z`	Adresse der Variablen a
`*z`	Wert der Variablen a

Auch bei unseren späteren einfachen Beispielen können wir auf Zeiger nicht ganz verzichten. Zeiger werden beispielsweise als Argumente an Funktionen übergeben, damit die entsprechenden Variablen überschrieben werden können. Doch dazu später mehr.

3.1.3 Gültigkeit der Variablen

Alle Variablen müssen deklariert werden, aber wo überall kennt das Programm den Namen der Variablen? Das hängt davon ab, an welcher Stelle im Programm die Variablen deklariert werden. Grundsätzlich gilt: Der Name der Variablen ist nur in derjenigen Funktion sichtbar, in der er deklariert wurde. Wenn er dagegen außerhalb der Funktionen deklariert wurde, so gilt er für alle der Deklaration folgenden Funktionen.

Der folgende Quellcode zeigt den Unterschied:

```
int gl, x=5;

int func1(int f11)
{   int f12;   /* Anweisungen */ }

main()
{   int m, x=3, func2(int);   /* Anweisungen */ }

int func2(int f21)
{   int f22; /* Anweisungen */ }
```

Die Variable `gl` ist global gültig, d.h., sie ist für alle drei Funktion sichtbar und kann dort jeweils gelesen und verändert werden. Die Variablen `f11`, `f12`, `m`, `f21` und `f22` sind dagegen nur lokal sichtbar; sie gelten nur innerhalb der jeweiligen Funktionen und verlieren ihren Wert, sobald die zugehörige Funktion verlassen wird. Bei der Variablen `x` ist es komplizierter. Sie ist einmal global definiert und gilt deshalb für die Funktionen `func1` und `func2`. Aber in `main` wird derselbe Name für eine lokale Variable verwendet. Der Compiler legt nun zwei verschiedene Speicherplätze an und kennt innerhalb von `main` nur die lokale Variable `x`.

Auch bei Funktionen ist es ähnlich: Deren Sichtbarkeit hängt von der Stelle ihrer Definition ab. `func1` ist in `main` bekannt, da sie vorher definiert wurde. `func2` dagegen ist in `main` erst dann sichtbar, wenn sie dort wie im obigen Quelltext deklariert wurde.

Globale Variablen sind nützlich, wenn es Parameter gibt, die für alle Funktionen gelten sollen und nur selten geändert werden. Aber man verliert damit leicht den Überblick. Deshalb sollte man davon nur wenige verwenden und die Parameter besser als Argumente an die entsprechenden Funktionen übergeben. Insbesondere wenn Sie Ihre Funktionen auch in anderen Programmen verwenden wollen, sollten Sie alle Variablen vom Rest des jeweiligen Programmes abschirmen, also lokal definieren.

3.2 Operatoren

Bisher haben wir erfahren, wie Variablen deklariert und Konstante geschrieben werden. Nun wollen wir uns anschauen, wie man mit diesen Variablen und Konstanten rechnen kann. Die Verknüpfung von einem oder mehreren Werten zu einem neuen Wert nennt man *Operatoren*.

3.2.1 Arithmetische Operatoren

In C werden die Grundrechenarten wie in der Schulmathematik durchgeführt. Dabei können reelle oder ganzzahlige Werte — auch zusammen — verwendet werden. Die elementaren Operatoren sind in der Tabelle 3.3 zusammengefasst.

Tabelle 3.3: Grundrechenarten

Addition	a + 5
Subtraktion	a - 5
Multiplikation	a * 5
Division	a / 5
Restwert (Modulo)	a % 5

Bei der Division ganzer Zahlen wird nur der ganzzahlige Anteil ausgegeben, der Rest wird abgeschnitten. Wenn Sie dagegen das reelle Ergebnis haben wollen, sollten Sie beide Zahlen in `double` umwandeln, entweder mit einer Typenumwandlung oder bei einer Konstanten mit einem Dezimalpunkt:

```
(double)a / 5.
```

Beim Restwert-Operator dürfen nur ganze Zahlen benutzt werden; er liefert als Ergebnis den (ganzzahligen) Rest bei der Division der Zahl a durch 5. Zum Beispiel ergibt `40 % 5` den Wert 0, während `42 % 5` den Wert 2 liefert.

Wie in der Schulmathematik können Ausdrücke in runden Klammern zusammengefasst werden, und es gilt „Punkt-vor-Strichrechnung". `(2+3)*4` liefert also den Wert 20, dagegen hat `2+3*4` den Wert 14.

Leider gibt es in C keinen Operator für die Potenzierung, sondern man muss dazu die Potenzfunktion aus der Mathematik-Bibliothek benutzen.

Potenz x^y : `pow(x,y)`

3.2.2 Logische Operatoren

Operatoren können auch die logischen Resultate WAHR (1) und FALSCH (0) als Resultat liefern. Zum Vergleich zweier Zahlen a und b kennt C die Operatoren der Tabelle 3.4

Tabelle 3.4: Operatoren zum Vergleich zweier Zahlen

gleich	a == b
kleiner als	a < b
kleiner oder gleich	a <= b
größer als	a > b
größer oder gleich	a >= b
ungleich	a != b

Vorsicht: Ein häufiger Anfängerfehler besteht darin, anstelle des logischen Gleichheitszeichens == den Zuweisungsoperator = zu schreiben! Das ergibt einen gültigen C-Ausdruck und damit keine Fehlermeldung des Compilers.

Für die Verknüpfung logischer Argumente p und q (ganze Zahlen mit den Werten Null für FALSCH und ungleich Null für WAHR) gibt es folgende Operatoren:

UND : `p && q`
ODER : `p || q`
NICHT : `!p`

Der Operator && liefert nur dann den Wert WAHR, wenn beide Argumente p und q den Wert WAHR haben, und der Operator || liefert nur dann WAHR, wenn eines oder beide Argumente WAHR sind.

Zusammengesetzte logische Rechnungen können Sie ebenso wie bei arithmetischen Ausdrücken klammern. Es gibt auch eine Standardreihenfolge der Auswertungen: Vergleiche werden zuerst ausgewertet, danach kommt NICHT, dann UND und zuletzt ODER.

Leider gibt es keinen Operator für das EXCLUSIVE ODER (XOR), das den Wert WAHR liefert, wenn nur eines der beiden Argumente p und q WAHR ist, aber nicht beide zusammen. Diesen Operator müssen Sie sich selbst definieren, beispielsweise durch

```
!p&&q || p&&!q
```

Die folgenden Beispiele sollen Sie mit den logischen Operatoren vertraut machen. Versuchen Sie zunächst selbst herauszufinden, ob der Wert des jeweiligen Ausdrucks 0 oder 1 ist.

```
int a=5, b=3, c=0, d=1;
```

1. a<b || c<d
2. !(a<b)&&d
3. !c&&b<a || d&&a<b
4. !(a==b) && !d || !c&&d
5. !(c&&d) == (!c || !d)
6. !(c||d)==(!c&&!d)

Beim ersten Ausdruck ist a<b Falsch und c<d ist Wahr, daher gibt „Falsch Oder Wahr" den Wert Wahr (=1). Beim zweiten Ausdruck hat !(a<b) den Wert Wahr, ebenso wie die Zahl d, daher gibt „Wahr Und Wahr" den Wert Wahr (=1). Ebenso kann man zeigen, dass 3. und 4. jeweils den Wert 1 haben. Die Ausdrücke 5. und 6. sind die DeMorganschen Regeln der logischen Algebra, sie sind für beliebige Argumente c und d richtig. Zusammenfassend haben also alle Ausdrücke den Wert 1.

3.2.3 Bitweise Operatoren

Wie schon erwähnt, können Sie in C maschinennah programmieren. Dazu gehört, dass Sie mit einzelnen Bits rechnen können. Jedes Bit einer Variablen kann die Werte 0 oder 1 annehmen, die entweder als Wahr oder Falsch interpretiert werden können. Deshalb gibt es die entsprechenden logischen Operatoren, die bei zwei Variablen *bitweise* wirken.

Am besten verwenden Sie dazu nur vorzeichenlose ganze Zahlen, denn sonst können Sie Schwierigkeiten mit der Darstellung des Vorzeichens bekommen.

```
unsigned long   a,b;
```

Beide Variablen a und b haben damit je 32 Bits, die Sie mit den Operatoren aus der Tabelle 3.5 verknüpfen können.

Wir wollen die Wirkungen der Operatoren an kleinen Beispielen vorstellen, wobei nur die rechten acht Bit der Variablen gezeigt werden.

Mit dem Operator & können wir einzelne Bits einer Variablen ausschalten. Die Zahl 52 hat beispielsweise die Bit ($52 = 1 \cdot 2^5 + 1 \cdot 2^4 + 0 \cdot 2^3 + 1 \cdot 2^2 + 0 \cdot 2^1 + 0 \cdot 2^0$)

```
00110100
```

Tabelle 3.5: Bitweise logische Operatoren

Bitweises UND	a&b
Bitweises ODER	a|b
Bitweises XOR (EXCLUSIVES ODER)	a^b
Bitweises NICHT	~a
Bitweises Verschieben um b Bits nach links	a<<b
Bitweises Verschieben um b Bits nach rechts	a>>b

Wenn wir nun das fünfte Bit von rechts ausschalten wollen, so können wir die Bitfolge

```
00010000
```

definieren, also die Zahl 16, und die Verknüpfung 52 & ~16 bilden:

```
       52  :   00110100
      ~16  :   11101111
  52 & ~16 :   00100100
```

Das Ergebnis ist die Zahl 36. Um ein Bit anzuschalten, kann man den ODER-Operator | benutzen. Wollen wir beispielsweise bei der Zahl 52 das zweite und vierte Bit anschalten, so verknüpfen wir sie mit der Zahl 10, die nur an den entsprechenden Stellen eine Eins hat:

```
       52  :   0010100
       10  :   0001010
   52 | 10 :   0011110
```

Das Ergebnis ist die Zahl 30. Um die Bits einer Variablen a zu lesen, können wir mit >> die Bitkette um n Bit nach rechts schieben und das erste Bit mit &1 lesen; dabei läuft n von Null bis zur Länge von a minus eins:

```
(a >> n) & 1
```

3.2.4 Bedingungsoperator

Es gibt in C einen Operator, der eine logische Bedingung auswertet und – abhängig von deren Ergebnis — einen von zwei möglichen Werten übergibt. Es ist der einzige Operator, der drei Argumente hat: einen logischen Wert und zwei numerische Werte. Dieser Bedingungsoperator hat die Form:

```
Logischer Wert ? Wert 1 : Wert 2
```

Wenn der logische Wert WAHR ist, dann wird der erste numerische Wert zurückgegeben, ansonsten der zweite. Zum Beispiel können Sie das Maximum zweier Zahlen folgendermaßen programmieren:

```
    max = (a>b)? a : b;
```

Der nächste Ausdruck liefert den Betrag einer Zahl:

```
    (x>0)? x : -x;
```

3.2.5 Zuweisung

Bisher haben wir erfahren, wie mit Konstanten und Variablen gerechnet werden kann. Nun sollen die Ergebnisse der Rechnungen gespeichert werden, d.h., sie sollen einer neuen oder schon verwendeten Variablen zugewiesen werden. Dazu dient der Operator =. Hierzu einige Beispiele:

```
    int a = 5, c;
    double b = 2.6E-3;

        c = 5*(a+2) + 3;
        a = a+2;
        a = b*1000;
```

Grundsätzlich wird immer die rechte Seite des Gleichheitszeichens ausgewertet und der Variablen auf der linken Seite zugewiesen. Dabei wird der rechte Wert auf den Typ der linken Variablen angepasst.

Die obige Zuweisung an c ist problemlos; die rechte Seite ergibt die Zahl 38, die der Variablen c vom Typ int zugewiesen wird. Bei der nächsten Zuweisung sehen Sie, dass das Rechenergebnis, für das die Variable a verwendet wurde, wieder derselben Variablen a zugewiesen werden kann. Denken Sie daran, das ist keine mathematische Gleichung. Wenn Sie die Gleichheit zweier Ausdrücke feststellen wollen, müssen Sie dagegen a==a+2 verwenden; dieser Ausdruck liefert hier natürlich den Wert 0 für FALSCH.

Bei der letzten Zuweisung finden zwei Typenumwandlungen statt. Zunächst wird eine reelle mit einer ganzen Zahl multipliziert, und das Ergebnis ist eine reelle Zahl, hier mit dem Wert 2.6. Danach wird dieser Wert der ganzzahligen Variablen a zugewiesen. Dabei wird nur der ganzzahlige Anteil, hier der Wert 2, verwendet. Bei solchen Zuweisungen wird also nicht gerundet, sondern abgeschnitten.

Für einige Zuweisungen kennt C Abkürzungen. Folgende Ausdrücke sind zeilenweise identisch:

```
    a = a+b;       a += b;
    a = a+1;       a += 1;      a++;
    a = a-1;       a -= 1;      a--;
```

Bei der Abkürzung a+=b können Sie anstelle des Operators + auch viele andere Operatoren verwenden. Bei den Abkürzungen a++ und a-- wird erst der Wert von a verwendet und zurückgegeben, danach wird die Variable a um den Wert eins erhöht. Beim folgenden Beispiel erhalten die Variablen b und c also jeweils die Werte 10 und 12.

```
int a=5, b, c;
b = 2*a++;
c = 2*a;
```

Die Abkürzung a++ wird oft bei Schleifen verwendet; dabei ist a ein Zähler, der schrittweise bis zu einem Endwert erhöht wird.

3.3 Verzweigungen und Schleifen

Ein Computer kann nicht nur rechnen, sondern er kann die Rechnungen sehr schnell und sehr oft durchführen und dabei auf die Ergebnisse der einzelnen Rechenschritte reagieren. Dazu sind zwei Arten von Anweisungen erforderlich: Verzweigungen (bedingte Anweisungen) und Schleifen (Wiederholungen). Fast alle Programme enthalten diese beiden Grundelemente jeder Programmiersprache, die in C in verschiedenen Formen geschrieben werden können.

3.3.1 Bedingte Anweisungen

Die am häufigsten verwendete Form einer Verzweigung ist die if-Anweisung:

```
if(test) {Aktion1} else {Aktion2}
```

Diese Anweisung erklärt sich fast von selbst: Wenn test den Wert WAHR hat, dann werden die Anweisungen des ersten Blocks ausgeführt, sonst die des zweiten Blocks. Den Teil else { ...} können Sie auch weglassen. Falls der jeweilige Block nur aus einer einzigen Anweisung besteht, können Sie die geschweiften Klammern ebenso weglassen. Hierzu einige Beispiele

```
if(a<b) printf(" a<b \n");    else printf(" a>=b \n");
if(x<0) { x=-x; y=sqrt(x);}   else y=sqrt(x);
if(x==100) zaehler++;
```

Vorsicht: 1. Jede einzelne Anweisung, auch die letzte in einem Block, muss mit einem Semikolon abgeschlossen werden, sonst meldet der Compiler parse error.
2. Sollten Sie versehentlich in der letzten Anweisung if(x=100) schreiben, so meldet der Compiler keinen Fehler. Die Zuweisung x=100 gibt den Wert 100 zurück, der als WAHR interpretiert wird. In diesem Fall wird daher die Anweisung zaehler++ bei jedem Aufruf des if-Befehls ausgeführt.

Falls Sie je nach Wert einer Variablen mehrfache Verzweigungen programmieren möchten, können Sie dazu — anstelle von if-else-Befehlen — die switch-Anweisung verwenden. Sie lautet

```
switch(Ausdruck)
    { case K1: Anweisungen_1; break;
      case K2: Anweisungen_2; break;
      case K3: Anweisungen_3; break;
```

```
        ...
        default: Anweisungen;
     }
```

Zunächst wird der Ausdruck ausgewertet. Falls er mit einer der Konstanten K1, K2,... übereinstimmt, werden die Anweisungen hinter dem entsprechenden case-Befehl ausgeführt. Andernfalls werden die default-Anweisungen ausgeführt; sie können auch weggelassen werden. Vergessen Sie nicht die abschließenden break-Anweisungen, sonst werden die folgenden Befehle bis zum nächsten break ausgeführt. Im folgenden Beispiel werden je nach Wert des Zeichens c verschiedene Anweisungen ausgeführt:

```
switch(c)
    { case '*': d=a*b; break;
      case '+': d=a+b; break;
      case '-': d=a-b; break;
      case '/': d=a/b; break;
      default : printf(" Operator %c unbekannt \n",c);
    }
```

3.3.2 Schleifen

Für häufige Wiederholungen von Anweisungen gibt es die while, for und do-Befehle. Die while-Schleife erklärt sich von selbst:

```
while(test) {Anweisungen}
```

Solange der Wert von test wahr (ungleich Null) ist, wird der Anweisungsblock ausgeführt.

```
run=100;
while(run--) printf("%i\n",run*run);
```

Mit diesen Anweisungen werden die Quadrate der Zahlen 100 bis 1 ausgedruckt.

```
sum=0.;
while( (r=drand48()) <= 0.99 )
   { zaehler++;
     sum+=r;
   }
```

Hierzu erzeugt die Funktion drand48() eine reelle gleichverteilte Zufallszahl vom Typ double im Intervall von 0 bis 1. Die while-Schleife erzeugt so lange Zufallszahlen, bis deren Wert größer als 0.99 ist, diese Werte werden gezählt und aufaddiert.

Die for-Schleife wird noch häufiger verwendet als die while-Schleife, allerdings muss man sich erst an ihre Form gewöhnen. Sie lautet

```
for (start;test;inkrement) {Anweisungen}
```

Beim Aufruf dieser Schleife wird zunächst die Startanweisung ausgeführt. Danach wird der Ausdruck `test` ausgewertet; wenn er den Wert WAHR (ungleich Null) hat, wird der Anweisungsblock ausgeführt. Danach wird die Anweisung `inkrement` ausgeführt und wieder der Ausdruck `test` überprüft, gegebenenfalls mit anschließender Ausführung der Anweisungen. Dies wird nun so lange wiederholt, bis `test` den Wert FALSCH (Null) hat.

Am häufigsten werden wir die `for`-Schleife benutzen, um eine feste Anzahl von Wiederholungen durchzuführen:

```
for( i=0; i<100; i++) printf(" %i \n", i*i);
```

Hier werden die Quadratzahlen von 0 bis 99 ausgedruckt. Die `for`-Schleife kann auch verschachtelt werden:

```
for( i=0; i<100; i++)
  for( j=0; j<100; j++) matrix[i][j]=i-j;
```

Dieses Beispiel weist den Elementen der 100 × 100 Matrix `matrix` die Werte i−j zu. Weil hinter dem ersten `for()` nur ein einziger Befehl steht, nämlich das zweite `for()...;` brauchen wir keine geschweiften Klammern.

Die dritte Form einer Schleife ist der Befehl

```
do {Anweisungen} while(test)
```

bei dem der Anweisungsblock mindestens einmal durchlaufen wird.

Manchmal möchten Sie die Schleife abbrechen, bevor sie abgelaufen ist. Dazu gibt es zwei Befehle: `continue` und `break`. Der erste Befehl überspringt alle Anweisungen bis zum Ende des Blocks und fährt dann mit der Schleife fort. Der `break`-Befehl dagegen springt sofort aus dem Block heraus zur folgenden Anweisung und beendet die Schleife nicht.

3.4 Felder und Strukturen

Sie können nicht nur für einzelne Speicherplätze, sondern auch für ganze Bereiche des Speichers einen Namen definieren und damit den entsprechenden Platz im Computer reservieren. Solche Speicherbereiche werden *Felder* (auch *Arrays*) genannt.

3.4.1 Felder

Jedes Feld muss am Anfang des Programmes deklariert werden, dazu müssen der Typ der einzelnen Speicherplätze und die Länge des Feldes angegeben werden:

```
int a[100];
double b[10];
```

3.4 Felder und Strukturen

Damit stehen Ihnen 100 Plätze für ganze Zahlen und 10 Plätze für relle Zahlen zur Verfügung, mit insgesamt $100 \cdot 4 + 10 \cdot 8 = 480$ Bytes Speicher. Diese Plätze haben einen Index, der bei dem Wert 0 beginnt:

```
a[0], a[1],..., a[99]
b[0], b[1],..., b[9]
```

Vorsicht: Ein verbreiteter Anfängerfehler besteht darin, von 1 bis 100 bzw. 10 zu indizieren. Der Compiler meldet dann keinen Fehler, sondern das Programm überschreibt unbekannte Plätze im Speicher.

Im folgenden Beispiel werden im Feld a die Quadrate von 1 bis 100 gespeichert:

```
for( i=0; i<100; i++) a[i]=(i+1)*(i+1);
```

Bei den meisten Compilern werden alle Elemente eines Feldes automatisch mit dem Wert Null initialisiert. Bei der Deklaration eines Feldes können Sie dessen Werte aber auch selbst initialisieren:

```
int c[] = {3,8,10,1,9};
```

Das erspart Ihnen das Schreiben der sechs Anweisungen:

```
int c[5];
  c[0] = 3;
  c[1] = 8;
  c[2] = 10;
  c[3] = 1;
  c[4] = 9;
```

Bei der obigen Deklaration wird die Länge des Feldes aus der Länge der Initialisierung bestimmt.

```
int c[9]={3,8,10,1,9};
```

dagegen würde ein Feld der Länge 9 reservieren, die Werte von c[0] bis c[4] entsprechend zuweisen und c[5] bis c[8] auf Null setzen. Eindimensionale Felder werden im mathematischen Bereich häufig zur Darstellung von Vektoren benutzt. Die folgenden Anweisungen berechnen beispielsweise das Skalarprodukt produkt zweier zehndimensionaler Vektoren $\vec{v}$ und $\vec{w}$.

```
produkt = 0;
for( i=0; i<10; i++) produkt += v[i]*w[i];
```

3.4.2 Zeichenketten

In Feldern werden auch auch Texte, also Zeichenketten, gespeichert. Dabei ist eine Zeichenkette eine Folge von ASCII-Zeichen, die von dem Nullzeichen ('\0') beendet wird. Eine Zeichenkette kann auch als zusammenhängender Text geschrieben werden, der von doppelten Anführungszeichen ("...") begrenzt wird. Wenn wir beispielsweise den Text *Guten Morgen!* im Feld gm speichern wollen, so können wir

```
char gm[] = "Guten Morgen!\n";
```

schreiben. Dann wird ein Feld mit 15 Speicherplätzen vom Typ `char` (8 Bit Länge) mit dem Namen gm reserviert, das folgende Zeichen enthält:

```
'G' 'u' 't' 'e' 'n' ' ' 'M' 'o' 'r' 'g' 'e' 'n' '!' '\n' '\0'
 0   1   2   3   4   5   6   7   8   9  10  11  12   13   14
```

Sie könnten auch — wie oben bei den Zahlen — jedes einzelne Zeichen initialisieren oder sogar einzeln zuweisen, aber einfacher geht es natürlich als Zeichenkette. Mit den Funktionen `printf` und `scanf` zum formatierten Schreiben und Lesen von Zahlen können Sie beispielsweise mit dem Steuerzeichen `%s` ganze Zeichenketten lesen und schreiben:

```
char str[100];
 printf(" Text eingeben: \n");
 scanf("%s",str);
 printf(" Sie haben %s eingetippt. \n",str);
```

Eine Zeichenkette ist übrigens ein Ausdruck, der die Adresse des entsprechenden Textes enthält. Deshalb kann sie nur einer Zeigervariablen zugewiesen werden, aber nicht einem Feld, dessen Adresse schon festgelegt ist.

```
char str[100], *text;
 str  = "Hallo";          /* FEHLER !  */
 text = "Hallo";          /* RICHTIG ! */
 printf(" %s Freunde. \n",text);
```

Zur Bearbeitung von Zeichenketten gibt es eine Vielzahl von Funktionen, die Sie mit `man -k string` finden können.

3.4.3 Matrizen

Bei mathematischen Beschreibungen treten oft Größen auf, die nicht nur einen, sondern mehrere Indizes haben. Auch solche Größen — mit beliebig vielen Indizes — lassen sich in C definieren. Wir wollen hier nur Matrizen diskutieren, also Größen mit zwei Indizes. Zum Beispiel soll folgende Matrix gespeichert werden:

$$\begin{pmatrix} 8 & 2 & 0 & 0 \\ -4 & 3 & -2 & 0 \\ 1 & 1 & 0 & -1 \end{pmatrix}$$

Sie hat drei Zeilen und vier Spalten, deshalb deklarieren wir ein Feld

```
int a[3][4];
```

und weisen die Werte der Matrix den entsprechenden Elementen zu:

3.4 Felder und Strukturen

```
a[0][0]=8;   a[0][1]=2;   ...   a[2][3]=-1;
```

Alternativ dazu können wir auch schon bei der Deklaration die Werte initialisieren:

```
int a[3][4] = { {8,2,0,0}, {-4,2,-2,0}, {1,1,0,-1} }
```

Leider müssen Sie in C alle Matrixoperationen selbst programmieren. Hierzu ein kleines Beispiel: b sei eine weitere 4 × 3-Matrix und v ein Vektor mit vier Elementen. Dann wollen wir die beiden Matrizen a und b miteinander multiplizieren und ebenso a mit v:

$$c_{ij} = \sum_{k=1}^{4} a_{ik} b_{kj} \qquad w_i = \sum_{k=1}^{4} a_{ik} v_k$$

Diese Gleichungen lauten in C:

```
for( i=0; i<3; i++)
for( j=0; j<3; j++)
  { sum=0.;
    for( k=0; k<4; k++) sum+= a[i][k]*b[k][j];
    c[i][j] = sum;
  }

for( i=0; i<3; i++)
  { sum=0.;
    for( k=0; k<4; k++) sum+= a[i][k]*v[k];
    w[i] = sum;
  }
```

Denken Sie daran, vorher alles zu deklarieren:

```
int i, j, k, a[3][4], b[4][3], c[3][3], v[4], w[3];
```

Vorsicht: 1. Auch bei Matrizen laufen beide Indizes von 0 bis n−1!
2. Indizes werden in doppelte eckige Klammern gesetzt, wie bei a[2][1]. a[2,1] gibt keine Fehlermeldung, sondern liefert die Adresse der zweiten Zeile, also a[1].

Abschließend wollen wir noch erwähnen, dass auch Felder Adressen im Speicher besitzen. Jedes Feld — auch ein mehrdimensionales — ist als Kette von Bits im Speicher abgelegt. Wenn der Rechner also den Anfang der Kette und die Dimensionen des Feldes kennt, so kann er auf alle Elemente des Feldes zugreifen. Die Anfangsadresse eines Feldes steht in einem Zeiger, der den Namen des Feldes trägt. Bei den Deklarationen

```
int v[10], a[3][4];
```

sind daher v und a Adressen, die beispielsweise an Funktionen übergeben werden können. Diese Funktionen können dann auf die Elemente der Felder zugreifen.

Beim eindimensionalen Feld v enthält die Variable v die Anfangsadresse einer Folge von 10 ganzzahligen Speicherplätzen, v ist daher identisch zu &(v[0]). Beim zweidimensionalen Feld a dagegen enthält die Variable a die Anfangsadresse eines Feldes der drei

Zeiger a[0] bis a[2]. Jeder dieser Zeiger enthält die Adresse der drei Zeilen der Matrix; a[1] ist daher die Anfangsadresse des zweiten Zeilenvektors (a[1][0],..., [1][3]). Sie können diese Konstruktion benutzen, um einzelne Zeilen einer Matrix an eine Funktion zu übergeben. Hier noch einmal die einzelnen Variablen für die (3×4)-Matrix a:

$a \downarrow$				
$a[0] \longrightarrow$	$a[0][0]$	$a[0][1]$	$a[0][2]$	$a[0][3]$
$a[1] \longrightarrow$	$a[1][0]$	$a[1][1]$	$a[1][2]$	$a[1][3]$
$a[2] \longrightarrow$	$a[2][0]$	$a[2][1]$	$a[2][2]$	$a[1][3]$

Diese Konstruktion zeigt, dass Felder auch als Zeiger von Zeigern definiert werden können:

```
int **a;
```

Die Variable a enthält damit eine Adresse von einem Feld von Adressen, und jede davon zeigt auf ein Feld von ganzen Zahlen. Allerdings existieren durch diese Deklaration noch keine Felder von Adressen und ganzen Zahlen, sie müssen erst angelegt werden. Das macht die Funktion malloc. Aber diese Konstruktionen gehören zu den fortgeschrittenen Programmiertechniken und sollen hier nur erwähnt werden.

3.4.4 Strukturen

Strukturen sind Erweiterungen der Feldkonstruktionen. Ebenso wie Felder bezeichnen Sie einen ganzen Bereich von Speicherplätzen, allerdings können der Typ und die Größe der zugehörigen Variablen unterschiedlich sein. Das ist bei Datenbanken besonders wichtig, wo beispielsweise Name, Geburtsdatum und Gehalt eines Angestellten mit einer einzigen Variablen zusammengefasst werden sollen. Aber auch im naturwissenschaftlichen Bereich werden Strukturen eingesetzt, etwa um die Koordinaten des Ortes und der Geschwindigkeit eines Teilchens unter einem einzelnen Begriff zu speichern, anstatt für jedes Teilchen sechs Variablen zu benutzen.

Mit Strukturen haben Sie außerdem die Möglichkeit, eigene Datentypen zu definieren. Am besten wir zeigen das an einem Beispiel aus der Physik. Wir definieren einen neuen Typ atom, der die Masse des Atoms und die (x,y,z)-Koordinaten des Ortes und der Geschwindigkeit enthält. Zunächst benennen wir eine einzige Variable teilchen von diesem Typ atom:

```
struct atom{ char * sorte;
             float masse, r[3], v[3];
           } teilchen;
```

Diese Anweisung hat also die Form

```
struct Typ {Deklarationen} Name;
```

wobei entweder Typ oder Name weggelassen werden können. Nun können wir unter dem Namen `teilchen` auf alle Komponenten zugreifen, dazu dient das Zeichen Punkt (.):

```
teilchen.sorte = "Silizium";
teichen.masse = 28.086;
teilchen.r[0] = 120.;
teilchen.v[2] = 12.;
...
```

Selbstverständlich wollen wir nicht nur ein einziges, sondern viele miteinander wechselwirkende Atome berechnen. Dazu können wir ein Feld von Strukturen definieren:

```
struct atom t[1000];
```

Nun haben wir ein Feld für tausend Teilchen, und zu jedem gehören die entsprechenden Variablen, die wir vorher definiert haben. Beispielsweise enthält die Variable `t[5].v[2]` die z-Komponente der Geschwindigkeit des sechsten Teilchens.

3.5 Funktionen

Funktionen sind ein vielseitiges Werkzeug der modernen Programmierung. Funktionen können dieselbe Rechenvorschrift auf verschiedene Argumente anwenden, sie geben dem Programm eine übersichtliche Struktur und können sich selbst wieder aufrufen. Ein C-Programm besteht aus einer Folge von Funktionen. Es muss wenigstens die Funktion `main` enthalten, die beim Aufruf des kompilierten Programmes zuerst ausgeführt wird. `main` kann dann weitere Funktionen aufrufen, die wiederum andere aufrufen können. Oberhalb von `main` werden gegebenenfalls zusätzliche Funktionen definiert:

```
Typ Name (Typen und Namen der Variablen) {Anweisungen}
```

Jede dieser Funktionen hat ein oder mehrere Argumente und gibt einen Wert zurück. Sie wird mit ihrem Namen aufgerufen:

```
Name (Werte der Variablen);
```

Dieser Ausdruck steht für den berechneten Wert der Funktion, der wie ein üblicher Wert je nach Typ weiterverarbeitet werden kann. Hierzu ein einfaches Beispiel: Eine Funktion `betrag` soll den Betrag des Arguments zurückgeben.

```
double betrag(double x)
{
    if(x<0) x=-x;
    return x;
}

main()
{
    double x;
```

```
        x = -1.23E-5;
        printf(" Der Betrag von %f ist %f \n", x, betrag(x));
}
```

In der Definition der Funktion `betrag` wird der Wert, der beim Aufruf der Funktion zurückgegeben wird, mit der `return`-Anweisung bestimmt. Eine Funktion kann mehrere `return`-Anweisungen enthalten; sobald ein derartiger Befehl bearbeitet wird, wird die Funktion beendet und der entsprechende Wert zurückgegeben. Fehlt dagegen die `return`-Anweisung, wird die Funktion nach dem Anweisungsblock ohne Rückgabe eines Wertes beendet.

In der Funktion `main`, die hier ohne Typ und Argumente definiert wird, wird die Funktion `betrag` aufgerufen und ihr Wert wird sofort an die Funktion `printf` weitergereicht.

Beachten Sie, dass die Variable x in beiden Funktionen lokal definiert ist. Für das Symbol x werden daher — trotz des gleichen Namens — zwei verschiedene Speicherplätze reserviert. Wenn die jeweilige Funktion verlassen wird, so ist die entsprechende Variable wieder undefiniert. Sie können aber auch eine globale Variable x definieren, die für das gesamte Programm gilt. Das gleiche Beispiel lautet dann

```
    double x = 1.23E-5;

    void betrag()
    {      if(x<0) x=-x; }

    main()
    {
        double x_alt;
        x_alt = x;
        betrag();
        printf(" Der Betrag von %f ist %f \n", x_alt, x);
    }
```

Jetzt hat die Funktion `betrag` den Typ `void`, d.h., sie gibt keinen Wert zurück. Sie hat auch kein Argument, sie ist daher nur eine Abkürzung für einen Anweisungsblock. Dennoch ist diese Konstruktion besonders dann sinnvoll, wenn der Block aus vielen Anweisungen besteht. In diesem Fall kann damit die aufrufende Funktion, hier `main`, sehr übersichtlich geschrieben werden.

In den beiden obigen Beispielen haben wir die Funktion `betrag` *vor* der Funktion `main` definiert. Wir können jedoch Funktionen auch *hinter* `main` definieren, allerdings kennt dann `main` diese Funktionen noch nicht; sie müssen dort erst deklariert werden. Sowohl der Typ der Funktion als auch der aller ihrer Argumente müssen deklariert werden, wie in der dritten Version unseres Beispiels zu sehen ist:

```
    main()
    {
        double x, betrag(double);
```

```
        x = -1.23E-5;
        printf(" Der Betrag von %f ist %f \n, x, betrag(x));
}

double betrag(double x)
{
        if(x<0) x=-x;
        return x;
}
```

3.5.1 Übergabe der Argumente

Grundsätzlich gilt in C: Die Argumente einer Funktion werden nur mit ihrem Wert übergeben. Mit dem Aufruf `betrag(y)` wird nur der Wert der Variablen y an die lokale Variable x der Funktion übergeben; Sie haben daher keine Möglichkeit, die Variable y zu ändern. Was machen Sie aber, wenn Sie beispielsweise den Inhalt der Variablen x und y mit einer Funktion `tausche` ändern wollen? Der Trick ist: Sie übergeben die *Adressen* von x und y, denn dann kennt die Funktion die zu bearbeitenden Speicherplätze. Hier ist das Beispiel:

```
void tausche(double* xa, double* ya)
{
  double z;
     z = *xa;
  *xa = *ya;
  *ya = z;
}

main()
{
  double x=5., y=10.;
  tausche(&x, &y);
  printf(" x=%.1f, y=%.1f \n", x, y);
}
```

In `main` werden beim Aufruf von `tausche` die Adressen von x und y, also &x und &y übergeben. Die Argumente xa und ya von `tausche` sind Adressen auf Variablen vom Typ `double`. Der Wert bei der Adresse xa wird mit *xa bezeichnet und wird in der Variablen z zwischengespeichert. Danach wird der Wert bei der Adresse ya an den Speicherplatz mit der Adresse xa geschrieben, das geschieht mit der üblichen Zuweisung der Werte `*xa = *ya`. Schließlich wird der Zwischenspeicher an den Platz mit der Adresse ya zugewiesen. Hier sehen Sie noch einmal die Bedeutung der x-Variablen:

x	Wert der Variablen x
&x	Adresse der Variablen x
xa	Adresse der Variablen x
*xa	Wert der Variablen x

3.5.2 Felder als Argumente

Die Übergabe von Adressen an eine Funktion kann dazu benutzt werden, um Felder an Funktionen zu übergeben. Dabei genügt es, wenn die Funktion die Adresse des Feldes und die Länge seiner Zeilen kennt, denn dann kann die Funktion auf alle Komponenten zugreifen. Als Beispiel berechnen wir die Länge eines n-dimensionalen Vektors, $\sqrt{\sum v_i^2}$:

```
#include <math.h>

double laenge( double v[], int n)
{
    double sum=0.;
    int i;
    for(i=0; i<n; i++) sum += v[i]*v[i];
    return sqrt(sum);
}
```

Vergessen Sie nicht, die Deklarationen der mathematischen Funktionen mit dem `#include`-Befehl einzubinden, denn sonst deklariert der Compiler den Typ der Quadratwurzel `sqrt` als `int`, und es werden falsche Werte berechnet. Die vorige Funktion wird mit

```
double v[10];
  laenge(v,10);
```

aufgerufen. Wie schon erwähnt, enthält der Name v des Vektors dessen Anfangsadresse. Daher ist in diesem Beispiel die Übergabe des Werts der Adresse gleichwertig zur Übergabe des gesamten Speichers des Feldes; das bedeutet, Sie können die einzelnen Komponenten des Feldes nicht nur lesen, sondern auch überschreiben:

```
void normiere( double v[], int n);
{
    double lg;
    int i;
    lg = laenge(v,n);
    for(i=0; i<n; i++) v[i] = v[i]/lg;
}
```

Bei zweidimensionalen Feldern (Matrizen) funktioniert die Übergabe fast genauso, allerdings muss die Funktion nun die Länge der Zeilen kennen. Deshalb ist es sinnvoll, in der Definition der Funktion die Dimensionen der Matrix noch einmal hinzuschreiben:

```
Typ Funktion ( Typ matrix[Z][S]) Anweisungen
```

Im Folgenden zeigen wir eine Funktion, die wie im Obigen Abschnitt 3.4.3 das Produkt zweier Matrizen A und B berechnet und das Ergebnis in die Matrix C schreibt:

```
#define  Z  3
#define  S  4
```

```
void matrix_mult( double a[Z][S], double b[S][Z], double c[Z][Z])
{
    int i,j,k;
    double sum;
    for( i=0; i<Z; i++)
    for( j=0; j<Z; j++)
    { sum=0.;
        for( k=0; k<S; k++) sum+= a[i][k]*b[k][j];
        c[i][j] = sum;
    }
}
```

Wir haben schon gesehen, dass man Matrizen auch als Zeiger von Zeigern darstellen kann (Abschnitt 3.4.3). Mit derartigen Konstruktionen benötigt die obige Funktion keine Angabe der Zeilenlängen in ihren Argumenten. Die Anweisungen sehen dann genauso aus, nur die Argumentzeile wird geändert:

```
void matrix_mult( double **a, double **b, double **c)
```

3.5.3 Kommandozeile

Wenn Sie Ihr Programm laufen lassen, so rufen Sie es einfach mit seinem Namen auf. Sie können beim Aufruf aber auch zusätzliche Parameter eingeben: Zeichenketten, die an Argumente der Funktion main übergeben werden. Das folgende Kommando übergibt beispielsweise die zwei Parameter "Anzahl" und "100" an die Funktion main des Programmes name:

```
name Anzahl 100
```

Die Funktion main muss dann folgende Argumente enthalten:

```
main(int argc, char*argv[])
{...}
```

Die ganze Zahl argc enthält nach dem Aufruf die Anzahl der Zeichenketten einschließlich des Funktionsnamens, hier also den Wert 3. Der Form des zweiten Arguments, das man auch als char ** argv schreiben kann, sind wir schon im Abschnitt 3.4.3 begegnet. Es bedeutet: argv ist ein Zeiger auf ein Feld von Zeigern, von denen jeder auf eine Zeichenvariable zeigt. In unserem Beispiel wird also ein Feld von drei Zeigern angelegt, die die Adressen der drei Zeichenketten "name", "Anzahl" und "100" enthalten. Diese drei Zeichenketten können wir beispielsweise drucken:

```
main(int argc, char* argv[])
  { int i;
    for(i=0; i<argc; i++) printf("%s", argv[i])
  }
```

Nur selten wollen wir jedoch Texte bearbeiten, sondern wir wollen meistens Zahlen wie Systemgröße, Anzahl der Teilchen, Anfangswerte usw. an unser Programm übergeben.

Dazu müssen wir die jeweiligen Zeichenketten in Zahlen umwandeln, hier also die Zeichenkette "100" in die ganze Zahl 100. Dazu gibt es die Funktionen `atoi` (ASCII to Integer) und `atof` für die Umwandlung nach Zahlen vom Typ `int` bzw. `double`. Außerdem können Sie mit der Funktion `strcmp` (String compare) Zeichenketten vergleichen. Die entsprechenden Beschreibungen finden Sie mit den Befehlen `man atoi` usw. Unser Beispiel lautet damit:

```
main(int argc, char*argv[])
{
  int n=20;
  if(argc==3 && strcmp("Anzahl", argv[1])==0)
    n=atoi(argv[2]);
}
```

Wenn wir also keinen Parameter eingeben — `argc` hat dann den Wert 1 — oder wenn wir nicht den Text *Anzahl* eingeben, dann bleibt der Wert von n bei der Zahl 20. Bei der Eingabe

```
name Anzahl 100
```

dagegen wird der Wert von n auf die Zahl 100 gesetzt.

3.5.4 Rekursionen

In C kann eine Funktion sich selbst wieder aufrufen. Das Programm speichert alle Aufrufe, bis ein Wert berechnet und übergeben werden kann, dann werden die entsprechenden Werte wieder rückwärts an die vorherigen Aufrufe der Funktion übergeben.

Wir wollen das an einem Beispiel erläutern. Wir stellen uns die Frage: Wie viele Möglichkeiten gibt es 10 Personen auf eine Reihe von 40 Stühlen so zu verteilen, dass keine Personen direkt nebeneinander sitzen? Dabei soll die Reihenfolge der Personen nicht berücksichtigt werden.

Für dieses Problem kann man eine Rekursionsgleichung herleiten: $a(n,m)$ sei die Anzahl der Möglichkeiten, m Personen auf n Stühle zu verteilen. Es gibt nun zwei Fälle: 1) Der erste Stuhl ist leer, und 2) der erste Stuhl ist besetzt. Im ersten Fall muss man m Personen auf $n-1$ Stühle verteilen. Im zweiten Fall bleibt der Nachbarstuhl leer, deshalb werden $m-1$ Personen auf $n-2$ Stühle verteilt. Das ergibt die Gleichung

$$a(n,m) = a(n-1,m) + a(n-2, m-1)$$

Nun benötigen wir noch ein Abbruchkriterium für diese Rekursion. Man kann sich leicht davon überzeugen, dass folgende Gleichungen gelten:

$$\begin{aligned} a(n,1) &= n \\ a(n,(n+1)/2) &= 1 \quad \text{für ungerade n} \\ a(n,n/2) &= n/2+1 \quad \text{für gerade n} \\ a(n,m) &= 0 \quad \text{für } m > n/2 \end{aligned}$$

3.5 Funktionen

All diese Gleichungen lassen sich in einer C-Funktion zusammenfassen:

```
int aufrufe;

int a(int n, int m)
{
  aufrufe++;
  if(m>n/2) return 0;
  if(m==1)  return n;
  if(n%2==1 && m==(n+1)/2) return 1;
  if(n%2==0 && m==n/2) return m+1;
  return   a(n-2,m-1) + a(n-1,m);
}
main()
{
  int n=40, m, az;
   for(m=1; m<=n/2; m++)
     {
      aufrufe=0;
      az=a(n,m);
      printf("%2i Personen:   Anzahl=%9i   Aufrufe=%10i\n",
             m,az,aufrufe);
     }
}
```

Die Funktion a ruft sich je nach Werten von *n* und *m* zweimal selbst auf. Das führt offenbar zu einer exponentiell großen Zahl der Funktionsaufrufe; jedoch wenn die Werte nicht zu groß sind, schafft ein moderner Rechner eine solche rekursive Rechnung. Im obigen Programm werden mit der global definierten Variablen aufrufe die Funktionsaufrufe gezählt. Hier ist das Ergebnis der Funktion rekursion:

```
 1 Personen:  Anzahl=       40   Aufrufe=         1
 2 Personen:  Anzahl=      741   Aufrufe=        73
 3 Personen:  Anzahl=     8436   Aufrufe=      1259
 4 Personen:  Anzahl=    66045   Aufrufe=     13089
 5 Personen:  Anzahl=   376992   Aufrufe=     92751
 6 Personen:  Anzahl=  1623160   Aufrufe=    474671
 7 Personen:  Anzahl=  5379616   Aufrufe=   1812383
 8 Personen:  Anzahl= 13884156   Aufrufe=   5259149
 9 Personen:  Anzahl= 28048800   Aufrufe=  11705849
10 Personen:  Anzahl= 44352165   Aufrufe=  20030009
11 Personen:  Anzahl= 54627300   Aufrufe=  26246219
12 Personen:  Anzahl= 51895935   Aufrufe=  26075789
13 Personen:  Anzahl= 37442160   Aufrufe=  19315399
14 Personen:  Anzahl= 20058300   Aufrufe=  10400599
15 Personen:  Anzahl=  7726160   Aufrufe=   3922511
16 Personen:  Anzahl=  2042975   Aufrufe=    980627
17 Personen:  Anzahl=   346104   Aufrufe=    149225
18 Personen:  Anzahl=    33649   Aufrufe=     11969
19 Personen:  Anzahl=     1540   Aufrufe=       379
20 Personen:  Anzahl=       21   Aufrufe=         1
```

Daraus können wir die Antwort auf unsere Frage ablesen, die das Programm nach 20 Millionen Funktionsaufrufen berechnet hat: Es gibt etwa 44 Millionen Möglichkeiten, 10 Personen auf 40 Stühle zu verteilen, ohne Berücksichtigung der Reihenfolge der Personen. Wer das nicht glaubt, kann es auf seiner nächsten Party ausprobieren, allerdings sollten die Gäste viel Geduld mitbringen.

3.6 Lesen und Schreiben

Unsere Programme werden üblicherweise Daten bearbeiten und/oder Daten erzeugen. Deshalb müssen wir lernen, Daten aus einer Datei einzulesen oder in eine Datei zu schreiben. In C kann dabei der Bildschirm auch als Datei aufgefasst werden, sie hat den Namen stdin für die Eingabe und stdout für die Ausgabe.

Über die Ein- und Ausgabe von Daten kann man viel schreiben. Hier wollen wir nur drei Möglichkeiten anhand von Beispielen kennen lernen:

1. Lesen und Schreiben einzelner Zeichen
2. Lesen und Schreiben von formatiertem Text
3. Lesen und Schreiben auf externe Dateien

Wir werden nicht die Befehle read und write besprechen, denn sie sind in C für maschinennahes Lesen und Schreiben bestimmt.

3.6.1 Einzelne Zeichen

Zum Lesen und Schreiben einzelner Zeichen vom bzw. auf den Bildschirm stehen die Funktionen getchar bzw. putchar zur Verfügung. Sie sind in der Header-Datei stdio.h deklariert. getchar liefert einen Wert vom Typ int, und putchar erhält ein Argument vom Typ int. Beachten Sie dabei, dass eine ganze Zahl zwischen 0 und 255 auch als ASCII-Zeichen interpretiert werden kann. Das folgende Programm liest alle eingetippten Zeichen bis zum nächsten Return und schreibt sie auf den Bildschirm. Wenn Sie das Zeichen e eintippen, wird das Programm beendet.

```c
#include <stdio.h>

main()
{
   int c;

   while((c=getchar())!='e')
     {
       putchar(c);
     }
}
```

3.6 Lesen und Schreiben

Im nächsten Beispiel wird gezeigt, dass Sie mit Zeichen auch rechnen können. Zunächst werden alle ASCII-Zeichen gedruckt, und zur besseren Lesbarkeit wird am Ende noch der Zeilentrenner '\n' hinzugefügt (das Zeichen für die Return-Taste). Dann werden alle eingetippten großen in kleine Buchstaben umgewandelt und umgekehrt. Dazu macht man sich den Umstand zunutze, dass die großen Buchstaben vor den kleinen liegen und sich nur durch eine Null beim sechsten Bit unterscheiden, also durch die Differenz $2^5 = 32$. Anstelle von 32 hätte man auch 'a' - 'A' schreiben können.

```
#include <stdio.h>

main()
{
   int c;
      for (c=0;c<255;c++) putchar(c);
      putchar('\n');

      while((c=getchar())!='e')
       {
         if( c=='\n') putchar('\n');
         if (c>'Z')   putchar(c-32);
         if (c<='Z')    putchar(c+32);
       }
}
```

Unser Programm vertauscht offenbar auch alle anderen Zeichen, zum Beispiel wird aus dem Zeichen = das Zeichen] und umgekehrt.

3.6.2 Formatierter Text

Alle eingetippten ASCII-Zeichen werden als Text, also als Zeichenkette, interpretiert. Die Zeichenkette 20 1.3E-3 ist daher eine Folge von 9 ASCII-Zeichen, die erst als zwei verschiedene Zahlen umgewandelt und in entsprechende Speicherplätze des richtigen Typs geschrieben werden müssen. Das macht die Funktion scanf. Sie erwartet mindestens zwei Argumente:

1. Eine Zeichenkette, die das Format steuert.
2. Die Adresse einer Variablen, in die der erste umgewandelte Wert geschrieben wird.
3. Eventuell weitere Adressen.

scanf liest jeweils das nächste Zeichen und versucht es gemäß den Steuerbefehlen zu interpretieren. Gelingt dies bis zum folgenden Leerzeichen oder Zeilentrenner, dann wird der entsprechende Wert der folgenden Variablen in den Argumenten zugewiesen. Gelingt dies nicht, dann wird die Funktion abgebrochen. Auf jeden Fall gibt scanf die Anzahl der erfolgreich eingelesenen Variablen zurück.

Die wichtigsten Steuerzeichen sind in der Tabelle 3.6 aufgelistet.

Diese Zeichen stehen hintereinander in der die Eingabe steuernden Zeichenkette:

Tabelle 3.6: Steuerzeichen zum formatierten Lesen und Schreiben

%c	Zeichen vom Typ char
%i, %d	Ganze Zahl vom Typ int
%g, %f	Reelle Zahl vom Typ float
%lg, %lf	Reelle Zahl vom Typ double
%s	Zeichenkette

```
# include <stdio.h>
main()
{
   int i,z;
   double d;
   char c,str[100];
    z=scanf("%s %c %i %lg",str,&c,&i,&d);
    printf( "%s %c %i %lg",str, c, i, d);
 }
```

Wenn Sie nun das Programm kompilieren und aufrufen, so wartet es auf Ihre Eingabe in das aufrufende Fenster. Wenn Sie dann

```
beispiel # 100 1.3e-5
```

eingeben, so wird dies korrekt interpretiert. Sollten Sie dagegen

```
1.3e-5 # a 1.3e-5
```

eingeben, so liest das Programm den ersten Teil als Zeichenkette, den zweiten Teil als Zeichen, aber den dritten Teil, das a, kann es nicht in eine ganze Zahl umwandeln. Deshalb bricht die Funktion scanf das Einlesen ab und weist den Wert 2 für zwei gelesene Zeichen der Variablen z zu.

Ganze Zahlen werden zwar in double umgewandelt, aber nicht umgekehrt. Die Eingabe

```
a   b   12.35   22.5
```

bewirkt, dass a als Zeichenkette, b als Zeichen, 12 als ganze Zahl und 0.35 als reelle Zahl eingelesen werden. z erhält den Wert 4, und die Zahl 22.5 wird nicht mehr gelesen, denn alle Steuerzeichen wurden abgearbeitet.

Vorsicht: Ein häufiger Anfängerfehler besteht darin, nicht die Adresse &a, sondern den Wert a einer Variablen an die Funktion scanf zu übergeben. Dann wird nämlich der Wert als Adresse interpretiert, und der eingelesene Wert landet irgendwo im Speicher.

Dieselben Zeichen, die die Eingabe steuern, werden auch als Steuerzeichen für die Funktion printf benutzt, die den Inhalt von Variablen auf den Bildschirm schreibt. Jetzt

3.6 Lesen und Schreiben

können Sie aber auch Text hinzufügen, der ebenfalls ausgegeben wird, wobei bei jedem Zeichen %... die nächste Variable in der Argumentenliste abgearbeitet wird. Dabei kann in C ein Speicherplatz auf mehrere Arten interpretiert werden, wie das folgende Beispiel zeigt:

```
#include <stdio.h>

main()
{
   int i=62;
   printf(" Zeichen: %c \n int: %i \n oktal: %o \n hexadezimal: %x"
          " \n double: %lg  \n Adresse: %p \n",i,i,i,i,i,i,i);
}
```

Hier wird der Inhalt der Variablen i auf sechs verschiedene Arten geschrieben: Als ASCII-Zeichen (%c), ganze Zahl (%i), Oktalzahl(%o), Hexadezimalzahl (%x), reelle Zahl (%lg) und Adresse (%p). Das Ergebnis ist:

Zeichen:	8
int:	62
oktal:	76
hexadezimal:	3e
double:	1.31564e−312
Adresse:	0x3e

Die letzten beiden Umwandlungen sind sinnlos, dennoch akzeptiert sie der C-Compiler ohne Fehlermeldungen.

Beim formatierten Schreiben möchten Sie den Text in eine ansehnliche Form bringen; dazu dienen weitere Steuerzeichen. Mit dem Befehl %6d oder %10g können Sie die Breite des Ausdrucks steuern, allerdings nur wenn die Zahl dabei nicht verfälscht wird. Mit dem Befehl %10.5g steuern Sie sowohl die Breite (10) als auch die Anzahl der Stellen nach dem Dezimalpunkt (5). Mit %+6d erzeugen Sie auch bei positiven Zahlen ein Vorzeichen.

Im folgenden Programm werden einige Steuerzeichen vorgeführt; wer mehr wissen will — auch wie man solche Befehle bei scanf verwenden kann — sollte die ausführliche C-Literatur zu Rate ziehen.

```
#include <stdio.h>

main()
{
  int i=62;
  double d=12.345e-5;
  printf("     i: %i \n    1i: %1i \n    10i: %10i \n"
         "  +10i: %+10i \n", i,i,i,i);
```

```
        printf("     g: %g \n     5g: %5g \n  10.2: %10.2g \n        e:"
               " %e \n+20.3e: %+20.3e \n",d,d,d,d,d);
}
```

Hier ist das Ergebnis:

```
     i: 62
    1i: 62
   10i:         62
  +10i:        +62
     g: 0.00012345
    5g: 0.00012345
  10.2g:    0.00012
     e: 1.234500e-04
+20.3e:           +1.234e-04
```

3.6.3 Dateien

Ihre Daten wollen Sie gewiss nicht nur auf dem Bildschirm sehen und dann mit Papier und Bleistift abschreiben, sondern Sie wollen sie direkt in eine Datei schreiben, die Sie dann weiterverwenden können — für ein Grafikprogramm, für ein weiteres Programm zur Auswertung usw. Mit Linux/UNIX geht das ganz einfach: Sie können die Ein- und Ausgabe direkt von anderen bzw. in andere Dateien umleiten:

```
name < daten
name > daten
```

So können Sie sowohl die Eingabedaten in Ihr Programm name aus der Datei daten einlesen als auch Ihre Daten aus dem Programm name in die Datei daten schreiben, genauso wie es als Text auf dem Bildschirm ein- oder ausgegeben wird. Sie können sogar die Ausgabe eines Programmes in die Eingabe eines zweiten umleiten (*Pipe*):

```
name1 | name2
```

Vielleicht wollen Sie aber auch einige Ergebnisse auf dem Bildschirm sehen und gleichzeitig andere in eine oder mehrere Dateien schreiben. Dann benötigen Sie in Ihrem Programm Anweisungen zur Bearbeitung von Dateien. Wir wollen derartige Möglichkeiten hier kurz für die formatierte Ein- und Ausgabe vorstellen.

Zunächst muss eine Datei geöffnet werden; das geschieht mit

```
#include <stdio.h>
main()
{
   FILE * fpr;
   fpr=fopen("daten.dat","r");
   if(fpr==NULL)printf("Kann daten.dat nicht oeffnen");
}
```

3.6 Lesen und Schreiben

fpr ist ein Zeiger auf den Datentyp FILE, der den Zugriff zur Datei verwaltet. In der Funktion fopen müssen Sie den Namen der Datei und die Zugriffsart angeben. Dabei bedeutet

- "r"   Nur lesen (read)
- "w"   Anlegen zum Schreiben (write)
- "a"   Schreiben am Ende einer Datei (append)
- "r+"   Lesen und Schreiben auf eine existierende Datei

Beachten Sie, dass Sie die Header-Datei stdio.h in Ihr Programm mit einbinden, denn sonst sind die Ausdrücke FILE und NULL nicht definiert und die Funktion fopen kann nicht die Adresse der Datei an eine Zeigervariable zuweisen. Diesen Zeiger, hier mit dem Namen fpr, brauchen Sie für die entsprechenden Lese- und Schreibfunktionen, die genauso wie vorher erklärt funktionieren.

Die Funktionen putchar, getchar, printf und scanf arbeiten genauso wie die in der Tabelle 3.7 erklärten Funktionen, wenn fpr die Werte stdin oder stdout hat.

Tabelle 3.7: Lesen und Schreiben auf eine Datei

fputc(c,fpr)	Schreibe das Zeichen c
fgetc(fpr)	Lese ein Zeichen
fputs(str,fpr)	Schreibe die Zeichenkette str
fprintf(fpr,...)	Schreibe Text
fscanf(fpr,...)	Lese Text

Nach der Bearbeitung einer Datei sollte das Programm die Verbindung zu ihr wieder schließen; das geschieht mit

```
fclose(fpr);
```

Im folgenden Beispiel wird der Name einer zu öffnenden Datei vom Bildschirm gelesen. Von dieser Datei werden dann alle Zeichen gelesen und auf dem Bildschirm ausgegeben. Gleichzeitig werden die Umlaute ä, ö und ü und der Buchstabe ß durch die LaTeX-Symbole, \"a, \"o, \"u und {\ss} ersetzt (die Großbuchstaben können Sie selbst hinzufügen) und in eine Datei mit dem Namen Latex_Version geschrieben. Schließlich wird die Anzahl der ersetzten Buchstaben sowohl auf den Bildschirm als auch in die zweite Datei geschrieben. Beachten Sie, dass am Ende jeder Datei das Zeichen EOF gelesen wird.

```
#include <stdio.h>

main()
{
  FILE *fpr1, *fpr2;
```

```
      char c,name[100];
      int zaehler=0;

      printf("Umlautumwandlung: \n Name der Datei:   ");
      scanf("%s",name);
      fpr1=fopen(name,"r");
      fpr2=fopen("Latex_Version","w");
      if(fpr1==NULL) printf(" Kann Datei %s nicht oeffnen \n",name);

      while( (c=fgetc(fpr1)) != EOF)
        {
          putchar(c);
          zaehler++;
          switch(c)
            {
                   case 'ä'  :    fputs("\\\"a",fpr2); break;
                   case 'ö'  :    fputs("\\\"o",fpr2); break;
                   case 'ü'  :    fputs("\\\"u",fpr2); break;
                   case 'ß'  :    fputs("{\\ss}",fpr2); break;
                   default   :    fputc(c,fpr2); zaehler--;

            }
        }
      printf("\n Es wurden %i Umlaute umgewandelt. \n",zaehler);
      fprintf(fpr2,"\n Es wurden %i Umlaute umgewandelt. \n",zaehler);

      fclose(fpr1);
      fclose(fpr2);
   }
```

Wenn wir nun eine Datei mit dem Text *Die häßliche Straße muß schöner werden* schreiben, so legt das Programm die Datei `Latex_Version` an und schreibt dort den folgenden Text hinein:

```
   Die h\"a{\ss}liche Stra{\ss}e mu{\ss} sch\"oner werden
```

Im nächsten Programm wollen wir Daten umwandeln. Unsere Datei `daten` enthält pro Zeile zwei Werte x und y, die wir in $\log(x)$ (natürlicher Logarithmus mit der Basis e) und $(y/x)^{1.5}$ umwandeln wollen. Die umgewandelten Dateien werden in die Datei `u.daten` geschrieben. Hier ist der Quellcode:

```
#include <stdio.h>
#include <stdlib.h>
#include <math.h>

main()
 {
   FILE *fpr1, *fpr2;
```

```
    double x,y;
    int z;
    fpr1=fopen("daten","r");
    fpr2=fopen("u.daten","w");
    if(fpr1==NULL) printf(" Kann Datei %s nicht oeffnen \n","daten");

    while(feof(fpr1)==0)
       {
         z=fscanf(fpr1,"%lg %lg",&x,&y);
         if( x<=0. || z!=2) { printf(" \n Fehler! \n"); exit(1);}
         printf("Eingelesen: %lg %lg \n",x,y);
         fprintf(fpr2,"%.3lg   %.3lg \n", log(x), pow(y/x,1.5));
         printf("%.3lg   %.3lg \n", log(x), pow(y/x,1.5));
       }
    fclose(fpr1); fclose(fpr2);
 }
```

Nun legen wir die Datei `daten` an; sie soll die folgenden Zahlen enthalten:

```
    1 2
    2 3
    3
    4
    5, 6
    7 8
```

Nach dem Aufruf des Programmes erhalten wir die Zeilen

```
    Eingelesen: 1 2   Ergebnis: 0   2.82843
    Eingelesen: 2 3   Ergebnis: 0.693147   1.83712
    Eingelesen: 3 4   Ergebnis: 1.09861   1.5396

    Fehler!
```

`fscanf` sieht also Leerzeichen und Zeilentrenner als Trennzeichen für die Zahlen an und liest immer Zahlenpaare. Allerdings stoppt die Funktion bei dem Komma, das sie nicht mit den angegebenen Steuerzeichen interpretieren kann. Sie gibt daher z=1 zurück und löst damit die Fehlermeldung und den Aufruf von `exit(1)` auf, durch den das Programm verlassen wird.

3.7 Mathematische Funktionen

Bisher haben wir nur elementare Funktionen kennen gelernt, die auf dem Niveau der Speicherplätze operieren. Mit diesen elementaren Operatoren werden allerdings auch höhere Funktionen wie Berechnung der Eigenwerte einer Matrix, Lösung von Differentialgleichungen und grafische Bearbeitung von Daten programmiert. Selbstverständlich müssen Sie nicht bei jedem Problem das Rad neu erfinden; es gibt eine Vielzahl von Bibliotheken, die weit entwickelte Werkzeuge für Ihre C-Programme anbieten.

Jeder C-Compiler stellt elementare mathematische Funktionen zur Verfügung. Um sie benutzen zu können, müssen Sie die entsprechenden Deklarationen in Ihr C-Programm einbinden:

```
#include <math.h>
main() {...}
```

und beim Kompilieren die Mathematik-Bibliothek dazuladen:

```
gcc -o name name.c -lm
```

Sollten Sie die Header-Datei math.h vergessen, so werden alle Funktionen automatisch als int deklariert und liefern — ohne Fehlermeldung — unsinnige Resultate. Sollten Sie dagegen die Option -lm vergessen, so kennt der Compiler die aufgerufenen Funktionen nicht und liefert Fehlermeldungen.

Nach diesen Schritten können Sie in Ihrem Programm eine Vielzahl von Funktionen aufrufen. Mein C-Compiler (gcc von GNU) enthält die Funktionen in der Tabelle 3.8. Dabei sind x und y Variablen vom Typ double, n ist eine Variable vom Typ int und alle Funktionen geben einen double-Wert zurück. In math.h sind auch Konstanten definiert, mit einer Genauigkeit von etwa 18 Dezimalstellen, siehe Tabelle 3.9.

Als Beispiel wollen wir die Funktion

$$f(x, y) = \frac{1}{r^3} e^{-r/a} \sin^4(\vec{k} \cdot \vec{r})$$

programmieren. Dabei sind $\vec{r} = (x, y)$ und $\vec{k} = (k_x, k_y)$ zweidimensionale Vektoren. In C lautet diese Funktion

```
      double a, kx, ky;
double f(double x, double y)
{
      double r, kr;
      r = hypot(x,y);
      kr = kx*x + ky*y;
      return ( 1./pow(r,3.) * exp(-r/a) * pow(sin(kr),4.) );
}
```

Schließlich wollen wir noch die Zufallszahlengeneratoren besprechen. Ein Computer kann nur deterministische Abbildungen auf einer endlichen Menge von Zahlen realisieren. Dennoch gibt es Abbildungen der Form

$$x_{n+1} = f(x_n)$$

welche eine Folge (x_n) von Zahlen erzeugen, die für viele Anwendungen von echten Zufallszahlen nicht zu unterscheiden sind. Mein GNU-C-Compiler bietet zwei derartige Generatoren von Pseudozufallszahlen an: random und drand48. Beide sind in stdlib.h deklariert und liefern bei jedem Aufruf eine neue Zufallszahl. Die Funktion random liefert ganze Zahlen zwischen 0 und RAND_MAX (= 2 147 483 647). Sie erhalten damit gleichverteilte Zufallszahlen. Wenn Sie reelle Zahlen zwischen 0 und 1 benötigen, können Sie die Ergebnisse von random entsprechend transformieren:

3.7 Mathematische Funktionen

Tabelle 3.8: Mathematische Funktionen in `math.h`

Funktion	Rückgabewert (`double`)
sin(x)	Trigonometrische
cos(x)	
tan(x)	Funktionen
asin(x)	
acos(x)	Winkel werden im Bogenmaß angegeben.
atan(x)	
atan2(x,y)	atan(x/y)
sinh(x)	
cosh(x)	
tanh(x)	Hyperbolische
asinh(x)	Funktionen
acosh(x)	
atanh(x)	
exp(x)	e^x
log(x)	Logarithmus zur Basis e
log10(x)	Logarithmus zur Basis 10
expm1(x)	$e^x - 1$
log1p(x)	$\log(1+x)$
pow(x,y)	x^y
sqrt(x)	$\sqrt{x}$
csqrt(x)	$\sqrt[3]{x}$
hypot(x,y)	$\sqrt{x^2 + y^2}$
z = frexp(x,&n)	$x = z\,2^n$ mit $0.5 \leqslant z < 1$
ldexp(x,n)	$x\,2^n$
z = modf(x,&n)	$x = z + n$ mit $0 \leqslant |z| < 1$
ceil(x)	Kleinste ganze Zahl größer als x
floor(x)	Größte ganze Zahl kleiner als x
rint(x)	Rundet auf die nächste ganze Zahl
mod(x,y)	Rest von x/y, wie n%m bei ganzen Zahlen.
copysign(x,y)	$|x|\operatorname{sign}(y)$
j0(x), j1(x), jn(n,x)	Bessel-Funktionen
y0(x), y1(x), yn(n,x)	Lösungen der DGL $x^2 y'' + xy' - (x^2 - n^2)y = 0$
erf(x)	Fehlerfunktion $2/\sqrt{\pi} \int_0^x \exp(-z^2)dz$
erfc(x)	$1 - \operatorname{erf}(x)$
lgamma(x)	Logarithmus der Gammafunktion, $\log(\int_0^\infty t^{x-1} e^{-t} dt)$
lgamma(n+1)	Logarithmus von n-Fakultät, $\log(n!)$

Tabelle 3.9: Mathematische Konstanten in `math.h`

Konstante	Bedeutung
M_E	e
M_LOG2E	$\log_2(e)$
M_LOG10E	$\log_{10}(e)$
M_LN2	$\log(2)$
M_LN10	$\log(10)$
M_PI	π
M_PI_2	$\pi/2$
M_PI_4	$\pi/4$
M_1_PI	$1/\pi$
M_2_PI	$2/\pi$
M_2_SQRTPI	$2/\sqrt{\pi}$
M_SQRT2	$\sqrt{2}$
M_SQRT1_2	$1/\sqrt{2}$

```
r = (double)random() / (RAND_MAX+1.);
```

Wenn Sie ganze Zufallszahlen zwischen 1 und n benötigen, sollten Sie keinesfalls die niederwertigen Bits mit dem Modulo-Operator %n verwenden, sondern immer die höherwertigen mit der Anweisung

```
j = 1 + (int)((double)n*random() / (RAND_MAX+1.));
```

Die Funktion `random` erzeugt etwa 30 Milliarden Zufallszahlen, bevor sie die Folge wiederholt. Für manche Anwendungen ist das zu kurz. Der Generator `drand48` arbeitet dagegen mit 48 Bits und erzeugt eine Periode von 2^{48}, also etwa die zehntausendfache Länge. Außerdem transformiert er die Zahlen direkt in das Intervall [0,1[:

```
r = drand48();
```

Wenn Sie damit ganze Zahlen zwischen 1 und n benötigen, können Sie diese Werte folgendermaßen transformieren:

```
j = 1 + (int)( n*drand48() );
```

Wenn Sie Ihr Programm neu starten, erscheinen immer wieder dieselben „Zufallszahlen". Eine andere Folge können Sie dadurch erzeugen, dass Sie die Startzahl (seed) auf einen anderen Wert setzen. Dazu gibt es die Funktionen `srandom` und `srand48`, die beide eine ganze Zahl als Argument erhalten und keinen Wert zurückgeben. Die seed-Zahl können Sie beispielsweise von der Zeitfunktion nehmen, dann erhalten Sie bei jedem Aufruf Ihres Programmes eine neue Folge von Zufallszahlen:

3.7 Mathematische Funktionen

```
#include <time.h>
#include <stdlib.h>
main()
{
    double r;
    srand( time(NULL) );
    r = drand48();
    ...
}
```

Als Anwendung der Funktion `drand48` wollen wir würfeln: Wie groß ist die Wahrscheinlichkeit, mit fünf Würfeln die Augensumme 17 zu erreichen? Das folgende Programm soll das beantworten. Das Werfen eines Würfels wird mit einem Zufallszahlengenerator simuliert, der die Zahlen 1 bis 6 mit gleicher Wahrscheinlichkeit erzeugt. Das wird fünfmal durch eine `for`-Schleife wiederholt, und die Augenzahl wird dabei aufsummiert. Wenn die Augensumme den Wert 17 hat, wird eine Zählvariable um eins erhöht. Das Ganze wird eine Million Mal wiederholt. Als Ergebnis wird die relative Häufigkeit ausgedruckt, wir erhalten einen Wert in der Nähe von 10 %.

```
#include <stdlib.h>
#include <time.h>
#define N 1000000

main()
{
  int zaehler=0,anzahl=N,i,summe;

  srand48((unsigned int)  time(NULL));
  while(anzahl--)
    {
      summe=0;
      for(i=0;i<5;i++) summe += 1 + (int)( 6.*drand48());
      if( summe == 17) zaehler++;
    }
    printf(" Die Wahrscheinlichkeit ist %lf \n",(double)zaehler/N);
}
```

Wenn Sie nun das Programm sehr oft aufrufen — oder noch eine Schleife einbauen — können Sie die Verteilung der relativen Häufigkeit berechnen, deren Mittelwert ein sehr guter Schätzwert für die gesuchte Wahrscheinlichkeit ist.

Die Laufzeit des Programmes können Sie übrigens mit dem Aufruf

```
time name
```

feststellen. Um fünf Millionen Mal zu würfeln, benötigt mein PC etwa zwei Sekunden.

3.8 Die mathematische Bibliothek *Numerical Recipes*

Wissenschaftler brauchen nicht nur die elementaren mathematischen Funktionen, sondern sie verwenden häufig auch spezielle Routinen zur Lösung numerischer Probleme. Hier sind einige typische Anwendungen:

- Lösung linearer Gleichungssysteme
- Eigenwerte von Matrizen
- Hauptachsentransformation
- Integration
- Interpolation
- Sortieren
- Lösung nichtlinearer Gleichungen
- Minimieren mehrdimensionaler Funktionen
- Fourier-Transformation
- Statistische Auswertung vom Daten
- Modellierung von Daten
- Gewöhnliche und partielle Differentialgleichungen

Zu all diesen Problemen gibt es weit entwickelte Algorithmen, die in umfangreichen Bibliotheken wie IMSL, NAG usw. angeboten werden. Diese professionellen Programmpakete sind recht teuer. Eine preiswerte Alternative dazu ist das Buch *Numerical Recipes in C: The Art of Scientific Computing*. Dazu gibt es eine Diskette; sie enthält zu allen oben genannten Problemen die entsprechenden Routinen als C-Quellcode, die Sie in Ihr Programm einbinden können. Zu jeder Routine gibt es eine Einführung in die Grundlagen und eine Beschreibung ihrer Anwendung.

Wir wollen an einem Beispiel zeigen, wie Sie die Routinen in Ihrem C-Programm verwenden können. Zunächst ein wichtiger Hinweis zu Vektoren und Matrizen: Bei den *Numerical Recipes* laufen alle Indizes von 1 bis n, und nicht von 0 bis $n-1$. Deshalb sollten Sie alle Vektoren und Matrizen als Zeiger definieren, denen Sie dann mit den entsprechenden Routinen aus `nrutil.c` Speicherplatz mit den richtigen Indizes zuweisen:

```
float  *v, **m;
v= vector(1,10);
m= matrix (1,13,1,9);
```

3.8 Die mathematische Bibliothek *Numerical Recipes*

Nun ist v ein Vektor mit den Komponenten v[1] ... v[10] und m ist eine (13×9)-Matrix, deren Element in der zwölften Zeile und fünften Spalte mit m[12][5] angesprochen wird. Mit diesen Definitionen können Sie v und m an die entsprechenden Routinen übergeben.

Unser Beispiel ist die die Differentialgleichung für ein angetriebenes Pendel (siehe *Physik per Computer*). $\varphi(t)$ ist der Winkel zur Ruhelage und $\omega(t)$ die Winkelgeschwindigkeit des Pendels. Die Differentialgleichungen lauten in dimensionslosen Einheiten

$$\frac{d\varphi}{dt} = \omega$$
$$\frac{d\omega}{dt} = -r\omega - \sin\varphi + a\cos(\omega_D \cdot t)$$

r und a bezeichnen die Stärke der Reibung und des Antriebs, ω_D ist die Antriebsfrequenz. Wir setzen hier $r = 0.25$, $\omega_D = 2/3$ und $a = 0.7$.

Aus den *Numerical Recipes* nehmen wir zur Lösung dieser Differentialgleichungen die Routine odeint mit dem Runge-Kutta-Verfahren 4. Ordnung und mit adaptiver Schrittweite. Zunächst schlagen wir im Buch nach, welche Argumente odeint benötigt und welche Routinen hinzugefügt werden müssen. Wir kopieren all diese Routinen in unser Verzeichnis und binden sie mit #include in unseren C-Quellcode ein. Da wir doppelt genau rechnen wollen, *Numerical Recipes* aber mit float rechnet, definieren wir float in double um. Nun müssen wir nur die entsprechenden Variablen definieren und odeint aufrufen. Eines der Argumente von odeint ist die obige Gleichung, die wir als Funktion derivs definieren und übergeben:

```
/***** Getriebenes Pendel *****/

#include <stdlib.h>
#include <math.h>

#define float double

#include "nr.h"
#include "nrutil.c"
#include "odeint.c"
#include "rkqc.c"
#include "rk4.c"

double r=.25,a=.7;

void derivs (double t,double y[], double dydt[])
{
   dydt[1]=y[2];
   dydt[2]=-y[2]*r-sin(y[1])+a*cos(2./3.*t);
}
```

```
main()
{
  double t, eps=1e-6, dt=.1;
  double *y;
  int nok,nbad,run=10000;

  y=vector(1,2);

  /* Startwerte :*/
  t    = 0.;           // Zeit
  y[1] = M_PI/2.;      // Winkel
  y[2] = 0.;           // Omega

  while(run--)
  {
    odeint(y,2,t,t+3.*M_PI,eps,dt,0.,&nok,&nbad,derivs,rkqc);
    t += 3.*M_PI;
    printf(" %f %f \n",fmod(y[1]+100.*M_PI,2.*M_PI),y[2]);
  }
}
```

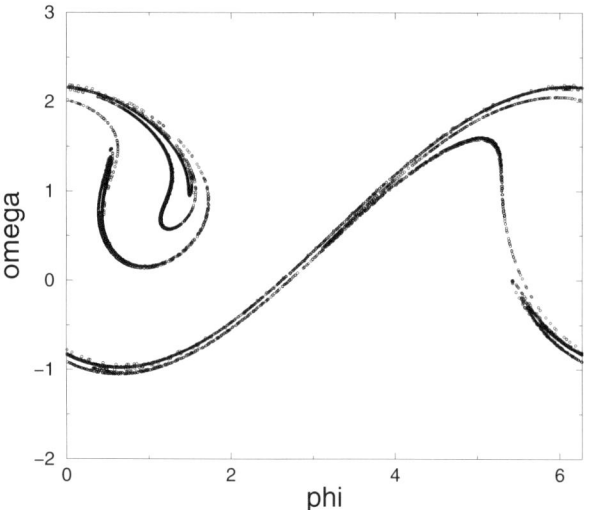

Abbildung 3.1: Eine chaotische Bahn eines getriebenen Pendels erscheint im Poincaré-Schnitt als seltsamer Attraktor.

Das kompilierte Programm druckt die Werte $\varphi(t)$ und $\dot\varphi(t)$ zu den Zeiten $0, 2\pi, 3\pi, \ldots$ aus, die wir in die Datei daten umleiten und mit xmgr zeichnen. In der nichtlinearen Dynamik wird diese Darstellung, die in Bild 3.1 zu sehen ist, *Poincaré-Schnitt* genannt. Wir sehen einen seltsamen Attraktor; bei diesen Parametern ist das Pendel chaotisch.

Die Kurve $\varphi(t)$ können wir sehen, indem wir mit odeint nur zwischen t und $t + dt$ integrieren und dann t und y[1] ausdrucken. Das Ergebnis in Bild 3.2 zeigt ebenfalls die chaotische Bewegung des Pendels, zusammen mit zwei weiteren Werten der Antriebsstärke a. Für $a = 0.5$ schwingt das Pendel mit der Antriebsfrequenz ω_D, und für $a = 0.85$ beobachtet man eine periodische Bewegung mit der siebenfachen Schwingungsdauer des Antriebes. Mit wachsender Antriebsstärke wechseln periodische und chaotische Bewegung ab. Alle drei Arten der Bewegung sind in Bild 3.2 zu sehen.

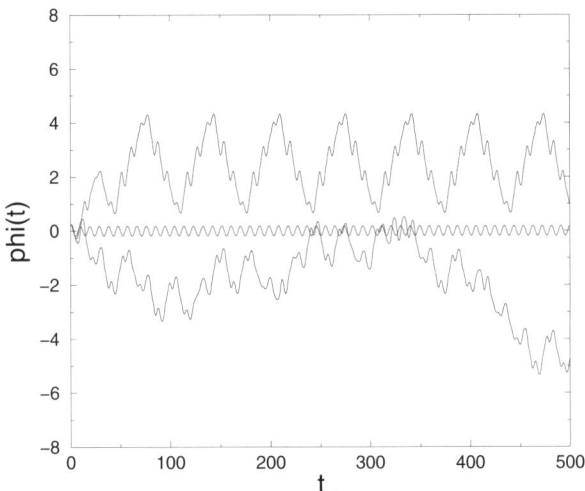

Abbildung 3.2: Der Winkel φ als Funktion der Zeit t eines getriebenen Pendels für drei verschiedene Antriebsstärken a. Für $a = 0.5$ schwingt das Pendel mit der Antriebsfrequenz (Mitte). Bei $a = 0.7$ bewegt sich das Pendel chaotisch (unten), während es für $a = 0.85$ eine periodische Bewegung mit der siebenfachen Periode des Antriebs gibt (oben).

3.9 Übungen

Iteration

Programmieren Sie den folgenden Algorithmus von Isaac Newton (1642–1727):

$$x_0 = 1$$
$$x_{n+1} = x_n + \frac{x_n}{2}(1 - 2x_n^2) \quad \text{für} \quad n = 0,1,2,3...$$

Zu welcher Zahl x_∞ konvergiert die Folge der x_n-Werte? Berechnen Sie die Abweichung $x_n - x_\infty$ für die ersten Werte x_n.

Sieb des Eratosthenes (250 v. Chr.)

Berechnen Sie alle Primzahlen von 2 bis N mit folgendem „Sieb":

Schreiben Sie alle Zahlen von 2 bis N in ein Feld. Nehmen Sie die kleinste Zahl und streichen Sie alle Vielfachen von ihr aus dem Feld heraus. Iterieren Sie dies bis zur Zahl $\leqslant \sqrt{N}$. Am Ende enthält das Feld alle Primzahlen $\leqslant N$.

Euklidscher Algorithmus (300 v. Chr.)

Schreiben Sie die Funktion

```
int ggT(int a, int b){...},
```

die den größten gemeinsamen Teiler zweier ganzer positiver Zahlen a und b berechnet. Verwenden Sie dazu den Algorithmus von Euklid: Sei r_1 der Rest von a/b, r_2 der Rest von r_1/r_2, r_n der Rest von r_{n-2}/r_{n-1}. Sobald ein Rest r_{n+1} den Wert Null hat, ist r_n der größte gemeinsame Teiler von a und b.

Bilder rationaler Zahlen

Ein Fahrradreifen mit dem Umfang U rollt über Platten der Länge $L < U$. Am Anfang steht das Reifenventil genau auf einer Fuge. Über wie viele Platten N muss der Reifen rollen, bis das Ventil wieder genau auf einer Fuge steht? Zeichnen Sie $y = N$ als Funktion von $x = L/U$ für $N < 50$.

Tipp: Überlegen Sie sich zunächst, dass $L/U = M/N$ eine rationale Zahl mit teilerfremden ganzen Zahlen M und N sein muss; denn ein Vielfaches des Umfangs soll ja gerade ein Vielfaches der Plattenlänge sein. Erzeugen Sie sich also — mit der Funktion ggT aus der Aufgabe 3 — alle erlaubten Werte L/U, schreiben Sie L/U und das zugehörige N zeilenweise in eine Datei `daten` und zeichnen Sie diese mit `xmgr daten`.

Pi-Experiment

Bestimmen Sie den Wert von π durch eine Computersimulation. Schießen Sie dazu zufällig verteilt auf das Quadrat mit $-1 \leqslant x \leqslant 1$ und $-1 \leqslant y \leqslant 1$, und zählen Sie diejenigen Schüsse, die innerhalb des Kreises $x^2 + y^2 \leqslant 1$ liegen. Ein Schätzwert für $\pi/4$ ist dann bekanntlich der Wert *Anzahl der Treffer / Anzahl der Schüsse*.

Radioaktiver Zerfall

Simulieren Sie den radioaktiven Zerfall von N Teilchen durch folgenden stochastischen Prozess: Im nächsten Zeitschritt (= Rechenschritt) zerfällt jedes noch aktive Teilchen mit einer Wahrscheinlichkeit p. Dazu wird für jedes aktive Atom eine Zufallszahl $r \in [0,1]$ gezogen. Das Teilchen zerfällt, wenn r kleiner als die Zahl p ist. Berechnen Sie dieses Problem für $N = 10^4$ Teilchen und $p = 10^{-3}$. Zeichnen Sie die Anzahl der aktiven Teilchen als Funktion der Zeit, und zwar so, dass das exponentielle Zerfallsgesetz sichtbar wird.

Mathe-Hasen

Der Mathematiker Fibonacci hat sich in den Jahren um 1200 mit der Vermehrung von Hasen beschäftigt. Die Mathe-Hasen treten nur in Paaren auf und verhalten sich nach folgenden Regeln:

1. Ein unreifes Hasenpaar wird im folgenden Jahr zu einem reifen.
2. Ein reifes Paar bringt im nächsten Jahr ein unreifes zur Welt.

Im Jahre 1 soll ein unreifes Hasenpaar existieren. Wie viele Paare gibt es im Jahre 50?

Kommentarsuche

Schreiben Sie ein Programm, das alle Kommentare eines C-Quellcodes ausdruckt, dessen Name in der Kommandozeile eingegeben wird. Das heißt, es soll denjenigen Text ausdrucken, der mit /* beginnt und mit */ endet.

Abschusswinkel

Ein Ball mit der Masse 500 g und dem Radius 5 cm soll in einem Winkel von φ Grad zum Erdboden mit der Anfangsgeschwindigkeit 50 m/s in die Luft geschossen werden. Der c_W-Wert des Balls sei 0.3; das heißt, nach Formeln in den Physik-Lehrbüchern ist die Kraft der Luftreibung pro Masse des Balls durch folgende Gleichung gegeben:

$$\vec{K}_R = -\gamma \, |\vec{v}| \cdot \vec{v}$$

wobei $\vec{v}(t) = (v_x, v_y)$ die Geschwindigkeit des Balls zum Zeitpunkt t ist, und der Koeffizient γ bei den angegebenen Werten etwa den Wert $0.012/m$ hat. Die Bahnkurve des Balls ist nach den Newtonschen Bewegungsgesetzen durch die folgenden gekoppelten Differentialgleichungen bestimmt:

$$\frac{dv_x}{dt} = -\gamma|\vec{v}| \cdot v_x; \quad \frac{dv_y}{dt} = -\gamma|\vec{v}| \cdot v_y - g$$
$$\frac{dx}{dt} = v_x; \quad \frac{dy}{dt} = v_y$$

Dabei ist $g = 9.81 \frac{m}{s^2}$ die Erdbeschleunigung. Lösen Sie diese Differentialgleichungen numerisch und berechnen Sie den Winkel φ, bei dem der Ball am weitesten fliegt, bis er den Boden wieder erreicht. Benutzen Sie zur numerischen Lösung das Runge-Kutta-Verfahren zweiter Ordnung:

Gegeben sei die Differentialgleichung $\frac{d\vec{v}}{dt} = \vec{f}(\vec{v})$. dt sei der Zeitschritt der Diskretisierung. $\vec{v}_n$ zur Zeit $n\,dt$ sei berechnet und $\vec{v}_{n+1}$ sei gesucht. Berechnen Sie

$$\vec{k}_1 = \vec{f}(\vec{v}_n) \cdot dt$$
$$\vec{k}_2 = \vec{f}\left(\vec{v}_n + \frac{\vec{k}_1}{2}\right) dt$$
$$\vec{v}_{n+1} = \vec{v}_n + \vec{k}_2$$
$$\vec{r}_{n+1} = \vec{r}_n + \vec{v}_n \cdot dt$$

mit $\vec{r}_n = \begin{pmatrix} x_n \\ y_n \end{pmatrix}$ und $\vec{v}_n = \begin{pmatrix} v_{xn} \\ v_{yn} \end{pmatrix}$.

Als Startwerte verwenden Sie

$$\vec{v}_0 = v \begin{pmatrix} \cos\varphi \\ \sin\varphi \end{pmatrix}$$

Sobald der Wert von y_n negativ wird, liefert das zugehörige x_n die gesuchte Reichweite.

Zufallsschnitte

Wenn Sie einen Stab der Länge 10 cm an einer zufällig und gleichverteilt gewählten Stelle zerschneiden, so wird jedes der beiden Stücke im Mittel über viele solcher Experimente die Länge 5 cm haben. Nun sollen Sie das Experiment ein wenig erweitern: Markieren Sie eine zufällig gewählte Stelle auf dem Stab, bevor Sie ihn wie vorher beschrieben zerschneiden. Wie lang ist im Mittel der Teil des Stabs mit der Markierung? Da die Markierung nichts mit dem Schnitt zu tun hat, könnte man meinen, dass das markierte Stück im Mittel immer noch die Länge 5 cm hat. Aber falsch gedacht, denn die Lösung der folgenden Aufgabe zeigt ein anderes Ergebnis.

a) Berechnen Sie diesen Mittelwert durch eine Computersimulation.

b) Zeichnen Sie die Verteilung dieser Länge in einem Histogramm, indem Sie das Intervall [0,10] in hundert Abschnitte teilen und zählen, wie oft diese Länge in den jeweiligen Abschnitt trifft. Alternativ kann man mit xmgr auch direkt ein Histogramm erstellen:
Data → Transformation → Histograms
BinWidth = 0.1, Start Value =0, Ending Value =10

4 Java

Java ist eine relativ junge Programmiersprache, mit der man Programme über das Internet laden und ausführen lassen kann. Animationen und interaktive, fensterorientierte Anwendungen können mit Java programmiert und mit Hilfe eines Internet-Browsers von einem entfernten Rechner irgendwo in der Welt aufgerufen werden. Java ist unabhängig vom Betriebssystem und dem Typ des Rechners. Sowohl mit einem PC als auch mit Workstations, sowohl unter Windows als auch unter UNIX oder Linux kann ein Java-Programm kompiliert und danach von einem Rechner anderer Art ausgeführt werden. Das ist ein großer Schritt zur universellen plattformunabhängigen Programmierung, der mit Sicherheit die Zukunft gehört.

Darüber hinaus ist Java eine objektorientierte Sprache. Das bedeutet, dass Programmbibliotheken leicht eingebunden und für den eigenen Bedarf geändert werden können. Auch eigene Programmpakete lassen sich mit dieser modernen Art der Programmierung leichter zusammenstellen und an andere Anwender weitergeben. Es gibt also gute Gründe, eine weitere Programmiersprache zu lernen.

Java baut auf der Sprache C auf; Sie können daher vieles von dem benutzen, was Sie im dritten Kapitel gelernt haben. Allerdings sollten Sie sich in eine neue Programmstruktur hineindenken. Java-Programme enthalten üblicherweise Prozesse, die unabhängig voneinander ablaufen. Beispielsweise zeichnet ein Prozess Ihre Animation auf den Computerbildschirm, während andere auf Mausklicks oder auf Texteingaben in kleine Fenster warten. Weitere Prozesse hingegen reagieren auf Verdecken des Browser-Fensters oder auf den Aufruf einer neuen WWW-Seite. Schieberegler, Auswahlknöpfe und -Felder, Fensterverwaltung, Tastendruck und Mausbewegung, all das erfordert unabhängige Prozesse, die Ereignisse registrieren und diese Informationen an das eigene Programm verschicken.

Im Folgenden wollen wir Java soweit kennen lernen, dass wir einfache Animationen programmieren können, die auf Mausklicks und Fenstereingaben reagieren. Um diese Einführung kurz zu halten, besprechen wir nur diejenigen Elemente von Java, die wir zu den Übungen am Ende dieses Kapitels brauchen werden. Zunächst einige Bemerkungen zu den Grundelementen von Java.

4.1 Grundstruktur

Ein Java-Programm besteht aus *Klassen*. Diese Klassen sind eine Art von Schablonen, die zur Definition von *Objekten* verwendet werden. Ein Objekt wiederum besteht sowohl aus Daten als auch aus Funktionen, die mit diesen Daten arbeiten können. Funktionen heißen in der Sprache von Java *Methoden*.

Ein Java-Programm besteht also nicht nur aus einer Folge von Anweisungen, die schrittweise abgearbeitet werden, sondern es werden Objekte und deren Methoden aufgerufen, die miteinander wechselwirken. Nur innerhalb einer Methode sieht ein Java-Programm so ähnlich aus wie ein Quelltext in der Sprache C.

In Java gibt es ebenso wie in C Variablen. Das sind Speicherplätze für Zahlen, logische Ausdrücke oder Zeichen, die einen Namen erhalten und denen mit dem Operator = ein Wert zugewiesen werden kann. Zusätzlich gibt es Referenzvariablen, nämlich Namen für Objekte. Anders als bei normalen Variablen existiert mit dem Namen eines Objekts nicht automatisch sein Speicherplatz. Erst der Operator new erzeugt ein vollständiges Objekt (auch Instanz einer Klasse genannt), dessen Typ und Eigenschaften durch die zugehörige Klasse definiert werden. Wir haben deshalb die Möglichkeit, mit mehreren Klassen viele verschiedene Typen von Objekten zu erzeugen.

Diese Begriffsbildung mag zunächst für den Einsteiger etwas verwirrend erscheinen. Wir werden alle Begriffe aber im Einzelnen erläutern, so dass der Leser mit der neuen Denkweise sehr bald vertraut sein wird.

Die Syntax von Java ist C sehr ähnlich: Java unterscheidet Groß- und Kleinschreibung. Bei der Namenswahl von Variablen, Methoden, Klassen und Objekten gibt es viele Freiheiten. Jede Anweisung wird mit einem Semikolon beendet. Blöcke von Anweisungen werden durch geschweifte Klammern markiert. Die Argumente von Methoden werden durch runde Klammern übergeben. Der Zeilenumbruch spielt keine Rolle. Kommentare werden zwischen /* und */ eingeschlossen, auch über mehrere Zeilen hinweg. Zusätzlich gibt es noch das Symbol // für Kommentare in derselben Zeile.

```
int i; // i ist eine ganze Zahl.
```

4.2 Elementares Programmieren

4.2.1 Variablen

Ebenso wie in der Sprache C gibt es in Java Variablen und Konstanten für ganze und reelle Zahlen, für logische Werte und für Zeichen. Allerdings reserviert Java bei einigen Typen mehr Speicherplatz. Die folgende Tabelle gibt das entsprechende Schlüsselwort für den Typ, die Größe des Speicherplatzes und den Zahlenbereich an. Dabei gibt es keine Zahlen ohne Vorzeichen.

byte	8 Bit	$-128 \ldots 127$
short	16 Bit	$-32\,768 \ldots 32\,767$
int	32 Bit	$-2\,147\,483\,648 \ldots 2\,147\,483\,647$
long	64 Bit	$2^{63} \ldots 2^{63}-1$
float	32 Bit	$\simeq \pm 10^{38}$
double	64 Bit	$\simeq \pm 10^{308}$
boolean	8 Bit	true oder false
char	16 Bit	Unicode-Zeichen u0000

4.2 Elementares Programmieren

Ganze Zahlen können wie in C als Dezimal-, Oktal- oder Hexadezimalzahl angegeben werden. Die Oktalzahl beginnt mit 0 und die Hexadezimalzahl mit 0x. Die Dezimalzahl 15 kann also auch als `017` oder `0xF` eingegeben werden. Rationale Zahlen erhalten einen Punkt; ein Zehntel kann man beispielsweise als `.1` schreiben. Bei Zehnerpotenzen können Sie die wissenschaftliche Schreibweise mit den Buchstaben e oder E verwenden. Zeichen wie 'A' oder '\n' werden in Hochkommas eingeschlossen.

Anders als in C können boolesche Werte nicht durch die Zahlen 1 oder 0 dargestellt werden, sondern sie erhalten die reservierten Symbole `true` bzw. `false`:

```
boolean  aha = false;
```

Zusätzlich zu diesen elementaren Datentypen gibt es die Typen, die durch die sogenannte *Klassen* definiert werden. Klassen werden wir erst später behandeln, hier nur ein Beispiel: Die Zeichenkette "Hallo" ist ein Objekt vom Typ der Klasse `String`. Sie können eine Referenzvariable dieses Typs definieren, dieser Variablen eine Zeichenkette zuweisen und damit den entsprechenden Speicherplatz reservieren:

```
String str="Hallo";
```

Wie in C müssen sämtliche Variablen deklariert werden. Allerdings kann das in Java mitten im Block geschehen, jedoch bevor die entsprechenden Variablen benutzt werden. Bei der Deklaration kann gleichzeitig ein Anfangswert zugewiesen werden:

```
int      ganz, ganzeZahl=255, radius;
double   reelleZahl = 1.145e-56, winkel;
String   kette = "12345";
boolean  stop=true;
Button   bt;
```

`Button` ist eine Klasse im Paket `java.awt`, die die Bearbeitung von Schaltflächen regelt.

Die Variablen sind innerhalb des Blocks und seiner Unterblöcke gültig, in dem sie definiert wurden. Ein Block wird durch die Klammern `{...}` begrenzt. Falls derselbe Variablenname schon außerhalb des Blocks deklariert wurde, wird die äußere Variable ignoriert.

```
for(int i=0;i<100;i++) { System.out.println("i="+i); }
```

Die Variable `i` ist nur innerhalb der `for`-Schleife definiert. Eine weitere Variable `i`, die es eventuell schon vorher gab, besitzt einen anderen Speicherplatz.

4.2.2 Operatoren

Java enthält die üblichen Operatoren für arithmetische Rechnungen:

```
+    Addition
-    Subtraktion
*    Multiplikation
```

```
/        Division
%        Rest (Modulo)
```

Mit runden Klammern dürfen Sie Ausdrücke zusammenfassen, und es gilt Punkt-vor-Strichrechnung. Wie in C gibt es den Zuweisungsoperator =, der die rechte Seite auswertet und das Ergebnis der Variablen auf der linken Seite zuweist.

```
a = 1.2 *( b/2.3e-05 + 1./(d+5.) );
```

Es existieren auch die Abkürzungen +=, -=, *=, /=, die Sie schon von C her kennen. Der Ausdruck a+=5 steht beispielsweise für a=a+5. Die Addition oder Subtraktion der Eins kann mit dem Operator a++ bzw. a-- geschrieben werden. Die folgenden drei Anweisungen haben deshalb dieselbe Bedeutung:

```
a++;    a+=1;    a=a+1;
```

Zahlen können miteinander verglichen werden, das Resultat ist ein logischer Wert (true oder false). Java kennt die üblichen Operatoren

```
==       gleich
!=       ungleich
<        kleiner als
>        größer als
<=       kleiner als oder gleich
>=       größer als oder gleich
```

Für logische Variablen vom Typ boolean gibt es ebenfalls die üblichen Operatoren

```
&&       UND
||       ODER
!        NICHT
```

Ebenso wie in der Sprache C fehlen der XOR- und der Potenzoperator. XOR(p,q) kann als !p && q || p && !q geschrieben werden, und für Potenzen x^a kann die Funktion Math.pow(x,a) verwendet werden.

Eine nützliche Neuerung ist der Operator + für Zeichenketten. Zum einen fügt er zwei Zeichenketten zusammen, "Hallo"+" Welt" ergibt "Hallo Welt". Zum anderen wandelt er Zahlenwerte in Zeichenketten um, "Nummer "+ 123 liefert die Zeichenkette "Nummer 123". Das funktioniert auch bei Referenzvariablen von Objekten, es wird immer eine Zeichenkette erzeugt.

4.2.3 Felder

Im Unterschied zur Sprache C sind Felder (Arrays) als Objekte konstruiert. Objekte werden wir erst später behandeln; hier nur so viel: Felder müssen mit dem Operator new erzeugt werden. Beispielsweise erzeugt die Anweisung

```
int a[]= new int[5];
```

ein Integerfeld der Länge 5. Zusätzlich zu dem Namen a muß sein Typ, hier `int`, definiert werden, und es wird mit den Klammern `[]` dem Compiler mitgeteilt, dass es sich hierbei um ein Feld handelt. Die rechte Seite reserviert einen entsprechenden Speicherbereich vom selben Typ, und der Operator = weist ihn dem Namen a zu. Wie in C beginnt der Index mit der Zahl 0 und endet in unserem Beispiel mit 4.

Der Name a ist eine Referenz auf ein Objekt, genauso wie bei Objekten anderer Art. Diese Referenz kann als Argument an eine Methode übergeben werden. Das Objekt a enthält die Variable `a.length`, die die Anzahl der Feldelemente ausgibt.

Alternativ zum Operator new kann eine direkte Initialisierung das Objekt a erzeugen:

```
int a[] = {5,4,3,2,1};
```

Auch Mehrfachindizes sind möglich:

```
int a[][] = new int[2][3];
int b[][] = {{0}, {1,2,3}};
```

Die Länge der Zeilen muss nicht identisch sein; sie kann mit `b[i].length` abgefragt werden.

4.2.4 Mathematische Funktionen

Die Klasse `java.lang.Math`, die zu Ihrem Programm automatisch dazugeladen wird, enthält Methoden zur Berechnung der elementaren mathematischen Funktionen. Allerdings ist die Anzahl der Methoden sehr klein. Die Notation ist dieselbe wie in C, Sie müssen nur den Namen `Math.` voranstellen. Die wichtigsten Methoden vom Typ double sind

`exp(x)`	Exponentialfunktion e^x
`log(x)`	Logarithmus zur Basis e, $\ln(x)$
`sqrt(x)`	Quadratwurzel $\sqrt{x}$
`pow(x,a)`	Potenz x^a
`sin(x)`	Sinus
`cos(x)`	Kosinus
`tan(x)`	Tangens
`asin(x)`	Umkehrfunktion von Sinus
`acos(x)`	Umkehrfunktion von Kosinus
`atan(x)`	Umkehrfunktion von Tangens
`min(a,b)`	Minimum von a und b
`max(a,b)`	Maximum von a und b
`random()`	gleichverteilte Zufallszahl zwischen 0 und 1
`E`	Konstante e
`PI`	Konstante π

Die folgende Anweisung berechnet $\frac{4}{\pi}e^{-0.5}(2.5)^{1.5}$ und speichert das Ergebnis in der Variablen `result`.

```
double result= 4.* Math.exp(-0.5)/Math.PI*Math.pow(2.5,1.5);
```

4.2.5 Verzweigungen

Verzweigungen und Schleifen gehören zu jeder Programmiersprache. Java hat solche Anweisungen unverändert von C übernommen. Mit dem *if-else*-Kommando werden zwei Anweisungen in Abhängigkeit von einem logischen Ausdruck ausgeführt.

```
if(...) {...} else {...}
```

Wenn der Ausdruck in den runden Klammern den Wert `true` hat, wird der erste Block ausgeführt. Andernfalls werden die Anweisungen des zweiten Blocks abgearbeitet. Anstelle eines Blocks von Befehlen kann auch eine einzelne Anweisung ohne Klammern stehen. Das Schlüsselwort `else` kann entfallen, wenn der zweite Block nicht benötigt wird.

```
if(a>=b) System.out.println(a);
if(a>=b) System.out.println(a); else System.out.println(b);
```

Die erste Anweisung druckt den Wert von a, wenn *a* größer als oder gleich *b* ist. Ist *a* kleiner als *b*, so wird keine Anweisung ausgeführt. Der zweite Befehl dagegen schreibt das Maximum von *a* und *b* in das aufrufende Fenster.

Bedingte Zuweisungen können mit dem Fragezeichenoperator ...?...:... geschrieben werden. Er hat drei Argumente, von denen das erste ein logischer Ausdruck sein muss. Wenn dieser Ausdruck den Wert `true` hat, so wird das zweite Argument zurückgegeben, andernfalls das dritte. Die beiden folgenden Anweisungen bewirken dasselbe.

```
d = a ? b : c;
if(a) d=b; else d=c;
```

Falls a wahr ist, erhält die Variable d den Wert von b, sonst wird der Wert von c zugewiesen.

Ebenso wie in C gibt es für Mehrfachverzweigungen die Anweisung

```
switch(...)
 {
  case ... : ... ; break;
  case ... : ... ; break;
  default  : ... ;
 }
```

In der runden Klammer steht eine ganze Zahl oder ein Zeichen, das zu der entsprechenden `case`-Anweisung führt. Der Ausdruck `break` verhindert, dass die folgenden `case`-Anweisungen abgearbeitet werden. Falls der Ausdruck in der Klammer nicht hinter einer der `case`-Anweisungen steht, wird die `default`-Anweisung ausgeführt.

4.2 Elementares Programmieren

Das folgende Beispiel berechnet einen Zufallssprung eines Teilchens auf einem Quadratgitter. Das Teilchen befindet sich am Punkt (x,y).

```
switch((int)(Math.random()*4.))
  {
  case 0 : x++; break;
  case 1 : y++; break;
  case 2 : x--; break;
  case 3 : y--; break;
  default : System.out.println(''Fehler'');
  }
```

4.2.6 Schleifen

Java besitzt die gleichen Anweisungen für Wiederholungen wie C. Hier wollen wir nur die while- und die for-Schleife besprechen. Der Block der Anweisungen der while-Schleife wird so lange ausgeführt, wie der logische Ausdruck in der runden Klammer den Wert true hat. Andernfalls wird der nächste Befehl hinter dem Block ausgeführt.

```
int i=10,sum=0;
while( i-- > 0)
   { sum = sum+i*i; System.out.println(sum);}
```

Dieses Beispiel berechnet die Summe von 10^2 bis 1^2 und schreibt alle Zwischenergebnisse auf den Bildschirm.

Die for-Schleife enthält in der runden Klammer eine Start-, Test- und Wiederholungsanweisung. Diese drei Anweisungen sind durch Semikolons getrennt. Üblicherweise enthält die runde Klammer einen Schleifenzähler:

```
for( i=1,sum=0 ; i<11 ; i++)
     { sum=sum+i*i; System.out.println(sum);}
```

In diesem Beispiel, das dieselben Rechnungen wie das vorige ausführt, allerdings in umgekehrter Reihenfolge, besteht der Startteil sogar aus zwei Anweisungen, die durch Kommas voneinander getrennt sind. Der Block wird so lange immer wieder ausgeführt, wie der Testausdruck den Wert true hat. Nach jedem Durchlauf des Blocks wird die Wiederholungsanweisung ausgeführt und der Testausdruck geprüft.

Alle Anweisungen dürfen auch leer sein; die Anweisung for(;true;); bildet beispielsweise eine Endlosschleife. Im Gegensatz zur Sprache C merkt das der Java-Compiler allerdings und liefert eine Fehlermeldung.

Man kann eine Schleife vorzeitig unterbrechen oder beenden. Mit der Anweisung continue wird der Rest der Schleife bis zum Ende des zugehörigen Blocks übersprungen. Danach läuft die Iteration weiter. Die break-Anweisung dagegen beendet die Schleife, und das Programm springt aus dem Block.

Bisher konnten wir nur wenige Unterschiede zwischen Java und C feststellen. Nun kommen wir aber zu den wichtigsten Sprachelementen von Java, die es in C nicht gibt: den Objekten.

4.3 Objektorientiertes Programmieren

Java ist eine objektorientierte Sprache. Ein Java-Programm enthält hauptsächlich *Objekte*, die Daten und Funktionen zusammenfassen. Funktionen werden in Java *Methoden* genannt. Jedes Objekt besteht also aus Daten, die in Variablen und Feldern gespeichert sind, und aus Methoden, die auf diese und andere Variablen angewendet werden können. Zur Konstruktion derartiger Objekte dienen eine Art von Schablonen (Templates), die *Klassen* genannt werden.

4.3.1 Klassen

Eine Klasse enthält

1. Deklarationen der Variablen und Felder
2. einen Konstruktor
3. Methoden
4. Unterklassen.

Das folgende Beispiel soll die Struktur einer Klasse erläutern. Die kartesischen Koordinaten eines Punktes in der Ebene werden in einer Klasse gespeichert, die auch noch die zugehörigen Polarkoordinaten, den Abstand und den Differenzvektor zu einem weiteren Punkt berechnet.

```java
/*****   Punktklasse *****/
  class Punkt
  {
      double x,y;

      public  Punkt( double xx,double yy )
      {
         x=xx; y=yy;
      }

      double getR()
      {
          return Math.sqrt(x*x+y*y);
      }

      double getPhi()
      {
        double phi=0.;
        if( x >  1e-10)    phi=Math.atan(y/x);
        if( x < -1e-10)    phi=Math.atan(y/x)+Math.PI;
        if(Math.abs(x) <= 1e-10) phi=Math.PI/2.;
        return phi;
      }

      double Abstand(double xx,double yy)
```

4.3 Objektorientiertes Programmieren

```
            { return Math.sqrt((x-xx)*(x-xx)+(y-yy)*(y-yy));}

            Punkt Differenz(Punkt p)
            { Punkt pp= new Punkt(p.x-x,p.y-y); return pp;
            }
      }
```

Die Klasse `Punkt` enthält Daten und Methoden. Die Daten bestehen aus den Variablen x und y. Die Methoden haben die Namen `Punkt`, `getR`, `getPhi`, `Abstand` und `Differenz`. Ein Objekt der Klasse `Punkt` enthält nicht nur die Koordinaten x und y des Punktes, sondern auch Funktionen, um seine Polarkoordinaten r und φ, seinen Abstand und den Differenzvektor zu einem anderen Punkt zu berechnen.

Zusätzlich gibt es die Methode `Punkt`. Sie hat denselben Namen wie die zugehörige Klasse, und mit ihr kann man ein Objekt vom Typ `Punkt` erzeugen. Derartige Methoden werden *Konstruktoren* genannt. Ein Objekt vom Typ `Punkt` wird auch eine *Instanz* der Klasse `Punkt` genannt.

Beachten Sie, dass der Name `Punkt` hier drei verschiedene Bedeutungen hat: Klasse, Konstruktor und Typ. Das ist typisch für Java, derselbe Name kann viele Bedeutungen haben. Der Compiler sucht sich diejenige Funktion aus, die zu dem Aufruf und den Deklarationen passt.

Wir erzeugen uns nun zwei Objekte p1 und p2 vom Typ `Punkt` mit den Anweisungen

```
Punkt p1 = new Punkt(1.,2.);
Punkt p2 = new Punkt(3.,1.);
```

Der Name `Punkt` steht also sowohl für den Typ der Referenzvariablen p1 als auch für die Methode `Punkt`, die die Werte 1 und 2 den Variablen x und y des Objekts p1 zuweist. Der Operator `new` legt das Objekt (= Instanz der Klasse `Punkt`) mit einem entsprechenden Speicherplatz an. Wir können auch die Deklaration von der Initialisierung trennen:

```
Punkt p1;
p1 = new Punkt(1.,2.);
```

Die Koordinaten der beiden Punkte können wir nun mit p1.x, p1.y bzw. p2.x, p2.y aufrufen. p2.x ist eine Variable vom Typ `double` und enthält den Wert 3. Entsprechend können wir die in der Klasse definierten Methoden mit p1.getR() usw. aufrufen. `getR` liefert eine Zahl vom Typ `double`, und zwar den Radius $r = \sqrt{x^2 + y^2}$ der Polarkoordinaten des entsprechenden Punktes. `getPhi` liefert den dazugehörigen Winkel $\varphi = \arctan(y/x)$. Zusätzlich haben wir noch die Methoden `Abstand` und `Differenz` definiert, die mit Argumenten aufgerufen werden. p1.Abstand(4,6) gibt den Abstand zwischen dem Punkt $p_1 = (1,2)$ und dem Punkt (4,6) an. p1.Differenz(p2) dagegen liefert nicht nur eine Zahl, sondern ein Objekt vom Typ `Punkt`, das mit dem Operator `new` und dem Konstruktor `Punkt` erzeugt wird. Beachten Sie, dass die beiden Methoden mit verschiedenartigen Argumenten aufgerufen werden: der Abstand mit den beiden Werten x und y und die Differenz mit einem Objekt vom Typ `Punkt`. Wir haben diesen Unterschied nur zur Demonstration programmiert, denn auch die Methode `Abstand` sollte mit einem Argument vom Typ `Punkt` aufgerufen werden; dehalb haben wir ja diese Konstruktion eingeführt.

Sie sehen, man muss sich ein wenig an Objekte gewöhnen, bevor man sie routinemäßig nutzen kann. Aber Sie erhalten damit mächtige Werkzeuge zur übersichtlichen und flexiblen Programmierung. Und, wie schon erwähnt, Browser rufen die Methoden verschiedener Objekte auf, die Sie mit den eigenen Klassen überschreiben und neu definieren können. Dazu benötigen Sie ein weiteres neues Konzept, nämlich die *Vererbung* von Eigenschaften, die wir später behandeln werden.

4.3.2 Objekte und Methoden

Es soll noch einmal deutlich gemacht werden: Klassen sind Schablonen zur Definition von Objekten, und Objekte sind Instanzen von Klassen, für die ein Speicherbereich bereitgestellt wurde. Den Objekten stehen die Variablen und Methoden zur Verfügung, die in der Klasse definiert wurden. Eine Klasse wird folgendermaßen definiert:

```
public class Uebung    {...}
```

Das Schlüsselwort `public` muss hier unbedingt angegeben werden, andernfalls ist diese Klasse nach außen hin unsichtbar und kann gegebenenfalls nicht von einem Applet aufgerufen werden.

Eine Klasse darf nur Variablen, Methoden und weitere Klassen enthalten. Es dürfen außer den Initialisierungen keine Anweisungen vorkommen. Folgendes Beispiel führt zu einem Fehler:

```
public class Uebung { int i;   i=5;} //  Fehler!
```

Die dazugehörigen Objekte werden mit dem Operator `new` erzeugt.

```
Uebung  Ue1 = new Uebung (...);
```

Der Name `Uebung` dient sowohl zur Typendeklaration als auch als Konstruktor, der Werte an das neu angelegte Objekt übergeben kann. Eine Variable wird mit `Ue1.x` und eine Methode mit `Ue1.func()` angesprochen. `x` und `func()` müssen in der Klasse definiert worden sein.

Die Anweisungen des Programmes stehen in den Methoden, die durch runde Klammern für die Übergabewerte und geschweifte Klammern für den Anweisungsblock gekennzeichnet sind. In einer Methode können sowohl eigene Variablen deklariert als auch die Variablen der zugehörigen Klasse angesprochen werden. Im vorherigen Beispiel haben wir die Methode `Differenz` in der Klasse `Punkt` definiert. Dort ist der Ausdruck `pp` eine lokale Referenz auf ein Objekt vom Typ `Punkt`, während `x` und `y` Variablen der gesamten Klasse `Punkt` sind und damit für deren sämtliche Funktionen gelten.

Wie in C werden in Java Parameter mit ihrem *Wert* an die Methode weitergegeben. Wenn eine Methode mit einer Variablen als Parameter aufgerufen wird, so kann diese Variable des aufrufendes Programmes in dieser Methode nicht geändert werden.

4.3 Objektorientiertes Programmieren

```
void func(int x)    { x=x+5;}
```

Dieses Beispiel definiert eine Methode vom Typ `void`; das heißt, sie gibt keinen Wert zurück. Wird sie nun mit `func(x)` von einer anderen Methode aus aufgerufen, so geschieht gar nichts. Die Variable x in der Methode `func` ist ein Speicherplatz, der von der Variablen x der aufrufenden Methode verschieden ist. In `func` wird zwar der Wert x von der aufrufenden Methode übernommen und um den Betrag 5 erhöht, aber dies geschieht in einem eigenen Speicher, der nicht an das aufrufende Programm zurückgegeben wird.

In Java gibt es keine Zeiger, daher kann man nicht mit der Übergabe der Adresse eines Speicherplatzes den Wert einer Variablen ändern. Allerdings können Sie die Referenz auf ein Objekt als Parameter übergeben und dann die Variablen dieses Objekts ändern, falls das Objekt das erlaubt.

Eine wichtige Besonderheit von Java — im Gegensatz zu C — ist das sogenannte *Überladen* von Methoden. Das heißt, verschiedene Methoden können denselben Namen erhalten, wenn sie sich durch die Art und Anzahl ihrer Argumente unterscheiden. Der Compiler prüft die Liste der Argumente und nimmt dann die passende Definition. Ein Beispiel dazu:

```
void func(int a)      { x=x+a;}
void func(double a)   { x=x*a;}
void func()           { x=0;  }
```

Mit dem Aufruf `func()` wird die äußere Variable x auf Null gesetzt, während der Aufruf `func(19)` den Wert von x um den Betrag 19 und `func(1.1)` um 10 Prozent erhöht.

Normalerweise stehen die Variablen und Methoden einer Klasse Ihrem Programm nur dann zur Verfügung, wenn ein dazugehöriges Objekt mit dem Operator `new` erzeugt wurde. Es gibt aber auch Methoden, die unabhängig von einem erzeugten Objekt existieren. Solche dauerhaften Methoden nennt man *Klassenmethoden*; sie werden mit dem Schlüsselwort `static` deklariert. Statische Methoden können Sie immer aufrufen.

Hier sind zwei wichtige Beispiele: Die mathematischen Funktionen sind statische Methoden der Klasse `Math`. Wenn Sie also die Quadratwurzel aus der Zahl 5.4 berechnen wollen, so brauchen Sie kein Objekt vom Typ `Math` zu definieren, sondern Sie rufen nur `Math.sqrt(5.4)` auf. Ebenso bei Methoden der Klasse `System`: Eine Zeichenkette können Sie beispielsweise mit der Anweisung `System.out.println("Guten Tag")` auf den Bildschirm schreiben. Selbstverständlich können Sie selbst statische Methoden und Variablen definieren.

4.3.3 Vererbung

Ein wichtiges Konzept der objektorientierten Programmierung ist die *Vererbung*. Eine Klasse definiert Variablen und Methoden. Sie kann aber auch entsprechende Eigenschaften einer anderen Klasse übernehmen, also „erben". Das geschieht mit der Anweisung `extends`. In dieser Einführung werden wir hauptsächlich von der Klasse `Applet` erben

```
public class Uebung extends Applet {...}
```

`Applet` wiederum erbt von der Klasse `Panel`, diese von `Container`, diese von `Component` und darüber liegt `Object`. In unserem Programm stehen damit alle Variablen und Methoden der darüber liegenden Klassen zur Verfügung. Wir können auch sämtliche ihrer Methoden, sofern erlaubt, selbst überschreiben. Das bedeutet, wir können in unserer Klasse die Methoden der höheren Ebenen selbst neu definieren. Zum Beispiel werden wir die Methoden `init`, `start`, `stop` und `paint` überschreiben, die von einem Objekt vom Typ `Applet` aufgerufen werden, sobald der Browser das entsprechende Applet startet.

Eine Klasse kann nicht von mehreren direkt darüber liegenden Klassen erben. Um aber doch zusätzliche Methoden überschreiben zu können, wurden sogenannte *Schnittstellen* geschaffen. Eine Schnittstelle stellt einige Methoden zur Verfügung, die alle (eventuell leer) vom Nutzer überschrieben werden müssen. Wir werden die Schnittstellen `Runnable` und `ActionListener` benutzen. Bei der ersten müssen wir die Methode `run` überschreiben, die von sogenannten *Threads* aufgerufen wird. Bei der zweiten definieren wir die Methode `actionPerformed(ActionEvent evt)`, die aufgerufen wird, wenn wir einen Button anklicken oder ein `Return` in ein Textfenster eingeben. Alles dies läuft parallel zu den Methoden, die die Klasse Applet und deren Superklassen ausführen.

4.3.4 Pakete

Pakete sind Mengen von Klassen. Sie werden durch eine `import`-Anweisung in das eigene Programm eingebunden; damit stehen Ihnen eine Vielzahl von Methoden zur Verfügung. Der Compiler lädt automatisch das Paket `java.lang`, in dem wichtige Klassen enthalten sind. Zusätzlich werden wir noch

```
import    java.awt.*;
import    java.awt.event.*;
import    java.applet.*;
```

brauchen. Diese drei Zeilen sollten am Anfang jedes Programmes stehen. Aus diesen Paketen nehmen wir die grafischen Methoden, die durch den Internet-Browser aufgerufen werden.

Weitere Pakete von Klassen finden Sie in einem Buch mit Klassenreferenzen; diese Listen sind sehr umfangreich und werden mit jeder neuen Java-Version erweitert. Die Klassen und Methoden der Pakete müssen mit ihren Namen angesprochen werden, also beispielsweise `Math.sin(x)` für die Sinus-Funktion der Klasse `Math` im Paket `java.lang`. Man kann auch den vollen Namen benutzen, `java.lang.Math.sin(x)`.

4.3.5 Gültigkeitsbereiche

Ebenso wie in C wird der Gültigkeitsbereich von Deklarationen durch einen Block innerhalb von geschweiften Klammern `{...}` festgelegt. Die Deklarationen gelten aber auch in allen Unterblöcken. Durch das Schlüsselwort (Modifier) `public` können die entsprechenden Methoden oder Klassen auch von außen benutzt und verändert werden. Alle `public` Klassen müssen in einer eigenen Datei mit demselben Namen gespeichert werden, d.h.,

```
public class myname
```

muss in der Datei `myname.java` stehen. Darin darf keine weitere `public`-Klasse aufgenommen werden. Fehlt der Modifier `public`, so darf die Klasse nur von Objekten innerhalb desselben Pakets benutzt werden. Mit `final` wird dagegen die Klasse gegen Überschreiben geschützt.

Auch Variablen und Methoden können Sie mit `public` öffentlich zugänglich machen und mit `private` nach außen hin abschirmen. Bei Variablen entspricht `final` der `const` oder der `#define`-Anweisung bei C. Die Deklaration `final int SIZE=5;` definiert also eine ganzzahlige Konstante mit dem Namen `SIZE` und mit dem Wert 5, der nicht mehr geändert werden kann.

4.3.6 String- und Zahlenklassen

Zahlen können Sie in Variablen vom Typ `int`, `long`, `byte`, `short`, `float` und `double` speichern. Zeichen erhalten Variablen vom Typ `char`, und die logischen Ausdrücke `true` oder `false` bekommen den Typ `boolean`. Manchmal ist es allerdings nützlich, Zahlen in Klassen „einzuwickeln". Diese *Wrapper-Klassen* stellen u.a. Methoden zur Verfügung, um aus Zahlen Zeichenketten zu machen oder umgekehrt.

Zeichenketten sind ebenfalls Klassen vom Typ `String`. Jede Zeichenkette muss also als Objekt erzeugt werden:

```
String    str = new String ("Nummer ");
```

Dafür gibt es dann eine Reihe von Methoden, um Zeichen zu suchen, Teile herauszunehmen, Zeichenketten zu vergleichen usw. Zum Beispiel liefert `str.length()` die Länge des obigen Textes. `str.equals(str2)` liefert den Wert `true`, wenn das Objekt `str2` mit `str` identisch ist. Ein wichtiger Operator für String-Objekte ist `+`. Dieser Operator verknüpft Zeichenketten und Zahlen zu einer neuen Zeichenkette.

```
int   i = 123;
System.out.println(str+i);
```

liefert also den Text *Nummer 123* auf dem Fenster des Terminals. Aus der Variablen `i` können Sie mit den String-Methoden eine Zeichenkette erzeugen:

```
String    str2 = String.valueOf(i);
```

erzeugt eine Zeichenkette (Instanz der Klasse `String`) mit dem Namen `str2` und dem Inhalt „123". Umgekehrt erzeugt

```
int  k=Integer.parseInt(str2);
```

die Variable k mit dem Zahlenwert 123. Alternativ kann man den Text auch in eine Methode einer Zahlenklasse eingeben und deren Wert in eine Variable schreiben:

```
double v=Double.valueOf(str2).doubleValue();
```

Hier wird der Text zunächst mit Hilfe der statischen Methode valueOf in ein Objekt der Zahlenklasse Double umgewandelt, dessen numerischer Wert mit der dazugehörigen Methode doubleValue herausgeholt und an die Variable v übergeben wird. Derartige Methoden werden wir verwenden, um Eingaben in ein Textfenster in Zahlen umzuwandeln.

4.4 Grafisches Programmieren

Im vorigen Abschnitt haben wir gelernt, mit Objekten umzugehen. Dieses Wissen werden wir nun benutzen, um grafisches Programmieren zu erlernen. Auch für die Grafik gibt es viele verschiedene Objekte, die zum großen Teil in dem Paket awt (*Abstract Windowing Toolkit*) vorhanden sind. Obwohl diese Klassen und Methoden zur Zeit von der Klasse Swing ersetzt werden, wollen wir hier noch awt benutzen.

Wir werden verschiedene Klassen zur grafischen Darstellung kennen lernen:

- Erzeugung und Verwaltung eines Fensters (Applet)
- Zeichenbereich (Canvas)
- Grafikinhalt (Graphics)
- Grafikbehälter (Panel)
- Schaltfläche (Button)
- Schaltknopf (Checkbox)
- Textfenster mit Eingabe (TextField)
- Textfenster ohne Eingabe (Label)
- Maus (MouseAdapter)
- Miniprozess (Thread)
- Bildspeicher (Image)
- Farben (Color)
- Schriftarten (Font)

Mit diesen Klassen erzeugen wir entsprechende Objekte; damit stehen uns die zugehörigen Methoden und Konstanten zur Verfügung. Da alle Klassen von mehreren darüber liegenden geerbt haben, ist die Anzahl der nutzbaren Konstanten und Methoden fast unübersichtlich. Wir werden nur diejenigen Methoden erklären, die wir in den Beispielen und Übungen verwenden werden.

4.4.1 Applet

Ziel unserer Einführung in die Programmiersprache Java ist es, sogenannte *Applets* zu erstellen. Ein Applet ist ein Objekt, das — nachdem es von einem Browser oder vom Programm `appletviewer` aufgerufen wurde — ein eigenes Fenster erzeugt, dieses Fenster mit Grafik füllt und auf Ereignisse innerhalb dieses Fensters reagiert. Hier wollen wir die wesentlichen Schritte zur Programmierung eines Applets erläutern.

Zunächst schreiben wir eine Textdatei mit einer eigenen Klasse, die die Eigenschaften der Klasse `Applet` erbt:

```
public class Beispiel extends Applet {...}
```

Diese Klasse muss in einer Datei mit demselben Namen, hier `Beispiel.java`, stehen. Sie wird mit dem Programm `javac` kompiliert:

```
javac Beispiel.java
```

Der Compiler erzeugt, falls keine Fehler gemeldet werden, die Datei `Beispiel.class`. Nun brauchen wir noch eine zusätzliche Datei mit HTML-Text, beispielsweise mit dem Namen `Beispiel.html`, mit dem Inhalt

```
<html>
<body>
<Applet code=Beispiel.class width=300 height=200>
</applet>
</body>
</html>
```

In dieser Datei kann weiterer HTML-Text stehen; das Applet kann also zwischen Text, Bildern und Links eingebunden werden. Die Datei wird dann aufgerufen, zum Beispiel mit

```
netscape Beispiel.html    oder    appletviewer Beispiel.html
```

Die HTML-Dateien auf der CD dieses Buches sehen oft komplizierter aus. Das liegt daran, dass wir manchmal diese Dateien mit einem Editor aus einem Browser heraus verändert haben. Mit solchen Editoren können Sie bequem — ohne die HTML-Sprache zu lernen — Text und Verweise auf andere WWW-Seiten einfügen, Hintergrundfarben ändern und die gesamte Seite gestalten.

Die Klasse Applet besitzt einige Methoden, die wir in unserer eigenen Klasse überschreiben können. Nachdem der Browser eine Instanz unserer Klasse erzeugt hat, ruft er die Methode `init` auf:

```
public void init() {}
```

Wir benutzen diese Methode, um unseren Variablen und Objekten Startwerte zuzuordnen. Danach wird die Methode `start` aufgerufen:

```
public void start() {}
```

Falls der Browser das Applet stoppt, zum Beispiel weil das Fenster von einer anderen Anwendung überdeckt wird, so ruft er die Methode stop auf:

```
public void stop() {}
```

Wenn das Applet mehrmals unterbrochen wird, werden immer wieder start und stop aufgerufen, aber niemals wieder init. Nach dem Start wird die Methode paint aufgerufen, mit der wir Grafik darstellen können:

```
public void paint(Graphics g) {}
```

Es kommt vor, dass das Applet-Fenster durch andere Prozesse auf unserem Bildschirm verdeckt wird. Dann wird jedes Mal, wenn das Fenster wieder sichtbar wird, die Methode paint aufgerufen und unsere Grafik neu gezeichnet. Ein einfaches Applet sieht damit beispielsweise so aus:

```
/*****   Beispiel 2: Applet mit Text *****/

import java.awt.*;
import java.applet.*;

public class Text extends Applet
{
    public void paint(Graphics g)
    {
        g.drawString("Ich bin drin!",100,100);
    }
}
```

Wenn wir nun die Datei kompilieren:

```
javac Text.java
```

und die entsprechende HTML-Datei erzeugen und aufrufen:

```
appletviewer Text.html
```

wird ein Fenster der Pixelgröße 300 × 200 erzeugt, in das der Text Ich bin drin! an den Punkt (100,100) geschrieben wird (Bild 4.1). Hier werden automatisch Standard-Einstellung für die Schriftart, die Schriftgröße und die Farben gesetzt. Wir werden noch lernen, wie wir diese Einstellungen ändern können.

4.4.2 Grafik

Zur Bearbeitung und Darstellung von Grafik gibt es die Bibliothek *Abstract Windowing Toolkit (AWT)*. Wir binden sie in unser Programm mit import java.awt.* ein. Damit stehen uns eine Vielzahl von Klassen und Methoden für grafische Anwendungen zur Verfügung. Da unser Programm von der Klasse Applet erbt, brauchen wir uns um die Erzeugung eines Fensters nicht zu kümmern. Allerdings benötigen wir ein Objekt g

4.4 Grafisches Programmieren

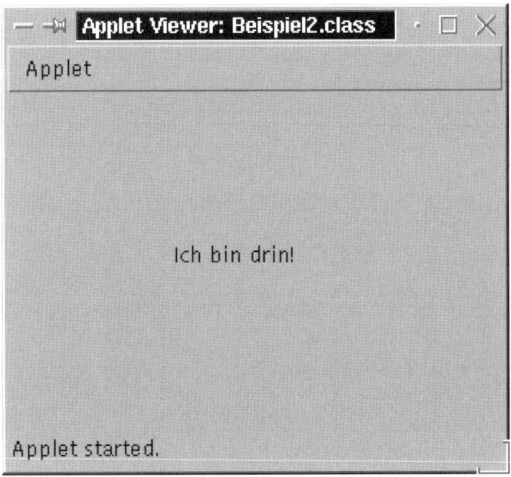

Abbildung 4.1: Ein Text wird geschrieben.

vom Typ Graphics, das unter anderem mehrere Methoden zum Zeichnen von Linien, Ellipsen und Polygonen enthält.

All diese Methoden benutzen Pixelkoordinaten. Die linke obere Ecke des Zeichenbereichs ist der Punkt (x,y)=(0,0). Die x-Koordinate zeigt nach rechts, die y-Koordinate nach unten, wie in Bild 4.2 zu sehen ist.

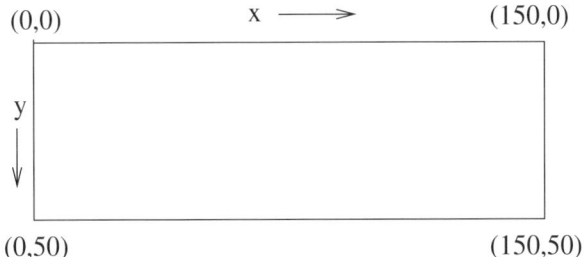

Abbildung 4.2: Grafik-Koordinaten.

Wir werden folgende Zeichenroutinen verwenden:

```
int x,y,x1,y1,x2,y2,r,width,height;
Graphics g;
Color col;
String str;
 g.drawLine (x1,y1,x2,y2);
 g.drawOval (x,y,r,r);
 g.fillOval (x,y,r,r);
 g.drawRect (x,y,width,height);
 g.fillRect (x,y,width,height);
 g.clearRect(x,y,width,height);
```

```
g.setColor(col);
g.drawString (str,x,y);
```

drawLine zeichnet eine gerade Linie vom Punkt (x1,y1) zum Punkt (x2,y2). drawOval zeichnet einen Kreis. Dabei geben die Koordinaten ein Quadrat mit linker oberer Ecke (x,y) und Seitenlänge r an, in dem der Kreis liegt. Falls (x,y) der Mittelpunkt des Kreises mit dem Radius r sein soll, rufen Sie folgende Anweisung auf:

```
g.drawOval(x-r,y-r,2*r,2*r);
```

drawRect zeichnet ein Rechteck mit der linken oberen Ecke (x,y) und der angegebenen Breite und Höhe. Die entsprechenden fill-Anweisungen füllen den Kreis bzw. das Rechteck mit derjenigen Farbe aus, die durch setColor festgelegt worden ist.

Farben werden als Objekte der Klasse Color dargestellt. Wollen Sie eigene Farben definieren, so können Sie sich ein derartiges Objekt erzeugen:

```
Color col=new Color(rot,gruen,blau);
```

rot, gruen und blau sind Ihre eigenen Variablen vom Typ int, also ganze Zahlen, die die Werte von 0 bis 255 annehmen dürfen. Color(0,0,0) liefert die Farbe schwarz, Color(255,255,255) liefert weiß und Color(128,128,128) ergibt grau. Die Klasse Color enthält einige vordefinierte Farben wie white, black, green, red, blue, yellow, pink, orange, magenta, cyan.

Diese Variablen sind statisch, sie müssen also nicht erst durch ein Objekt erzeugt und können direkt aufgerufen werden, allerdings mit dem zugehörigen Klassennamen Color. Folgende Anweisung setzt beispielsweise die Zeichenfarbe auf den Wert magenta:

```
g.setColor(Color.magenta);
```

Eine Zeichenkette wird mit drawString gezeichnet.

```
g.drawString("Hallo", 100,200);
```

zeichnet den Text Hallo an die Stelle (100,200). Die Schriftart und -größe können Sie mit setFont ändern. Dazu erzeugen Sie sich ein Objekt der Klasse Font:

```
Font ft= new Font("Serif",Font.BOLD,30);
g.setFont(ft);
```

Das erste Argument des Konstruktors Font erwartet den Namen der Schrift, das zweite die Schriftart Standard, Fett oder Kursiv mit den Namen Font.PLAIN, Font.BOLD, Font.ITALIC und das dritte die Schriftgröße in Punkten.

Die Hintergrundfarbe unseres Fensters wird nicht vom Grafikobjekt g festgelegt, sondern von der Klasse, die das entsprechende Fenster erzeugt und verwaltet. Im einfachsten Fall ist das die Klasse Applet, von der unsere Klasse abgeleitet ist. Die Hintergrundfarbe wird deshalb einfach mit der Anweisung setBackground(col); gesetzt. Wenn wir ein Fenster neu zeichnen wollen, so löschen wir es zunächst, das heißt, wir übermalen es mit Hintergrundfarbe. Das geschieht mit der Methode clearRect unseres Grafikobjekts g.

Folgendes Beispiel zeigt die Verwendung einiger Grafikmethoden:

```java
/*****    Grafik     *****/

import java.awt.*;
import java.applet.*;

public class Grafik extends Applet
{
    public void init()
    {
        setBackground(Color.green);
    }

    public void paint(Graphics g)
    {
        String str="Ich bin drin!";
        int x=150,y=150,r=40;

        g.setFont(new Font("Helvetica",Font.BOLD,30));
        g.setColor(Color.red);
        g.fillRect(x-r/2,y-r/2,r,r);
        for(int i=0;i<30;i++)
            {
              r+=10;
              g.setColor(new Color(255-8*i,0,8*i));
              g.drawOval(x-r/2,y-r/2,r,r);
            }
        g.setColor(Color.black);
        g.drawString(str,x-80,y+10);
    }
}
```

Zuächst wird in der Abbildung 4.3 ein Rechteck mit der Farbe Rot ausgefüllt. Es wird von 30 Kreisen umgeben, wobei die Farbe stufenweise von Rot nach Blau verändert wird. Schließlich wird ein Text in die Mitte des Bildes geschrieben.

4.4.3 Dialoge

Bei Animationen ist es oft sinnvoll, die Parameter des Programmes während der Ausführung zu ändern. Mit Java können Sie relativ leicht solche Dialoge zwischen Ihrem Programm und dem Anwender realisieren. Hier wollen wir vier Wechselwirkungen mit dem laufendem Programm vorstellen: Schaltflächen (Checkbox und Button), Mausklicks und Texteingaben in ein kleines Fenster.

Seit der Version 1.1 hat Java ein neues Konzept eingeführt, um derartige Aktionen des Nutzers zu programmieren. Das laufende Programm reagiert damit nicht mehr auf alle

Abbildung 4.3: Verschiedene im Text beschriebene Grafikmethoden werden angewendet.

möglichen Ereignisse wie bei den vorigen Java-Versionen, sondern nur noch auf diejenigen, die vorher angemeldet wurden. Für den Programmierer bedeutet das zwar ein wenig mehr Arbeit. Da die Programme aber damit besser laufen, werden wir hier das neue Konzept vorstellen.

Zu jeder Art der geplanten Aktion des Anwenders muss ein Objekt erzeugt, zur entsprechenden Klasse hinzugefügt und als Ereignisempfänger registriert werden. Ereignisse sind beispielsweise das Anklicken einer Schaltfläche, die Return-Taste nach der Eingabe von Zeichen in ein Textfenster und Mausklicks. Die Methoden zur Reaktion auf solche Ereignisse werden von Schnittstellen bereitgestellt.

Zunächst behandeln wir Texteingaben und Schaltflächen (Buttons). Die entsprechenden Klassen heißen TextField und Button. Die Schnittstelle für die beiden Ereignistypen ist ActionListener; sie stellt die Methode actionPerformed zur Verfügung und ruft sie auf, wenn mit der Maus eine Schaltfläche gedrückt wird oder wenn die Return-Taste die Texteingabe beendet. Das folgende Beispiel zeigt diese Elemente mit den entsprechenden Parametern.

```
/*** Schaltflaeche und Textfeld ***/

import java.awt.*;
import java.awt.event.*;
import java.applet.*;

public class Textfeld extends Applet implements ActionListener
{
    TextField txt;
```

4.4 Grafisches Programmieren

```
    Button bt;
    String str="Start";

    public void init()
    {
        txt=new TextField("Textfeld");
        bt= new Button("Druckknopf");
        add(txt);
        add(bt);
        txt.addActionListener(this);
        bt.addActionListener(this);
    }

    public void actionPerformed(ActionEvent evt)
    {
        str=evt.getActionCommand();
        repaint();
    }

    public void paint(Graphics g)
    {
        g.drawString(str,100,100);
    }
}
```

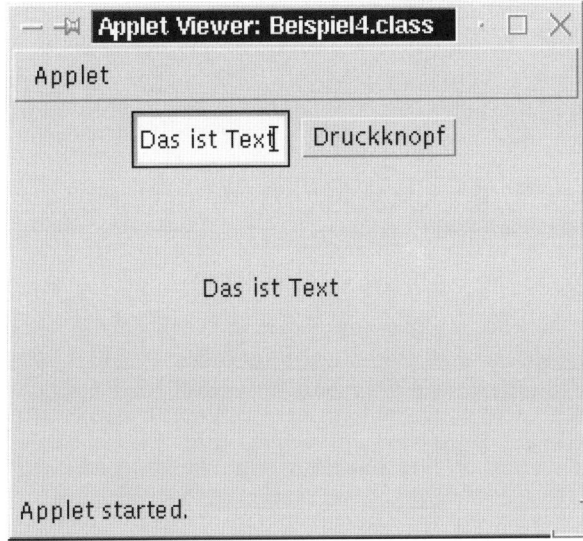

Abbildung 4.4: Das Applet reagiert auf Schaltfläche und Textfeld.

In der Methode `init` werden die beiden Objekte `txt` und `bt` erzeugt. Die entsprechenden Konstruktoren übergeben den Text, den Sie in die beiden Fenster anfangs schreiben wollen. Die Größe der Fenster wird an den Anfangstext angepasst. Beide Objekte werden zum Applet mit der Methode `add` hinzugefügt und jeweils mit `addActionListener` als Ereignis registriert.

Sobald Sie die Schaltfläche anklicken oder einen Text eingegeben, wird die Methode `actionPerformed` aufgerufen. Dort können Sie weitere Aktionen programmieren, die auf das entsprechende Ereignis reagieren. Gleichzeitig erhalten Sie das Objekt `evt`, das einige nützliche Methoden enthält. Den Text des Buttons oder des Fensters können Sie beispielsweise mit der Methode `getActionCommand()` des Objekts `evt` holen. Im obigen Beispiel wird dieser Text an die Variable `str` übergeben und die Methode `repaint` aufgerufen, die das gesamte Fenster neu zeichnet, indem sie mit `paint` den neuen Text schreibt.

Sie können nicht nur das Ereignis, sondern auch den Text des Fensters und des Buttons jederzeit direkt abfragen,

```
txt.getText();
bt.getLabel();
```

In diesen Anweisungen können Sie `get` auch durch `set` ersetzen, damit wird ein neuer Text geschrieben:

```
txt.setText("Neuer Text");
bt.setLabel("Neuer Text");
```

Eine einfachere Schaltfläche als `Button` ist die `Checkbox`. Dieses Fenster enthält einen Knopf, der eine Zustandsvariable bei jedem Druck zwischen den Werten `true` und `false` hin- und herschaltet. Dieser Zustand kann mit der Methode `getState()` abgefragt werden. Da wir diese Checkbox nur gelegentlich im Programmablauf abfragen wollen, zum Beispiel während einer Animation, brauchen wir sie nicht als Ereignis registrieren zu lassen.

Zunächst muss eine Checkbox als Objekt erzeugt werden, dabei kann man einen Text und einen Startzustand angeben:

```
Checkbox cb = new Checkbox("Stop",true);
```

Dann kann an jeder Stelle des Programmes der Zustand abgefragt und entsprechend reagiert werden. Beispielsweise können Sie mit folgendem Befehl das laufende Programm so lange anhalten, bis Sie auf die Checkbox drücken:

```
while(cb.getState()) try{ Thread.sleep(100);}
                     catch(InterruptedException e){}
```

Diese Anweisung werden wir für Animationen mehrfach nutzen.

Nun wollen wir die Mausereignisse behandeln. Auch hier gibt es wieder eine entsprechende Schnittstelle, die Mausereignisse registriert. Da sie aber mehrere Methoden enthält, die der Programmierer alle überschreiben muss, hat man besondere *Adapterklassen* konstruiert, die diese Methoden zusammenfassen. Um diese Klasse zu nutzen, schreiben wir in unserem Programm eine neue Klasse, die von der Adapterklasse erbt. Die Maus registrieren wir dann bei einem Objekt dieser Klasse.

4.4 Grafisches Programmieren

Im folgenden Beispiel erzeugen wir uns die Unterklasse ML, die von MouseAdapter erbt. Ein Objekt dieser Klasse wird ohne Namen erzeugt und als Ereignis mit addMouseListener(new ML()) registriert. Die Klasse ML hat die Methode mousePressed geerbt, die wir überschreiben.

```
/*** Maus ***/

import java.awt.*;
import java.awt.event.*;
import java.applet.*;

public class Maus extends Applet
{
    String str="Start";
    int x,y;

    public void init()
    {
        addMouseListener(new ML());
    }

    class ML extends MouseAdapter
    {
        public void mousePressed (MouseEvent evt)
        {
            x=evt.getX();
            y=evt.getY();
            str="Maus bei "+x+" "+y;
            repaint();
        }
    }

    public void paint(Graphics g)
    {
        g.drawString(str,x,y);
    }
}
```

Wenn die Maus gedrückt wird, wird die Methode mousePressed aktiviert und erhält ein Objekt vom Typ MouseEvent. Dieses Objekt besitzt Methoden, um die (x,y)-Koordinaten der Maus abzufragen:

    evt.getX()   und   evt.getY().

Unser Applet schreibt also bei jedem Mausklick die entsprechenden Koordinaten in das Fenster. Außerdem gibt die ganze Zahl evt.getModifiers() an, welche Maustaste gedrückt wurde. Die linke, mittlere und rechte Maustaste lieferten bei meinem Programm die Zahlen 16, 8 und 4. Allerdings hängen diese Werte vom Typ des Browsers ab.

4.4.4 Zeichenbereich

Bisher haben wir in der Methode `paint` unserer Klasse Grafikelemente gezeichnet. Folglich werden diese Zeichnungen direkt in das große Applet-Fenster gesetzt, in dem sich auch die Dialogelemente wie Textfenster, Label und Schaltflächen befinden, die eventuell die Zeichnung verdecken. Besser ist es, wenn wir uns einen eigenen Zeichenbereich definieren. Dazu brauchen wir die Klasse `Canvas`:

```
Canvas can = new Canvas();
```

`can` ist nun eine eigene Grafikkomponente, die zum Grafikbehälter der eigenen Klasse mit `add` hinzugefügt werden kann. Zuvor legen wir noch die Größe und eventuell Farben usw. fest,

```
can.setSize(300,300);
can.setBackground(Color.green);
add(can);
```

Nun ist der Zeichenbereich `can` in die Liste der Komponenten aufgenommen. Um in den Bereich `can` zu zeichnen, definieren wir dort den Grafikkontext `g`:

```
Graphics g=can.getGraphics();
```

Jetzt können wir mit den üblichen Grafikbefehlen in den Bereich `can` zeichnen.

Sie haben aber ebenso die Möglichkeit, mit der Methode `paint` zu zeichnen. Dazu müssen Sie sich allerdings eine eigene Klasse definieren, die von `Canvas` erbt. In dieser Klasse können Sie `paint` überschreiben. Das hat den Vorteil, dass nach jedem Überdecken des Zeichenbereichs oder nach Vergrößern oder Verkleinern des Fensters die Methode `paint` wieder aufgerufen und damit der Zeichenbereich neu gezeichnet wird.

Selbstverständlich können Sie auch mehrere Zeichenbereiche definieren und dort Ereignisse wie Mausklicks registrieren.

4.4.5 Grafikbehälter

Wir haben verschiedene Grafikkomponenten kennen gelernt: Zeichenbereich, Label, Schaltfläche und Textfeld. Diese Komponenten werden jeweils mit dem Befehl `add` in einen Grafikbehälter gelegt, der die Komponenten verwaltet. Ein solcher Behälter ist ein Objekt der Klasse `Panel`, von der unsere Applet-Klasse alle Eigenschaften geerbt hat; er ist also automatisch in unserem Applet vorhanden.

Vielleicht haben Sie sich gefragt, warum wir bisher keine Größe und keine Position der Schaltflächen und des Textfensters angeben mussten. Das liegt daran, dass unsere Klasse von der Klasse `Panel` einen sogenannten *Layoutmanager* geerbt hat, der automatisch die Anordnung aller Grafikkomponenten organisiert. Das bedeutet, Zeichenbereiche, Schaltflächen, Label und Fenster werden in der Reihenfolge ihrer Anmeldung in den Behälter gesetzt und deren Größe wird an den anfangs übergebenen Text angepasst.

4.4 Grafisches Programmieren 95

Es gibt verschiedene Arten von Layoutmanagern, die wir hier nicht besprechen wollen. Standardmäßig ist der Manager `FlowLayout` vorhanden, der die einzelnen Komponenten zeilenweise hintereinander setzt. Falls Sie dagegen selbst alle Größen und Positionen der einzelnen Komponenten festlegen wollen, so müssen Sie den Manager abschalten:

```
setLayout(null);
```

Dann bestimmen Sie mit der in allen Komponenten vorhandenen Methode

```
setBounds(x,y,width,height);
```

die Position und die Größe der einzelnen Objekte. Auch Hintergrund, Textfarbe und Schriftgröße können Sie so festlegen. Das nächste Beispiel zeigt ein selbstgefertigtes Layout.

```
/*** Layout: Selbstgefertigtes Layout */

import java.awt.*;
import java.awt.event.*;
import java.applet.*;

public class Layout extends Applet implements ActionListener
{
    String str="Start";
    int x=100,y=100;
    Canvas can;
    Button but;
    TextField txt;
    Label lab;
    Graphics g;

    public void init()
    {
        can=new Canvas();
        but=new Button("Clear");
        txt=new TextField("Textfeld");
        lab=new Label("Druecke");
        setLayout(null);
        but.setBackground(Color.magenta);
        txt.setBackground(Color.cyan);
        can.setBackground(Color.green);
        can.setBounds(5,5,300,300);
        lab.setBounds(320,100,50,30);
        but.setBounds(380,100,50,30);
        txt.setBounds(320,140,110,30);
        add(but);
        add(can);
        add(txt);
        add(lab);
        but.addActionListener(this);
        txt.addActionListener(this);
```

```
            g=can.getGraphics();
            can.addMouseListener(new ML());
      }

      public void actionPerformed(ActionEvent evt)
      {
            str=evt.getActionCommand();
            if(str=="Clear") g.clearRect(0,0,300,300);
             else g.drawString(str,100,20);
      }

      class ML extends MouseAdapter
      {
          public void mousePressed (MouseEvent evt)
          {
              int red,green,blue,r=20;

              red=(int)(Math.random()*256);
              green=(int)(Math.random()*256);
              blue=(int)(Math.random()*256);
              g.setColor(new Color(red,green,blue));
              x=evt.getX();  y=evt.getY();
              g.fillOval(x-r/2,y-r/2,r,r);
          }
      }

}
```

Es wird ein Zeichenbereich can der Größe 300 × 300 Pixel angelegt, wobei die linke obere Ecke am Punkt (5,5) liegt. In diesem Zeichenbereich wird der Grafikkontext g definiert, und es werden Mausereignisse dort registriert. Ferner werden eine Schaltfläche but mit dem Text Clear, ein Textfenster und ein Label erzeugt. Das Label besteht nur aus Text. Schaltfläche und Textfenster werden als Ereignisempfänger registriert. Alle vier Komponenten werden mit add der eigenen Klasse Layout hinzugefügt. Wie man auf Maus- und Buttonklicks und Texteingaben reagiert, wurde schon vorher erklärt; hier haben wir die entsprechenden Methoden und Klassen übernommen.

Klicken wir nun den Zeichenbereich an, so wird an dieser Stelle eine Scheibe in einer vom Zufallszahlen-Generator gewählten Farbe gezeichnet. Schreiben wir dagegen einen Text in das Textfenster, so wird er im Zeichenbereich ausgegeben. Dabei wird die Farbe verwendet, die gerade erzeugt wurde. Ein Mausklick auf der Schaltfläche löscht den Zeichenbereich.

Im obigen Beispiel wurden alle Größen und Positionen selbst bestimmt. Es ist aber auch möglich, die momentane Größe des Fensters abzufragen und damit alle Koordinaten zu berechnen. Das Paket awt enthält eine Vielzahl von Methoden, um die Ausmaße von Fenstern, Rahmen, Schriftarten, Zeichenketten und vielem mehr zu bestimmen. Wir verweisen dazu auf die ausführliche Java-Literatur.

4.4 Grafisches Programmieren 97

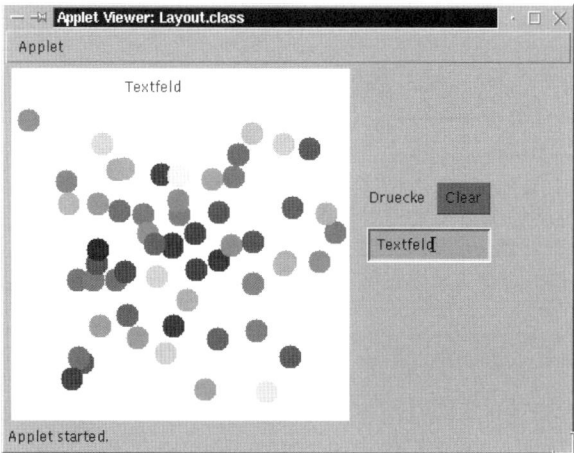

Abbildung 4.5: Durch Mausklicks werden Scheiben in einer zufällig gewählten Farbe gezeichnet.

4.4.6 Animation

Animationen erzeugen bewegte Bilder auf dem Bildschirm, indem elementare Zeichenbefehle schnell hintereinader aufgerufen werden. Dabei ist es wichtig, den Zeichenvorgang von anderen Prozessen abzukoppeln. Denn wenn die Methode paint dauernd zeichnet, können das Applet und der Browser nicht mehr auf Mausklicks und andere Interaktionen des Nutzers reagieren. Deshalb lassen wir den Zeichenvorgang nicht in paint, sondern in einem Objekt vom Typ Thread laufen. Dieses Objekt halten wir in gewissen zeitlichen Abständen an, um anderen Objekten die Möglichkeit zu geben, Anweisungen auszuführen. Tun wir das nicht, kann der gesamte Computer lahm gelegt werden, so dass wir noch nicht einmal aus einem anderen Terminalfenster heraus den Browser abschießen können. Wir können daher leider nicht auf die etwas komplexere Anwendung von Threads verzichten.

Threads

Ein Thread ist ein Miniprozess, der Zugriff auf alle zugänglichen Daten hat. Er ist aber abgekoppelt von anderen Objekten. Wenn mehrere Threads gleichzeitig laufen, verteilt das Betriebssystem die Rechenzeit irgendwie an diese Objekte. Wie Threads synchronisiert werden können, wollen wir hier nicht beschreiben.

Ein Thread muss erzeugt und gestartet werden. Dazu fügen wir die Schnittstelle Runnable zu unserem Programm hinzu:

```
public class Uebung extends Applet implements Runnable
```

Diese Schnittstelle enthält nur die Methode run, die nach dem Start eines Threads aufgerufen wird und die wir überschreiben müssen:

```
public void run() {...}
```

In unserer eigenen Klasse erzeugen wir innerhalb der Applet-Methode start einen Thread:

```
Thread thr=new Thread(this);
```

Dabei bezeichnet this die Referenz auf die zugehörige Klasse. Der Thread muss nun gestartet werden:

```
thr.start();
```

Jetzt läuft die Methode run. Sie kann durch Thread.sleep(x) für x Millisekunden angehalten werden. Damit dabei keine Fehlermeldungen abgeschickt werden, benötigen Sie noch folgende Konstruktion:

```
try {Thread.sleep(100);}
    catch(InterruptedException e){}
```

Die try-catch-Anweisung fängt dabei das Objekt e ab, das automatisch von der Methode sleep erzeugt wird.

Ein kleines Beispiel soll diese Konstruktion deutlich machen. Im „Hello World"-Applet soll eine Zahl hinzugefügt werden, die endlos hochgezählt wird. Außerdem fügen wir eine Checkbox hinzu, um auf Knopfdruck den Zähler anhalten zu können.

```
/***   Zaehler: Applet mit Zaehler ***/
import java.awt.*;
import java.awt.event.*;
import java.applet.*;

public class Zaehler extends Applet implements Runnable
{
    Thread thr;
    Graphics g;
    Checkbox cb;;
    int i=0;

    public void init()
    {
        cb=new Checkbox("Stop/Go",true);
        add(cb);
        g=getGraphics();
        setBackground(Color.green);
    }

    public void run()
    {
        while(thr!=null)
        {
            try{ thr.sleep(100);} catch(InterruptedException e){}
            g.clearRect(0,0,500,500);
```

4.4 Grafisches Programmieren

```
                    g.drawString("Hello World Nr. "+i++,100,100);
                    while(cb.getState())
                        try{ thr.sleep(100);} catch(InterruptedException e){}
            }
    }

    public void start()
    {
        thr=new Thread(this);
        thr.start();
    }

    public void stop()
    {
        thr=null;
    }
}
```

Im obigen Programm benutzen wir nicht die Methode `paint`, um Grafik auszugeben, sondern zeichnen direkt in das Grafikobjekt g vom Typ `Graphics`, das wir uns mit `getGraphics()` besorgt haben. Jetzt wird zwar beim Ändern des Fensters die Grafik gelöscht, aber bei Animationen, wo sowieso dauernd neu gezeichnet wird, spielt das keine Rolle. Die Anweisung `setBackground` zeichnet einen grünen Hintergrund, und die Methode `clearRect(0,0,500,500)` füllt das Rechteck mit der linken oberen Ecke (0,0) und einer Breite und Höhe von 500 Pixel mit der Hintergrundfarbe aus.

Wenn eine andere Seite vom Browser geladen wird, wird die Methode `stop` aufgerufen. Damit unser Applet dann nicht weiterläuft, wird das Thread auf `null` gesetzt. Wird unsere Seite danach wieder geladen, so wird mit der Methode `start` unser Thread wieder gestartet.

In diesem Beispiel sehen wir nun endlich die Grundstruktur unserer Programme:

1. Eine Klasse, die von `Applet` erbt und `Runnable` einbindet,
2. initialisieren mit `init`,
3. erzeugen und starten eines Threads mit `start`,
4. beenden des Threads mit `stop`,
5. rechnen und zeichnen mit `run`.

Alternativ dazu können wir auch in `run` rechnen und mit `paint` zeichnen. Dann müssen wir in `run` die Methode `repaint()` aufrufen.

```
    public void run()
    {
        while(thr!=null)
        {
            try{ thr.sleep(1000);}
                    catch(InterruptedException e){}
            i++;
            repaint();
        }
```

```
    }
    public void paint(Graphics g)
    {
        g.drawString("Hello World Nr. "+i,100,100);
    }
```

Dieses Beispiel hat den Vorteil, dass wir uns nicht selbst das Grafikobjekt g erzeugen müssen, und dass das Fenster automatisch gelöscht wird. Außerdem erzwingt paint das Zeichnen, während bei der ersten Variante Zeichnungen manchmal übersprungen werden. Allerdings läuft die paint-Version langsamer und erzeugt durch das dauernde Löschen des Hintergrunds ein Flackern bei schnellen Animationen. Deshalb werden wir auf paint meistens verzichten.

Doppelpufferung

Wir haben nun genug gelernt, um bewegte Grafiken am Bildschirm zu programmieren. Allerdings ist das Ergebnis manchmal etwas enttäuschend, da das Bild ruckartig aufgebaut wird und dabei flackert. Deshalb wollen wir noch eine letzte Technik erläutern, die das Flackern reduzieren kann: die Doppelpufferung. Dabei wird zunächst die gesamte Grafik berechnet und in einen Zwischenspeicher geschrieben. Danach wird der Speicher auf dem Bildschirm gezeichnet.

Der Zwischenspeicher ist ein Objekt vom Typ Image, das wir zuerst mit folgender Anweisung erzeugen:

```
    Image dbi= createImage(L,L);
```

Die Abmessungen des Bildes L × L werden wie immer in Anzahl der Pixel angegeben. Zu diesem Speicher beschaffen wir uns den Grafikkontext:

```
    Graphics dgb= dbi.getGraphics();
```

Danach können wir alle Grafikbefehle mit diesem Grafikobjekt dbg aufrufen, zum Beispiel

```
    dbg.fillRect(0,0,L,L);
```

Wenn das Bild im Hintergrund fertig gezeichnet ist, können wir es auf dem Bildschirm ausgeben:

```
    g.drawImage(dbi,0,0,this);
```

Für die linke obere Ecke des Bildes benutzen wir dabei die Koordinaten (0,0) der linken oberen Ecke des Zeichenbereichs g. Das Schlüsselwort this bezieht sich auf die eigene Klasse, die den Bildaufbau verwaltet.

Als Beispiel programmieren wir eine stehende Welle $y(x,t) = \sin(x)\,\sin(t)$, wobei x der Ort, t die Zeit und y die Auslenkung der Welle ist. Zunächst rechnen wir für unseren

4.4 Grafisches Programmieren

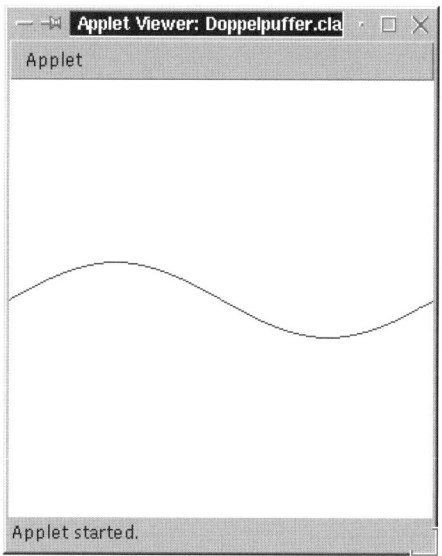

Abbildung 4.6: Animation einer schwingenden Saite.

Zeichenbereich der Größe L × L die x-Koordinate in Pixel um, $x \to 2\pi x/L$. Dann definieren wir die Zeitskala, t soll bei jedem Rechenschritt um den Wert dt erhöht werden. Außerdem bestimmt die Zeitspanne, in der wir den Thread anhalten, die Geschwindigkeit der Welle. Ist die Zeit zu klein, ist zwar die Welle schnell, aber der Browser schafft es vielleicht nicht mehr, alle Prozesse zu kontrollieren. Ist die Zeit zu groß, läuft das Programm zu langsam. Um die richtige Zeit zu finden, sollten wir hier — auch mit mehreren Browsern — ein wenig experimentieren. Wir wählen 100 Millisekunden für die sleep-Methode und $dt = 1/10$, also etwa 60 Zeichnungen pro Schwingung der Welle. Hier der Quellcode:

```
/*** Doppelpuffer */

import java.awt.*;
import java.awt.event.*;
import java.applet.*;

public class Doppelpuffer extends Applet implements Runnable
{
    Thread thr;
    Graphics g,dbg;
    final int L=300;
    Image dbi;
    double t=0.,dt=.1;

    public void init()
    {
      setBackground(Color.green);
      g=getGraphics();
```

```
        dbi=createImage(L,L);
        dbg=dbi.getGraphics();
        dbg.setColor(Color.blue);
    }

    public void run()
    {
        int x,y,yold;
        double xx;

        while(thr!=null)
        {
            try{ thr.sleep(100);}
                    catch(InterruptedException e){}
            t+=dt;
            yold=L/2;
            dbg.clearRect(0,0,L,L);
            for( x=1;x<L;x++)
                {
                    xx=(x*2.*Math.PI)/L;
                    y=(int)(Math.sin(xx)*Math.sin(t)*L/8 +L/2);
                    dbg.drawLine(x-1,yold,x,y);
                    yold=y;
                }
            g.drawImage(dbi,0,0,this);
        }
    }

    public void start()
    {
        thr=new Thread(this);
        thr.start();
    }

    public void stop()
    {
        thr=null;
    }
}
```

4.4.7 Programmvorlage

Mit dem Thema *Doppelpufferung* haben wir nun unsere Einführung in die Programmiersprache Java beendet. Zum Abschluss wollen wir alle besprochenen Elemente in einem einzigen Programm zusammenfassen, das Sie für die Übungen und Ihre eigenen Projekte benutzen können. Sie sollten nur an den entsprechenden Stellen eigene Anweisungen einfügen und einige Elemente eventuell wieder löschen.

In dem Programm vorlage.java werden ein Zeichenbereich can, ein Textfenster txt, ein Label lab, eine Schaltfläche but und eine Checkbox cb definiert. Die Maus

4.4 Grafisches Programmieren

wird im Zeichenbereich can registriert, dort wird auch der Grafikkontext dem Objekt g zugewiesen. Außerdem wird zur Doppelpufferung ein Bild dbi der Größe L × L, das den Grafikkontext dbg besitzt, erzeugt.

In die run-Methode sollten Sie Ihr eigenes Programm einfügen. Wenn Sie die Endlosschleife while benutzen, sollten Sie das Thread gelegentlich unterbrechen; das Intervall von 100 Millisekunden kann eventuell verkürzt werden. Aber Vorsicht: Der Appletviewer schafft oft ein kleines Intervall, während netscape oder andere Browser damit schon blockiert werden. Versuchen Sie daher, Ihr Programm mit mehreren Browsern zu testen.

Im vorliegenden Quellcode wurde eine Doppelpufferung und eine Stop/Go-Checkbox programmiert. Außerdem wird der Text im Fenster txt in eine reelle Zahl v umgewandelt, falls das möglich ist. Die Mauseignisse werden, wie schon erläutert, in einer eigenen Klasse bearbeitet.

Der gesamte Quelltext der Grundstruktur sieht damit folgendermaßen aus:

```java
/*** vorlage: Java-Vorlage */

import java.awt.*;
import java.awt.event.*;
import java.applet.*;

public class vorlage extends Applet
                implements Runnable,ActionListener
{
    Thread thr;
    Graphics g,dbg;
    final int L=300;
    boolean stop=false;
    Canvas can;
    TextField txt;
    Label lab;
    Button but;
    Checkbox cb;
    Image dbi;

    public void init()
    {
      can=new Canvas();
      can.setSize(L,L);
      add(can);
      can.addMouseListener(new ML());
      g=can.getGraphics();
      g.setColor(Color.red);
      lab=new Label("Text");add(lab);
      txt= new TextField("0.01"); add(txt);
      txt.addActionListener(this);
      but = new Button("Mein Schalter"); add(but);
      but.addActionListener(this);
```

```java
      cb = new Checkbox("Stop/Go",true); add(cb);
      dbi=createImage(L,L);
      dbg=dbi.getGraphics();
   }

   public void run()
   {
      while(thr!=null)
      {
         try{ Thread.sleep(100);}
            catch(InterruptedException e){}


         //for ( int i=0;i<10;i++)
            {
               // Eigenes Programm

               dbg.setColor(Color.green);
               dbg.fillRect(0,0,L,L);
               dbg.setColor(Color.black);
               dbg.drawString("Ich bin drin!",100,100);
               g.drawImage(dbi,0,0,this);
            }

            while(cb.getState())
                   try{ Thread.sleep(100);}
                      catch(InterruptedException e){}

      }
   }

   public void actionPerformed(ActionEvent evt)
   {
      double  v=Double.valueOf(txt.getText()).doubleValue();
      if(evt.getActionCommand()==but.getActionCommand())
                   { } // Eigene Aktion f"ur den Button
   }

class ML extends MouseAdapter
{
   public void mousePressed (MouseEvent evt)
   {
      // Eigene Aktion f"ur den Mausklick
   }
}

   public void start()
   {
      thr=new Thread(this);
      thr.start();
```

4.4 Grafisches Programmieren

```
        }
        public void stop()
        {
            thr=null;
        }
}
```

Die Datei wird — nachdem sie ergänzt wurde — kompiliert:

```
javac    vorlage.java
```

Jetzt fehlt noch eine HTML-Datei, die das Applet mit dem Namen `vorlage.class` aufruft:

```
<HTML>
<Body bgcolor=6666FF>
<center>
<Applet code=vorlage.class height=400 width=300>
</Applet>
</Body>
</HTML>
```

Sie können aber auch die beiden Applet-Zeilen in eine beliebige HTML-Datei mit einbauen, zum Beispiel in Ihre WWW-Seite. Dann kann die ganze Welt auf Ihr Meisterstück zugreifen.

Lokal können Sie dagegen das Applet mit

```
appletviewer    vorlage.html
```

oder

```
netscape    vorlage.html
```

oder durch Anklicken in einem Windows-Dateifenster laufen lassen.

Nun haben wir alle Elemente vorgestellt, um mit Java ein Programm zu schreiben, das über den Internet-Browser geladen und am entfernten Rechner ausgeführt werden kann. Das Programm rechnet nicht nur, sondern stellt die Ergebnisse auch grafisch auf dem Bildschirm dar.

Das Ziel dieser Einführung ist ein Schnelleinstieg in die Java-Programmierung. Immerhin haben wir eine Reihe von Elementen kennen gelernt, mit denen wir schon recht anspruchsvolle Animationen programmieren können, die auch noch durch den Nutzer mit der Maus und Texteingaben gesteuert werden können. Die folgenden Übungen bieten Ihnen die Möglichkeit, das Gelernte weiter zu vertiefen.

Selbstverständlich gibt es wesentlich mehr Klassen und Methoden als hier vorgestellt wurden. Wer mehr wissen will, muss sich eines der vielen weiterführenden Bücher besorgen. Da Sie jetzt in der Lage sind, selbst in Java zu programmieren, sollte es Ihnen nicht schwer fallen, auch weitere fortgeschrittene Techniken zu erlernen. Dabei wünschen wir Ihnen viel Erfolg und Freude.

4.5 Übungen

Scheibe

Zeichnen Sie eine Scheibe in ein Browserfenster. Sowohl der Radius als auch die x-Koordinate des Mittelpunkts der Scheibe sollen durch Eingaben in jeweils ein Textfenster bestimmt werden.

Farben

Ein farbiges Quadrat soll in ein Browserfenster gezeichnet werden. Die Farbe dieser Figur soll durch drei Eingaben der Intensitäten von Rot, Grün und Blau (jeweils Zahlen zwischen 0 und 255) in drei Textfenster festgelegt werden.

Maus

An diejenige Stelle auf dem Fenster, an der eine Maustaste gedrückt wird, soll eine rote Scheibe gezeichnet werden. Dort, wo die Maustaste wieder losgelassen wird, soll eine blaue Scheibe erscheinen (Methode `mouseReleased(MouseEvent evt)`).

Farbanimation

Eine Scheibe soll ständig ihre Farbe wechseln. Dabei sollen die Farbwerte `rot` und `blau` in jeweils zufälligen Schritten $+1$ oder -1 zwischen 0 und 255 geändert werden.

Random Walk

Zeichnen Sie eine Zufallsbewegung auf einem Quadratgitter mit reflektierendem Rand. Fügen Sie zwei Schaltflächen hinzu. Der eine Button soll die Bewegung anhalten, der andere soll den Zeichenbereich löschen.

Drehende Scheibe

Eine Scheibe mit dem Radius 25 Pixel soll sich um das Zentrum des Fensters auf einem Kreis mit dem Radius 100 Pixel drehen. In einem Textfenster soll die Winkelgeschwindigkeit eingegeben werden.

Kepler-Problem

Berechnen Sie die Bewegung eines Teilchens der Masse m im Potential $V(\vec{r}) = -\frac{\gamma m}{r^n}$. Für $n = 1$ (Gravitation) sollten Sie geschlossene Ellipsen für die gebundene Bewegung erhalten. Für kleine Abweichungen vom $1/r$-Potential, beispielsweise für Werte von n

in der Nähe von 1, sollten Sie Rosetten beobachten. Zeichnen Sie die Bewegung des Teilchens für geeignete Werte von γ, m, Anfangsort und -Geschwindigkeit auf den Bildschirm. Der Anfangsort soll auch mit Mausklick neu bestimmt werden können. Während des Laufes soll der Wert von n in einem Textfenster geändert werden können.

Tipp:

Aus der Mechanik ist bekannt, dass sich das Teilchen nur in einer Ebene bewegt (Drehimpulserhaltung). Also können wir die Bewegung durch $x(t)$ und $y(t)$ beschreiben. Die Bewegungsgleichung dazu lautet

$$\frac{d}{dt}\begin{pmatrix}v_x\\v_y\end{pmatrix} = -\frac{\gamma n}{mr^{2+n}}\begin{pmatrix}x\\y\end{pmatrix}$$

$$\frac{d}{dt}\begin{pmatrix}x\\y\end{pmatrix} = \begin{pmatrix}v_x\\v_y\end{pmatrix}$$

mit $r^2 = x^2 + y^2$. Zur numerischen Lösung dieser Differentialgleichung kann der Verlet-Algorithmus benutzt werden:

$$\begin{pmatrix}v_x\\v_y\end{pmatrix}_{j+1} = \begin{pmatrix}v_x\\v_y\end{pmatrix}_j - \frac{n\,dt}{r^{2+n}}\begin{pmatrix}x\\y\end{pmatrix}_j$$

$$\begin{pmatrix}x\\y\end{pmatrix}_{j+1} = \begin{pmatrix}x\\y\end{pmatrix}_j + dt\begin{pmatrix}v_x\\v_y\end{pmatrix}_{j+1}$$

Der Zeitschritt dt sollte dabei möglichst klein gewählt werden. Diese Differenzengleichung enthält nur noch dimensionslose Größen und kann direkt programmiert werden.

Fraktal

Zeichnen Sie drei Punkte P_1, P_2 und P_3 auf den Bildschirm; diese Punkte werden nicht verändert. Bestimmen Sie einen beliebigen Startpunkt P. Wiederholen Sie nun die folgende Vorschrift:

1. Wählen Sie einen der drei Punkte zufällig.

2. Bestimmen Sie den Mittelpunkt der Strecke zwischen diesem Punkt P_i und dem Punkt P.

3. Zeichnen Sie diesen Mittelpunkt und benutzen Sie ihn als neuen Punkt P, mit dem Sie die Schritte eins bis drei wiederholen.

Die Menge der Punkte P bildet ein sogenanntes selbstähnliches Fraktal (Sierpinski-Teppich) mit der gebrochenen Dimension $D = \frac{\ln 3}{\ln 2} \simeq 1.58$.

5 Mathematica

Die Computeralgebra ist ein leistungsfähiges mathematisches Werkzeug. Sowohl grafische Darstellungen wie auch symbolische und numerische Rechnungen können relativ einfach — auch auf sehr fortgeschrittenem Niveau — durchgeführt werden.

Es gibt verschiedene Programme zur Computeralgebra. In diesem Schnelleinstieg wollen wir die Prinzipien dazu am Beispiel der Sprache *Mathematica* erläutern. Da aber auch die Sprache *Maple* weit verbreitet ist, haben wir ein entsprechendes Kapitel zu Maple auf der beiliegenden CD hinzugefügt. Auf der CD finden Sie ebenso die Notebooks zu allen Beispielen und Übungen; sie sind mit der Mathematica-Version 4.0 bzw. der Maple-Version 6.0 erstellt.

Mathematica enthält fast alle Funktionen, die in einem Hochschulstudium behandelt werden, von der Zahlentheorie bis hin zur Lösung komplexer Differentialgleichungen. Differentiale, Integrale, Reihenentwicklungen, Matrizenrechnung, auch mit komplexen Zahlen — all das ist für Mathematica kein Problem. Die Ergebnisse Ihrer Rechnungen können Sie entweder als Punkte, als Kurven oder Flächen, als Parameterplots, als dreidimensionale farbig beleuchtete Objekte, als Gebirge mit Höhenlinien und Schattierung oder als bewegte Bilder (Animationen) darstellen.

Sämtliche Rechnungen einschließlich Grafik, Animationen und formatierten Text können Sie in einem so genannten Notebook zusammenfassen und speichern. Damit können Sie elektronische Bücher erstellen, in die der Leser interaktiv eingreifen kann.

Allerdings hat Mathematica auch Nachteile: Es ist langsam, verbraucht viel Speicherplatz und ist sehr teuer. Deshalb kann man nicht auf Sprachen wie C und Java verzichten. Aber wer beispielsweise schnell einmal die Struktur einer Besselfunktion betrachten möchte, kann dies in Mathematica mit folgendem Befehl tun:

```
Plot [BesselJ[0,x], {x,0,10}]
```

In elementaren Sprachen wie C oder Fortran müssten dazu Routinen zur Berechnung der Funktion und zur grafischen Darstellung in das eigene Programm eingebunden werden, das die entsprechenden Variablen und Funktionen deklariert, Achsen und Beschriftung definiert usw. In Mathematica dagegen wird ein derartiges umfangreiches Programm zu einem Einzeiler.

Wer übrigens Mathematica mit C (neuerdings auch mit Java) gleichzeitig verwenden möchte, kann dies mit der MathLink-Bibliothek programmieren. So können sowohl C-Funktionen von Mathematica aus als auch Mathematica-Funktionen im C-Programm aufgerufen werden. Allerdings ist dieses Verfahren kompliziert und deshalb für den Einsteiger nicht geeignet. Wir empfehlen in einem solchen Fall, die Daten abzuspeichern und in dem jeweils anderen Programm einzulesen.

5.1 Grundlegendes und Notation

Mathematica wird von Linux aus mit dem Befehl

```
mathematica &
```

gestartet. Es öffnet sich ein Fenster, ein so genanntes *Notebook*, in das die Mathematica-Befehle eingegeben und editiert werden können. Alle Befehle werden in *Zellen* gesammelt, die durch Klammern am rechten Bildrand angezeigt werden. Sämtliche Anweisungen einer solchen Zelle werden mit

⇧ + ↵

ausgewertet (beide Tasten für Großschreibung und neue Zeile gleichzeitig drücken). Mathematica wertet nun soweit wie möglich alle darin vorkommenden Ausdrücke aus und speichert sie für die folgenden Aktionen. Außerdem wird das Ergebnis eventuell auch bei vorher definierten Ausdrücken berücksichtigt.

Wer kein grafisches Notebook verwenden kann oder möchte, kann Mathematica auch mit math starten. Dann werden entweder alle Anweisungen zeilenweise eingegeben und abgeschickt, oder es wird eine ganze Textdatei von Befehlen mit <<name.m eingelesen.

Für Mathematica sind Ausdrücke zunächst nichts anderes als abstrakte Symbole. Ob aus solchen Symbolen ein algebraischer Ausdruck, ein numerischer Wert, eine Gleichung, eine Funktion oder ein Bild wird, entscheidet sich erst bei der Auswertung dieses Ausdrucks. Wir werden dieses Prinzip, das eine grundsätzlich andere Denkweise als C- oder Java-Programme erfordert, noch bei vielen Beispielen kennen lernen.

Während der Auswertung einer Zelle verdoppelt sich ihre Klammer am rechten Bildrand. Am Anfang benötigt die Auswertung selbst einfacher Befehle einige Sekunden Rechenzeit, weil entsprechende Speicherbereiche angelegt werden. Komplizierte Rechnungen, insbesondere dreidimensionale Grafiken und häufige Wiederholungen, können sehr viel Rechenzeit verbrauchen; daher sollten Sie für die Arbeit mit Mathematica Geduld mitbringen.

Nach der Auswertung sind sämtliche Anweisungen in den Ausdrücken In[n] und deren Resultate in Out[n] gespeichert, wobei n eine Nummer ist. Diese Ausdrücke können später wieder benutzt werden. Für das Ergebnis, das in Out[n] gespeichert ist, gibt es die Abkürzung %n; % bezeichnet die vorherige Ausgabe. ??In liefert eine Liste Ihrer gesamten Eingaben.

Im Gegensatz zu C und Java müssen Anweisungen nicht mit einem Semikolon abgeschlossen werden. Wenn Sie aber mehrere Befehle hintereinander in eine Zeile schreiben wollen oder wenn Sie den Befehl und sein Ergebnis nach der Auswertung nicht auf den Bildschirm ausgeben wollen, müssen Sie hinter die entsprechenden Befehle ein Semikolon setzen:

```
x=a+b;
```

5.1 Grundlegendes und Notation

Mathematica unterscheidet Groß- und Kleinbuchstaben. Alle Funktionen der umfangreichen Programmpakete beginnen mit einem Großbuchstaben, ebenfalls die Namensteile, so wie bei `ParametricPlot`. Deshalb ist es günstig, wenn Ihre eigenen Namen für Variable und Funktionen mit kleinen Buchstaben anfangen. Zu jeder Funktion gibt es eine Erläuterung, die entweder im `Help`-Fenster durch Anklicken mit der Maus oder im Eingabetext durch ein Fragezeichen aufgerufen werden kann.

```
?Log
```

beschreibt die Logarithmusfunktion. Ein doppeltes Fragezeichen `??Log` liefert eine ausführliche Erklärung der entsprechenden Anweisung.

```
?Lo*
```

gibt eine Liste von Funktionen, die mit den Buchstaben `Lo` beginnen. Sämtliche in Mathematica vorhandene Namen sind geschützt; das heißt, es gibt eine Fehlermeldung, wenn Sie versuchen, den entsprechenden Ausdruck neu zu definieren.

Klammern sind in Mathematica leider anders als in C und Java definiert. Runde Klammern `(...)` fassen Ausdrücke, meist bei arithmetischen Rechnungen, zusammen:

```
(3+b)^2
```

Eckige Klammern `[...]` dagegen kennzeichnen Argumente von Funktionen:

```
Sin[0.5 Pi]
```

Funktionen können auch durch zwei Schrägstriche aufgerufen werden; die obige Anweisung lautet dann

```
0.5 Pi // Sin
```

Dieser Befehl bedeutet: Wende die Funktion `Sin` auf den Ausdruck links von `//` an. Geschweifte Klammern haben in Mathematica eine spezielle Bedeutung: Sie definieren eine *Liste*, die eine Folge von Ausdrücken enthält. Listen und deren Bearbeitung stellen wichtige Werkzeuge von Mathematica dar. Zum Beispiel werden Vektoren als Listen von Zahlen und Matrizen als Listen von Vektoren dargestellt. Aber Listen können auch Funktionen, Gleichungen oder Zeichnungen enthalten. Die Erzeugung von Listen ersetzt oft die Schleifen, die Sie von C und Java gewöhnt sind. Wir werden Listen fortwährend verwenden.

Wenn Sie Ihre Rechnungen beenden wollen, können Sie das gesamte Notebook mit den Schaltflächen `File` → `Save` speichern. Wenn Sie dagegen nur Teile davon speichern wollen, können Sie diese markieren und unter `Edit` als Text, Notebook, Ausdruck oder EPS-Grafik (encapsulated postscript) speichern. Das Notebook wird mit dem Anklicken von `File` → `Quit` beendet.

5.2 Sprachelemente

In diesem Abschnitt wollen wir die grundlegenden Sprachelemente von Mathematica kennen lernen.

5.2.1 Ausdrücke

Wie schon erwähnt, kennt Mathematica nur Ausdrücke, die soweit wie möglich nach internen und vom Benutzer definierten Regeln ausgewertet werden. Das gilt selbstverständlich auch für Rechnungen mit Zahlen.

Die Notation für einfache Rechnungen kennen Sie von der Schulmathematik. Die Multiplikation ist entweder durch das Zeichen * oder ein Leerzeichen und die Division durch / definiert. Das Zeichen ^ steht für eine Potenz.

```
4+7
3 4.2
2*3*4
24/8
2^3
```

Es gilt Punkt-vor-Strichrechnung, Potenzen werden zuerst ausgewertet und runde Klammern fassen Ausdrücke zusammen.

```
(3+4)^2 -2*(3+1);   3+4^2-2 3+1
```

Der linke Ausdruck liefert den Wert (Ausdruck) 41, der rechte ergibt 14. Mathematica unterscheidet zwischen exakten und numerischen Werten. 2/3 ist ein exakter Wert, der in dieser Form gespeichert und weiterverwendet wird. 2./3 dagegen liefert den numerischen Wert 0.666... mit einer Genauigkeit von etwa 16 Dezimalstellen. Mit der Funktion N können Sie einen exakten in einen numerischen Wert umwandeln. N[2/3] gibt den numerischen Wert mit Maschinengenauigkeit, N[2/3, 30] gibt diesen Wert mit einer Genauigkeit von 30 Dezimalstellen. Sobald in einer Rechnung ein numerischer Wert auftritt, ist das Ergebnis wieder ein numerischer Wert, dessen Genauigkeit von Mathematica berechnet wird und mit der Funktion Precision abgefragt werden kann.

Auch Konstanten werden zunächst exakt ausgewertet. Sqrt[Pi/3] liefert den Ausdruck $\sqrt{\pi/3}$, der nicht weiter berechnet wird. Das Symbol Pi steht also für den exakten Wert von π. Sqrt[Pi/3.] liefert dagegen den numerischen Wert 1.4472, denn 3. ist ein numerischer Wert, dessen Genauigkeit die weitere Rechnung bestimmt. Kann aber der exakte Ausdruck umgeformt werden, so wird dies auch durchgeführt; Sin[Pi/3] liefert deshalb das Ergebnis $\sqrt{3}/2$.

Mathematica kennt auch komplexe Zahlen. Die imaginäre Zahl $\sqrt{-1}$ hat den Namen I. Mit komplexen Zahlen können Sie selbstverständlich ebenso wie mit reellen rechnen.

```
(2+3I)(1-2I)/(5+3I)
```

liefert beispielsweise das Ergebnis $\frac{39}{17} - \frac{3}{17}i$. Der Befehl N[%] wandelt dieses exakte Resultat in den numerischen Wert $2.29412 - 0.176471\,i$ um.

Anstelle von Zahlen können Sie auch mit Symbolen rechnen. Wieder wertet Mathematica alles soweit wie möglich aus, indem es vorherige Zuweisungen mit berücksichtigt.

```
d = (a-b)(a+b)^3
```

bleibt zunächst in dieser Form stehen. Wird nun `a=5;d` eingegeben, liefert Mathematica das Ergebnis $(5-b)(5+b)^3$. `Clear[a];d` liefert danach wieder den alten Ausdruck.

Mit dem Befehl `Expand` können Klammern aufgelöst werden. Expand[d] ergibt

$$a^4 + 2a^3b - 2ab^3 - b^4$$

`Factor[%]` macht diesen Befehl wieder rückgängig. Es gibt noch weitere Möglichkeiten, algebraische Ausdrücke zu bearbeiten wie `ExpandAll`, `Together`, `Apart` und `Cancel`, deren Beschreibung der Leser mit der `Help`-Schaltfläche finden kann.

Falls Sie einen komplizierten Ausdruck erhalten haben, sollten Sie immer

`Simplify[%]` oder `FullSimplify[%]`

ausprobieren. Mathematica kennt eine Vielzahl von Regeln, die manchmal sehr einfache Endergebnisse liefern. Der letzte Befehl benötigt allerdings oft sehr lange Rechenzeiten.

Schließlich wollen wir kurz logische Ausdrücke erwähnen. Wie in C und Java gibt es die logischen Operatoren `!`, `&&`, `||` für Nicht, Und und Oder und die Operatoren `==`, `<`, `<=`, `>`, `>=` zum Vergleich von Zahlen. Auch hierbei werden alle Ausdrücke soweit wie möglich ausgewertet. Falls der entsprechende Ausdruck vollständig berechnet werden kann, ist das Ergebnis `True` oder `False`, andernfalls bleibt der unvollständige Ausdruck stehen. Beispielsweise ergibt die Eingabe

```
Sqrt[a] < Pi
```

den Ausdruck $\sqrt{a} < \pi$, während

```
a=8; Sqrt[a] < Pi
```

das Ergebnis `True` liefert.

Das logische Gleichheitszeichen == kann nicht nur für Zahlen, sondern auch für symbolische Ausdrücke verwendet werden. Allerdings müssen manchmal die entsprechenden Ausdrücke erst durch externe Anweisungen ausgewertet werden, bevor Mathematica das logische Ergebnis meldet. Beispielsweise wird die Gleichung

```
(a+b)^2 == a^2 + 2a b +b^2
```

zunächst nicht weiter ausgewertet, erst die Funktion `Simplify[%]` oder `ExpandAll[%]` liefert den Wert `True`.

5.2.2 Zuweisungen

Jeder Ausdruck kann einer Variablen zugewiesen werden, dazu dient das Gleichheitszeichen (=). Die rechte Seite wird ausgewertet und dem linken Symbol zugewiesen.

```
a = 5+6
b = Sin[Pi/4]
c = {1,2,a,b}
d = b==a
e = Plot[Sin[x], {x,0,2Pi}]
```

Nach der Auswertung mit ⇧ + ⏎ enthält a den Wert 11, b den Wert $1/\sqrt{2}$, c eine Liste mit den Werten 1, 2, 11 und $1/\sqrt{2}$, d den logischen Wert `False` und e eine Zeichnung, die beispielsweise mit `Show[e]` wieder auf dem Bildschirm erscheint. Beachten Sie, dass auch Gleichungen, Grafik oder andere komplexe Ausdrücke einer Variablen zugewiesen werden können.

Neben der direkten gibt es auch noch die verzögerte Zuweisung (:=). Dabei wird die rechte Seite erst dann ausgewertet, wenn später die linke Seite aufgerufen wird. Das sieht man deutlich bei den beiden folgenden Ausdrücken:

```
r1 = Random[]
r2:= Random[]
```

r1 liefert bei jedem neuen Aufruf immer denselben numerischen Wert, während r2 jedes Mal eine neue Zufallszahl erzeugt.

Wenn Sie eine Variable definiert haben, existiert deren Name in der gesamten Mathematica-Sitzung, auch in zusätzlichen Notebooks, die Sie durch Anklicken des Symbols New geöffnet haben. Vermutlich werden Sie gelegentlich ein Symbol verwenden und danach wieder vergessen, dass Sie es vorher schon definiert hatten. Dann wundern Sie sich vielleicht über seltsame Ergebnisse oder Fehlermeldungen. Beispielsweise liefert

```
f=5
...
f[x]=Sin[x]
```

eine Fehlermeldung, denn `5[x]` ist ein undefiniertes Symbol. Deshalb ist es wichtig, die Definitionen von Variablen wieder zu löschen. Für einzelne Symbole genügt ein Punkt (.).

```
f=.
```

löscht die vorherige Definition von f. Sämtliche Ihrer Definitionen können Sie mit den Befehl `Exit[]` wieder löschen. Es empfiehlt sich, diesen Befehl vor neue Rechenabschnitte zu setzen.

Mathematica wertet rekursiv aus. Der scheinbar harmlose Befehl

```
x=x+1
```

hat bei einer alten Mathematica-Version meinen PC zum Absturz gebracht. Das liegt daran, dass Mathematica der Variablen x das Symbol x+1 zuweisen will. Dieses Symbol wird aber vorher ausgewertet, und zwar mit demselben Befehl, der nun x+2 liefert. Das wird so lange wiederholt, bis die Rechnung entweder bei einer gewissen Rekursionstiefe abgebrochen wird oder der Computer überläuft und aussteigt.

Um symbolische Ausdrücke auszuwerten, gibt es eine weitere Art der Zuweisung, die so genannte *Regel*, die mit den beiden Zeichen -> dargestellt wird. Eine Regel wird mit den beiden Zeichen /. auf einen Ausdruck angewendet. Ein einfaches Beispiel soll das verdeutlichen:

```
1+x+x^2 /. x->2-y
```

Dem Symbol x wird momentan der Ausdruck 2-y zugewiesen und danach wird das Polynom ausgewertet, mit dem Ergebnis $3 + (2 - y)^2 - y$. Die Zuweisung x -> 2-y geschieht dabei nur momentan, die Variable x bleibt deshalb für folgende Rechnungen undefiniert.

Auch Regeln können Sie einer Variablen zuweisen. Die vorige Anweisung können Sie auch folgendermaßen schreiben:

```
p = 1+x+x^2
r = x->2-y
e = p/.r
```

Nun enthält die Variable e das vorige Polynom in y.

Regeln werden Sie ständig gebrauchen, denn die Lösung von algebraischen oder Differentialgleichungen werden von Mathematica in Form von Regeln ausgegeben.

5.2.3 Listen

Mehrere Ausdrücke können als *Listen* zusammengefasst werden. Dabei kann es sich um Zahlen, Symbole, Funktionen, Zeichnungen, Gleichungen oder wiederum um Listen handeln. Eine Liste wird durch geschweifte Klammern dargestellt:

```
{2, 5, Sqrt[Pi],(a+b)^2, f[x], a, b}
```

Es gibt eine Vielzahl von Funktionen, die Listen erzeugen und bearbeiten. Am häufigsten wird eine Liste mit der Anweisung Table erzeugt. Diese Funktion hat mindestens zwei Argumente: einen Ausdruck und einen Iterator. Die Anweisung

```
Table[ a^n,{n,0,4}]
```

liefert die Liste $\{a^0, a^1, a^2, a^3, a^4\}$. Dabei ist a^n ein Ausdruck und {n,0,4} ein Iterator, der bestimmt, welche Variable in welchem Bereich variiert wird. Es gibt verschiedene Formen des Iterators:

{k}   Schleife k-mal ausführen

{n,k}	n von 1 bis k hochzählen
{n,min,max}	n von min nach max hochzählen
{n,min,max,dn}	n von min nach max mit der Schrittweite dn ändern.

Die folgenden Befehle demonstrieren alle vier Varianten:

Table [n, {4}]	gibt	{n,n,n,n}
Table [n, {n,4}]	gibt	{1,2,3,4}
Table [n, {n,2,4}]	gibt	{2,3,4}
Table [n,{n,2,4,0.5}]	gibt	{2, 2.5, 3., 3.5, 4.}

Table kann auch mehrdimensionale Listen erzeugen, indem es mehrere Iterationen als Argumente enthält. Dabei läuft die Variable des letzten Iterators am schnellsten.

Table [a^n, {n,1,3},{a,1,3}]

liefert {{1,2,3}, {1,4,9}, {1,8,27}}. Die letzte Schleife kann auch von der Variablen der ersten begrenzt werden.

Table[a^n, {n,1,3},{a,1,n}]

ergibt { {1}, {1,4}, {1,8,27} }. Einzelne Elemente einer Liste können Sie mit einer Doppelklammer aufrufen.

list = Table [f[x^n], {n,1,5}]

weist beispielsweise eine Liste von Ausdrücken der Variablen list zu. list[[2]] enthält dann den Ausdruck f[x^2], den Sie wie gewöhnlich weiterbearbeiten können. Elemente mehrdimensionaler Listen werden entsprechend mit list[[2,5]] aufgerufen.

Wozu braucht man Listen? Erstens sind Listen eine kompakte Form von Schleifen. Zweitens bilden Listen Vektoren, Matrizen oder Tensoren. Und drittens kann man mit Listen sehr einfach komponentenweise rechnen. Wir werden Listen noch häufig verwenden.

Fast alle Mathematica-Funktionen haben die Eigenschaft Listable, die es ermöglicht, auf jede Komponente gleichzeitig zuzugreifen. list sei beispielsweise die Liste list={1,2,3}. Dann gilt

5 list	:	{5,10,15}
list^2	:	{1,4,9}
1/list	:	$\{1, \frac{1}{2}, \frac{1}{3}\}$
x^list	:	$\{x, x^2, x^3\}$
Sqrt[list]	:	$\{1, \sqrt{2}, \sqrt{3}\}$

Gleichlange Listen können Sie auch addieren, subtrahieren und multiplizieren; das geschieht komponentenweise. Es gibt noch weitere Rechenoperationen für Listen, die wir im Abschnitt über lineare Algebra vorstellen werden.

5.2.4 Funktionen

Funktionen gehören in jeder Computersprache zu den wichtigsten Sprachelementen, selbstverständlich auch in der Computeralgebra, wo sie eine besondere abstrakte Bedeutung erhalten. Da Mathematica nur Ausdrücke kennt, wirken Funktionen ebenfalls auf Ausdrücke und liefern als Ergebnis wieder einen Ausdruck. Eine Mathematica-Funktion akzeptiert zunächst jede Art von Argument, es sei denn, Sie schränken seinen Typ durch zusätzliche Regeln ein.

Der große Vorteil von Mathematica ist die unglaubliche Vielzahl von Funktionen, die standardmäßig mitgeliefert werden. Darüber hinaus werden ständig neue Programmpakete entwickelt, die weitere Werkzeuge für fortgeschrittene Anwendungen zur Verfügung stellen. Hier können wir nur einige wenige elementare Funktionen vorstellen.

Selbstverständlich gibt es in Mathematica alle Funktionen der Schulmathematik, auch für komplexe Zahlen:

```
Sqrt[x], Exp[x], Log[x], Log[b,x],
Sin[x], Cos[x], Tan[x],
ArcSin[x], ArcCos[x], ArcTan[x],
Sinh[x], Cosh[x], Tanh[x],
ArcSinh[x], ArcCosh[x], ArcTanh[x],
Random[], Random[Real,{min,max}], Random[Integer,{min,max}]
```

Die ersten beiden Funktion rufen $\sqrt{x}$ und $\exp(x)$ auf. Log[x] gibt den natürlichen Logarithmus $\ln(x)$ zurück, während Log[10,x] den Logarithmus zur Basis 10 liefert. Log[E] und Log[10,10] berechnen also jeweils den Wert 1. Die üblichen trigonometrischen Funktionen, deren Inverse und die zugehörigen hyperbolischen Funktionen werden in üblicher Schreibweise aufgerufen.

Mathematica kennt mehrere Versionen eines Zufallszahlen-Generators. Jeder Aufruf von Random liefert eine neue Zufallszahl. Ohne Argument erhält man eine konstante Verteilung im Intervall [0,1], und mit den Argumenten Real oder Integer werden reelle oder ganze Zahlen im angegebenen Intervall erzeugt, ebenfalls gleichverteilt. Auch zu einigen anderen Verteilungen gibt es Generatoren; sie sind im Paket Statistics`ContinuousDistributions vorhanden, das mit dem Befehl Needs geladen werden kann.

Die vielen weiteren Funktionen zur Zahlentheorie, zur mathematischen Physik, zu speziellen Differentialgleichungen, zur Wahrscheinlichkeitstheorie usw. können wir hier nicht besprechen; Sie finden sie im Kapitel 3.2 des Mathematica-Handbuchs.

Funktionen können Sie auch selbst definieren. Dazu benötigen Sie den Zuweisungsoperator = und eine Variable x_, die als Platzhalter für einen beliebigen Ausdruck steht:

```
f[x_] =x^2 + 2x + Sin[x]
```

Diese Anweisung ist die Definition einer Funktion f, die für jeden Ausdruck a den Wert $a^2 + 2a + \sin(a)$ berechnet, falls das möglich ist. Beispielsweise kann a eine exakte oder numerische Zahl, ein Polynom, eine weitere Funktion oder eine Liste sein. Natürlich gibt es eine Fehlermeldung, wenn a eine Grafik oder eine Gleichung ist. Die Funktionswerte werden mit f[a] oder f[x^2+y^2] aufgerufen. Sie sehen, das Symbol x_ steht für einen beliebigen Ausdruck und definiert nicht die Variable x.

Anstelle der direkten Zuweisung = können Sie auch die verzögerte Zuweisung := zur Definition von Funktionen benutzen. Damit wird die rechte Seite erst dann ausgewertet, wenn die Funktion aufgerufen wird. Im obigen Beispiel macht das keinen Unterschied, die folgenden Anweisungen hingegen zeigen, dass man bei der Definition von Funktionen aufpassen muss:

```
f[x_]   =   a x^2
    a   =   4
h[x_]   =   a x^2
g[x_]   :=  a x^2
    a   =   6
```

Nachdem alle fünf Anweisungen eingegeben wurden, erhält man folgende Ergebnisse: In der Definition von f[x_] ist der Name a ein Parameter, der zunächst den Wert 4 und danach den Wert 6 erhält. Daher liefert der Aufruf f[y] das Ergebnis $6y^2$ (es sei denn, Sie haben die Variable a schon vorher definiert). Bei h[y] ist das anders, denn in der Definition von h wurde für den Parameter a der feste Wert 4 benutzt. h enthält also den Parameter a gar nicht mehr. Deshalb ergibt h[y] den Ausdruck $4y^2$. Bei g[y] wird a erst dann ausgewertet, wenn g aufgerufen wird. Deshalb wird beim Aufruf — durch die verzögerte Zuweisung — g[y] neu mit dem Wert $a = 6$ ausgewertet, mit dem Ergebnis $6y^2$.

Mathematica kennt noch viele weitere Regeln zur Definition von Funktionen, hier wollen wir nur einige wenige erwähnen. Sowohl der Definitions- als auch der Wertebereich einer Funktion f kann mehrdimensional sein. Die folgende Anweisung definiert eine vektorwertige Funktion in drei Dimensionen:

```
f[x_,y_,z_]:={y z,x z,x y}
```

Sie können aber auch das Argument auf einen Vektor (= Liste mit drei Ausdrücken) einschränken:

```
f[{x_,y_,z_}]:={y z,x z,x y}
```

Nun ist f nur dann definiert, wenn Sie genau ein Argument von der Form einer dreielementigen Liste eingeben. Die Definition kann weiter eingeschränkt werden, beispielsweise auf ganze oder reelle Zahlen. Das geschieht mit x_Integer bzw. x_Real. Derselbe Funktionsname f kann je nach Argument verschiedene Bedeutungen haben.

5.2 Sprachelemente

```
    f[x_]   :=  1 /; x>0
    f[x_]   := -1 /; x<0
    f[0]    =   0
  f[x_,y_]  :=  x y
```

Hier hat f vier verschiedene Bedeutungen. Das Zeichen /; heißt: „Unter der Bedingung, dass ..." Mit nur einem Argument ist f daher die Vorzeichenfunktion, die für $x = 0$ den Wert 0 annimmt. Mit zwei Argumenten dagegen berechnet f das Produkt xy. Anstelle des Zeichens /; kann man auch die Funktion If verwenden:

```
    f[x_]:=If[x<0,1,-1]
```

Falls das erste Argument von If den Wert True hat, wird das zweite Argument ausgegeben, hier also die Zahl 1. Bei False wird das dritte Argument −1 zurückgegeben. Bei unentscheidbaren Bedingungen dagegen bleibt entweder der Ausdruck unverändert stehen, oder es wird ein viertes Argument ausgegeben, falls es vorhanden ist.

Funktionen können sich auch selbst aufrufen, sogar bei ihrer Definition, wie die folgende Rekursion zeigt. Wir wollen die Fibonacci-Zahlen berechnen, die durch die Gleichungen $F_1 = F_2 = 1$ und $F_n = F_{n-1} + F_{n-2}$ für ganze Zahlen $n > 2$ definiert sind. Diese Gleichungen können wir direkt übernehmen:

```
    f[1]=f[2]=1;  f[n_]:=f[n-1]+f[n-2]
```

Bei jedem Aufruf ruft sich f selbst zweimal auf, und zwar so lange, bis die spezielle Definition der ersten Zeile angewendet werden kann. Allerdings wächst der Rechenaufwand für Mathematica damit exponentiell mit n. Mit der Funktion Timing kann die Rechenzeit abgefragt werden; der Aufruf

```
    f[30]  //  Timing
```

ergab bei meinem PC (Pentium 600 MHz) den Wert 832040 in 28 Sekunden. Diesen Aufwand kann man erheblich verringern, wenn man die Zwischenergebnisse abspeichert:

```
    f[1]=f[2]=1;  f[n_]:=f[n]=f[n-1]+f[n-2]
```

Nun ist die Rechenzeit so kurz, dass sie mit 0 Sekunden angezeigt wird. Der Aufruf ?f zeigt, dass alle Zwischenergebnisse abgespeichert wurden, was Mathematica während der Rechnung erkennt und berücksichtigt.

5.2.5 Schleifen

Wiederholungen sind wichtige Operationen in jeder Computersprache, auch in Mathematica. Dort gibt es zwei Arten von Wiederholungen: die Listen und die Anweisungen. Nehmen wir an, wir wollen 10 000 Zufallszahlen aufaddieren. Zum einen können wir die Zahlen in einer Liste erzeugen:

```
    rand = Table[Random[],{10000}];
```

Jeder Mathematica-Ausdruck hat einen *Kopf,* das ist eine Markierung, die den Typ des Ausdrucks bestimmt. Wenn wir nun im vorigen Ausdruck mit dem Befehl `Apply` den Kopf `Liste` durch `Plus` ersetzen, werden alle Zahlen der Liste aufaddiert, und wir erhalten das gewünschte Ergebnis:

```
sum = Apply[Plus,rand]
```

Wir können aber auch Schleifenanweisungen benutzen, ähnlich zu den Sprachen C und Java:

```
For[sum=0;i=0,i<10000,i++,sum+=Random[]]

i=0; sum=0;
While[i++<10000,sum+=Random[]]

sum=0;
Do[sum+=Random[],{10000}]

sum=Sum[Random[],{10000}]
```

In allen fünf Fällen enthält die Variable `sum` die Summe von 10 000 Zufallszahlen aus dem Intervall [0,1], also einen Wert in der Nähe von 5 000. Die erste (`Table`)- und letzte (`Sum`)-Methode sind übrigens am schnellsten; mein PC (Pentium 600 MHz) berechnete die Summe einer Million Zahlen in drei Sekunden. Die `Do`-Schleife ist viermal und die beiden anderen Schleifen sind sogar achtmal langsamer als `Table` und `Sum`.

5.2.6 Daten lesen und schreiben

Oft möchte man die von einem externen Programm oder einem Messinstrument erzeugten Daten mit Mathematica bearbeiten. Dazu müssen die Daten in das Notebook eingelesen werden. Wir nehmen an, dass die Zahlen im ASCII-Format in einer Datei mit dem Namen `daten` gespeichert und nur durch Leerzeichen und Zeilenschaltung voneinander getrennt sind. Die Zahlen sind also Zeichenketten, gegebenenfalls mit einem Dezimalpunkt (kein Komma!) und/oder einer Zehnerpotenz im e-Format wie bei `7.2e12`. Dann können Sie diese Daten mit dem Befehl `ReadList` lesen und in einer einzigen Variablen speichern:

```
list=ReadList["daten",Number]
```

Diese Anweisung interpretiert alle Zeichenketten als Zahlen und fügt sie hintereinander in einer Liste ein. Besteht beispielsweise die Datei `daten` aus den Zeichen

```
1 2 3
4 5 6
```

so enthält `list` den Ausdruck

```
{1,2,3,4,5,6}
```

Möchten Sie dagegen jede Zeile in einer eigenen Liste speichern, die Daten also als Matrix lesen, so müssen Sie die Option RecordLists->True hinzufügen:

```
list=ReadList["daten",Number,RecordLists->True]
```

Jetzt hat list die Form

```
{{1,2,3},{4,5,6}}
```

Sie können aber auch die Zahlen als Paare zusammenfassen. Die Anweisung

```
ReadList["daten",{Number,Number}]
```

ergibt die (3×2)-Matrix:

```
{{1,2},{3,4},{5,6}}
```

Wie schreibt man von Mathematica aus Daten in eine Datei? Das geht noch einfacher. Jeder Ausdruck, also auch eine Liste von Zahlen, kann mit den Zeichen >> gespeichert werden:

```
list >> daten2
```

Falls die Datei daten2 noch nicht existiert, wird sie erzeugt, andernfalls wird ihr Inhalt überschrieben. Der Befehl >>> hängt dagegen die Daten an den vorherigen Inhalt an. Beachten Sie aber, dass immer alle Daten als eine einzelne Liste gespeichert werden. Auch das Lesen von Ausdrücken funktioniert so.

```
list << daten2
```

liefert einen Ausdruck der Datei daten2; dieser Befehl ist daher genau die Umkehrung des vorherigen. Sie können auf diese Weise nicht nur Zahlen, sondern alle Ausdrücke speichern, sogar Grafik im Mathematica-Format.

Wer dagegen ein anderes Datenformat haben möchte, dem bietet Mathematica seit der Version 4 die Funktionen Import und Export an, um Daten in bestimmten Formaten zu lesen und zu speichern. Nun können Text und Zahlen problemlos gemischt werden und die Datei daten enthält keine Mathematica-Notation mehr.

Für Zahlen gibt es zwei Formate, die Sie als Zeichenkette in Import und Export eingeben müssen: "List" liest alle Daten in eine einzige Liste und schreibt jede Zahl in eine neue Zeile, "Table" dagegen liest jede Zeile als neue Liste und schreibt jede Liste als neue Zeile einer Matrix.

```
Import["daten","List"]
```

ergibt die Liste

```
{1,2,3,4,5,6}
```

während das Argument "Table" die folgende Matrix auf der rechten Seite liefert:

```
list = {{1,2,3},{4,5,6}}
```

Diese Matrix wird geschrieben mit

```
Export["daten",list,"Table"]
```

Auf die Besonderheiten, Text zu formatieren oder andere Trennzeichen als Leer- und Return-Zeichen zu benutzen, wollen wir hier nicht eingehen.

Wenn Sie sich den Inhalt einer Datei nur im Notebook ansehen wollen, so gibt es dafür das doppelte Ausrufezeichen. !!daten schreibt alle Zahlen und Texte der entsprechenden Datei in das Notebook.

5.3 Grafik

Zur grafischen Darstellung von Funktionen und Daten existieren in Mathematica viele Werkzeuge. Es ist sehr einfach, Funktionen auf dem Bildschirm zu zeichnen. Mathematica übernimmt automatisch die Skalierung, die Achsenbeschriftung, die Auswahl der Genauigkeit, die Beleuchtung und die Perspektive von Flächen, die Überlagerung von Zeichnungen und vieles mehr. Aber Sie können auch selbst diese Einstellungen ändern, indem Sie Optionen zu den entsprechenden Grafikanweisungen hinzufügen. Alle möglichen Optionen zu einem Befehl können Sie mit ?? abfragen; ??Plot liefert beispielsweise

```
Plot[f, {x, xmin, xmax}] generates a plot of f as a function
of x from xmin to xmax. Plot[{f1, f2, ... }, {x, xmin, xmax}]
plots several functions fi.

Options[Plot] = {AspectRatio -> 1/GoldenRatio,
    Axes -> Automatic, AxesLabel -> None,
    AxesOrigin -> Automatic, AxesStyle -> Automatic,
    Background -> Automatic, ColorOutput -> Automatic,
    Compiled -> True, DefaultColor -> Automatic,
    Epilog -> {}, Frame -> False, FrameLabel -> None,
    FrameStyle -> Automatic, FrameTicks -> Automatic,
    GridLines -> None, ImageSize -> Automatic,
    MaxBend -> 10., PlotDivision -> 30., PlotLabel -> None,
    PlotPoints -> 25, PlotRange -> Automatic,
    PlotRegion -> Automatic, PlotStyle -> Automatic,
    Prolog -> {}, RotateLabel -> True, Ticks -> Automatic,
    DefaultFont :> $DefaultFont,
    DisplayFunction :> $DisplayFunction,
    FormatType :> $FormatType, TextStyle :> $TextStyle}
```

Ein Grafikbefehl zeichnet nicht nur das von ihm erzeugte Bild in das Notebook-Fenster, sondern erzeugt gleichzeitig ein *Grafikobjekt*, das Sie einer Variablen zuweisen können. Dieses Objekt enthält eine Liste aller Grafikanweisungen und kann weiterbearbeitet werden. Eine Liste mehrerer Grafikobjekte kann als Animation oder in einem einzigen Bild dargestellt werden.

Eine Zeichnung können Sie auf dem Bildschirm anklicken. Dann erscheint ein Rahmen, den Sie wie gewöhnlich verändern und verschieben können. Auf diese Weise markierte

Zeichnungen können Sie drucken oder speichern (`File` → `Print Selection`). Seit der Version 4 können Sie Grafikobjekte auch in eines der vielen Grafikformate umwandeln oder eine externe Grafik als Grafikobjekt einlesen. Dazu dienen die Befehle `Export` und `Import`, die wir schon bei den numerischen Daten kennen gelernt haben.

```
p=Plot[x^2, {x,0,1}];   Export["quadrat.gif", p]
```

speichert beispielsweise die Zeichnung $y = x^2$ in eine Datei `quadrat.gif`. An der Endung `.gif` erkennt Mathematica, dass es die Grafik im GIF-Format speichern soll. Da dieses Format aber nur Bildpunkte (Pixel) definiert und deshalb die Auflösung des Bildes von seiner Größe abhängt, empfiehlt es sich, die Größen explizit als Option anzugeben.

```
Export["quadrat.gif", p, ImageSize-> 28 * breite]
```

Die Breite des Bildes ist dabei in „Punkten" angegeben, `breite` ist deshalb die Größe in Zentimetern. Bilder im GIF-Format können Sie in Ihre HTML-Datei einfügen und damit im Internet zeigen.

Wenn Sie dagegen Bilder in Mathematica einlesen wollen, können Sie dies mit folgender Anweisung durchführen:

```
g=Import["name.gif"]
```

Nun existiert das Bild als Grafikobjekt `g` und kann mit `Show[g]` gezeichnet und ebenso wie eine Mathematica-Grafik bearbeitet werden. Aber Vorsicht: Für jeden Bildpunkt erzeugt Mathematica eine Liste mit drei Zahlen für die Farben rot, grün und blau, deshalb kann der Speicherbedarf dafür sehr hoch werden. Die verfügbaren Grafikformate können Sie mit

```
$ExportFormats
$ImportFormats
```

abfragen.

5.3.1 Kurven

Die einfachste Anweisung, eine Kurve zu zeichnen, ist die Funktion `Plot`. Als minimales Argument muss die zu zeichnende Funktion `f[x]` und der Bereich der x-Achse, über dem die Funktion gezeichnet werden soll, angegeben werden:

```
Plot[Sin[x^2],{x,0,3}]
```

Der Bereich der Variablen x wird dabei als Liste `{x,start,end}` geschrieben. Auf dem Bildschirm erscheint die Zeichnung in Abbildung 5.1.

Dem zugehörigen Grafikobjekt können Sie anschließend mit `p2=%` den Namen `p2` geben. Anstelle einer einzigen Funktion können ebenso einfach mehrere Funktionen in einem Bild gleichzeitig gezeichnet werden:

```
Plot[{Sin[x],Sin[x^2],Sin[x^3],Sin[x^4]},{x,0,3}]
```

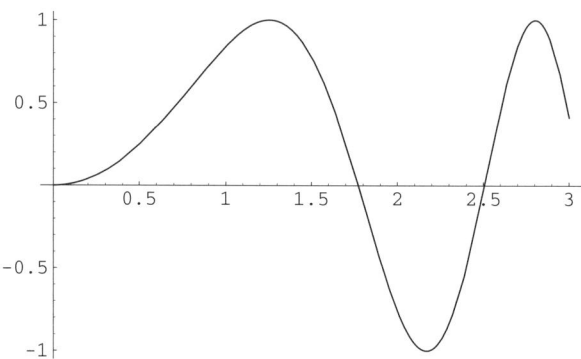

Abbildung 5.1: Die Funktion $y = \sin(x^2)$ wurde mit `Plot` *gezeichnet.*

Das Ergebnis ist in Abbildung 5.2 zu sehen. Allerdings wird das Bild in diesem Fall deutlicher, wenn die einzelnen Kurven verschiedene Farben oder Linienarten erhalten. Das Aussehen der Kurven können Sie mit der Option `PlotStyle` bestimmen:

```
Plot[{Sin[x],Sin[x^2],Sin[x^3],Sin[x^4]},
    PlotStyle->{RGBColor[1,0,0],RGBColor[0,1,0],
        RGBColor[0,0,1],RGBColor[1,0,1]}, {x,0,3}]
```

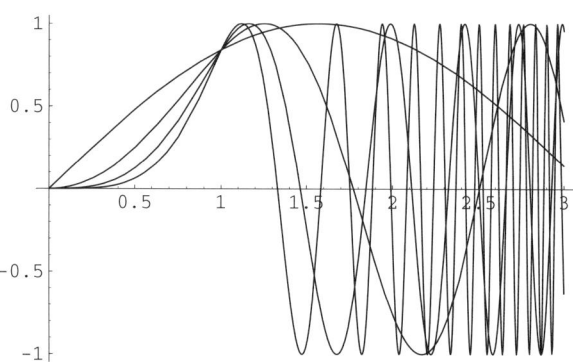

Abbildung 5.2: Eine Liste von $\sin(x)$, $\sin(x^2)$, $\sin(x^3)$ und $\sin(x^4)$ wurde mit `Plot` *gezeichnet.*

Man kann sich auch erst mit `Table` eine Liste von Funktionen erzeugen,

```
t=Table[Sin[x^n],{n,1,4}]
```

und diese danach zeichnen. Der Befehl `Plot[t,{x,0,3}]` ergibt allerdings eine unverständliche Fehlermeldung. Das liegt daran, dass das Symbol `t` erst ausgewertet werden muss, bevor Mathematica die entsprechenden x-Werte zuweisen kann. Hier müssen Sie die Auswertung erst mit `Evaluate` erzwingen:

```
Plot[Evaluate[t],{x,0,3}]
```

Alternativ dazu können Sie auch mehrere Grafikobjekte erzeugen, ohne jedes einzeln zu zeichnen:

5.3 Grafik

```
p[n_]:=Plot[Sin[x^n],{x,0,3},DisplayFunction->Identity]
```

Die Option `DisplayFunction->Identity` bewirkt, dass das Grafikobjekt zwar erzeugt, aber nicht gezeichnet wird. Nun können Sie alle vier Grafikobjekte in einer einzigen Zeichnung mit Show zeigen, allerdings müssen Sie die obige Option wieder zurücksetzen:

```
Show[p[1],p[2],p[3],p[4], DisplayFunction->$DisplayFunction]
```

Sie erhalten damit wieder die Abbildung 5.2. Sie können auch alle vier Zeichnungen als Matrix anordnen, dazu dient das Grafikelement GraphicsArray:

```
Show[GraphicsArray[{{p[1],p[2]},{p[3],p[4]}}],
    DisplayFunction->$DisplayFunction]
```

Nun erscheint das Grafikfeld Abbildung 5.3.

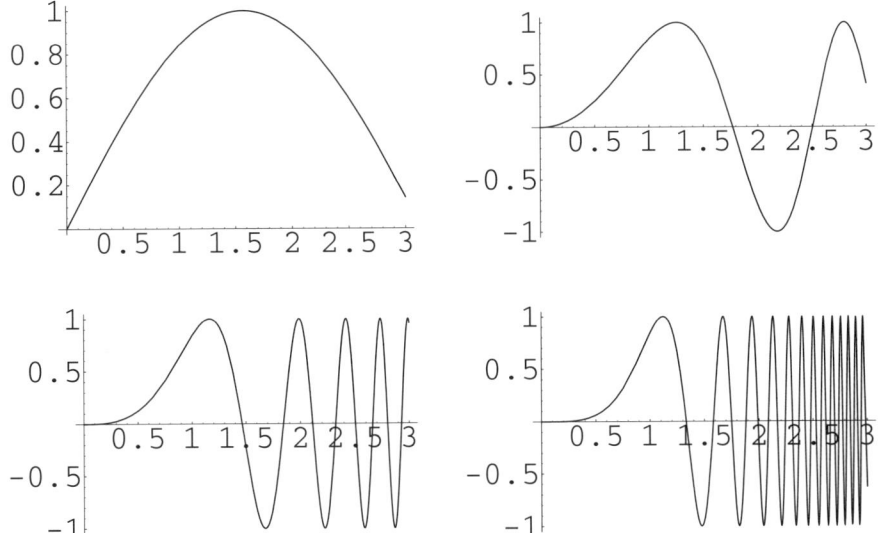

Abbildung 5.3: Wie Abbildung 5.2, aber mit GraphicsArray gezeichnet.

Bei allen Zeichnungen wurde der Bereich auf der y-Achse automatisch angepasst. Manchmal ist es aber sinnvoll, den Bereich mit der Option PlotRange selbst zu bestimmen, insbesondere wenn die Funktion an einigen Punkten divergiert oder wenn Mathematica zu viel vom Bild abschneidet. Beispielsweise divergiert Tan[x] bei $x = \pm\pi/2$, und Mathematica wählt in diesem Fall einen Wertebereich von $-50 < y < 50$ aus. Da man aber in diesem Bild nicht die Funktion bei $x = 0$ erkennt, sollte man den Wertebereich zurücksetzen:

```
Plot[Tan[x],{x,-Pi,Pi},PlotRange->{-3,3}]
```

Wenn Mathematica dagegen zuviel abschneidet, sollten Sie PlotRange->All setzen (natürlich nicht bei Divergenzen).

Die Funktion Plot zeichnet Kurven (x, y), die in der Form $y = f(x)$ vorliegen. Manchmal haben die Kurven aber die Form $(x(t), y(t))$, wobei t ein Parameter ist, der in einem gewissen Intervall läuft. Solche Kurven können mit ParametricPlot gezeichnet werden. Das erste Argument dieser Anweisung ist eine Liste mit den Funktionen $x(t)$ und $y(t)$, und das zweite Argument enthält das Intervall des Parameters t. Sind $x(t)$ und $y(t)$ beispielsweise zwei harmonische Schwingungen, wobei die Frequenz von y anderthalb mal so groß ist wie die von x, kann man die Kurve (x, y) folgendermaßen zeichnen:

```
x=Sin[t]; y=Sin[1.5t]; ParametricPlot[{x,y},{t,0,4Pi}]
```

Das Ergebnis, das unter dem Namen *Lissajous-Figur* bekannt ist, wird in Abbildung 5.4 gezeigt.

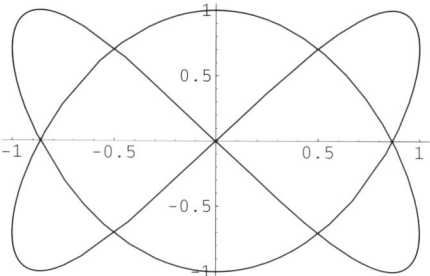

Abbildung 5.4: Parameterplot von harmonischen Schwingungen in x- und y-Richtung.

Dreidimensionale Kurven $(x(t), y(t), z(t))$ können ebenso mit der Funktion ParametricPlot3D gezeichnet werden, es muss nur die z-Koordinate hinzugefügt werden.

```
z=Sin[2t]; ParametricPlot3D[{x,y,z},{t,0,4Pi}]
```

Diese Kurve ist in Abbildung 5.5 zu sehen. Ebenso wie bei Plot können Sie dabei mehrere Kurven gleichzeitig zeichnen und die Zeichnung durch viele Optionen verändern.

Komplizierte Rechnungen oder Experimente — auch Computersimulationen – liefern im Allgemeinen keine analytischen Funktionen, sondern eine Menge von Punkten, die dann in Mathematica als Liste von Zahlen oder Zahlenpaaren vorliegen. Solche Listen können Sie mit ListPlot darstellen. Wir wollen uns beide Arten von Listen mit einer verrauschten Sinusfunktion erzeugen:

```
f[t_]  :=  Sin[t]+0.2 Random[]-0.1
g[t_]  :=  Cos[t]+0.2 Random[]-0.1
   l1   =  Table[f[t],{t,0,2Pi,0.01}];
   l2   =  Table[{f[t],g[t]},{t,0,2Pi,0.01}];
           ListPlot[l1]; ListPlot[l2]
```

5.3 Grafik

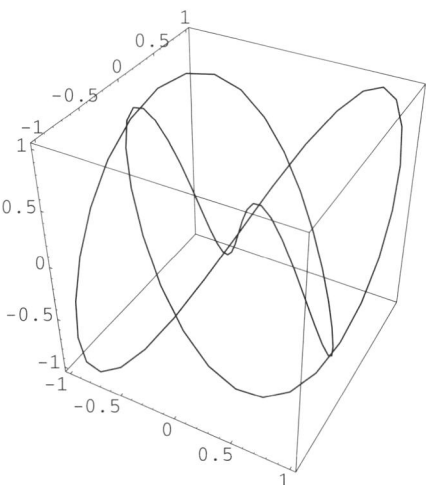

Abbildung 5.5: Wie in Abbildung 5.4, allerdings mit zusätzlicher Schwingung in z-Richtung.

Im ersten Fall, links in der Abbildung 5.6, wird x als Nummer des entsprechenden y-Werts aus der Liste l1 genommen und der Punkt (x, y) gezeichnet. Im zweiten Fall ist jedes Element der Liste l2 ein Punkt (x, y) und wird als solcher gezeichnet. Zwei Optionen sind bei ListPlot sehr nützlich: Mit PlotJoined->True werden nur Linien zwischen aufeinanderfolgenden Punkten gezeichnet und mit PlotStyle -> PointSize[factor] wird die Punktgröße auf das factor-fache der Gesamtzeichnung gesetzt.

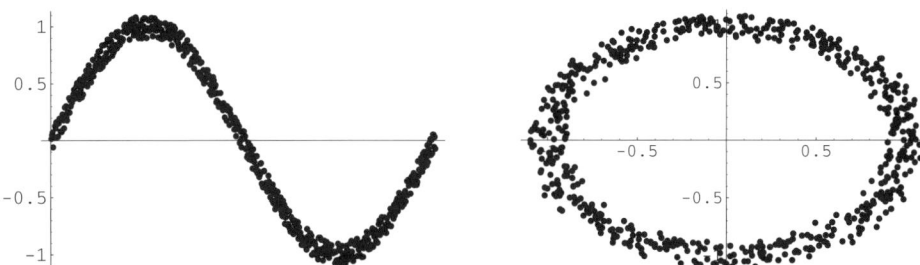

Abbildung 5.6: Punkte eines Kreises mit verrauschten Koordinaten, mit ListPlot erzeugt. Links sind nur die x-Koordinaten gezeigt, rechts sind die x- und y-Koordinaten in einem Bild zu sehen.

Weitere nützliche Grafikwerkzeuge finden Sie in dem Paket Graphics, das Sie vorher mit Needs laden müssen:

    Needs["Graphics`"]

Damit stehen Ihnen Funktionen für Polarplots, Log-Linear-Plots, Log-Log-Plots, Vektorfelder, implizite Funktionen, Balken-Plots, Kuchen-Plots und vieles mehr zur Verfügung. Wenn Sie beispielsweise eine Kurve in Polarkoordinaten $r(\varphi)$ zeichnen wollen, so können Sie die Funktion PolarPlot verwenden.

```
PolarPlot[Sin[1.5t],{t,0,4Pi}]
```

ergibt die Rosette in Abbildung 5.7.

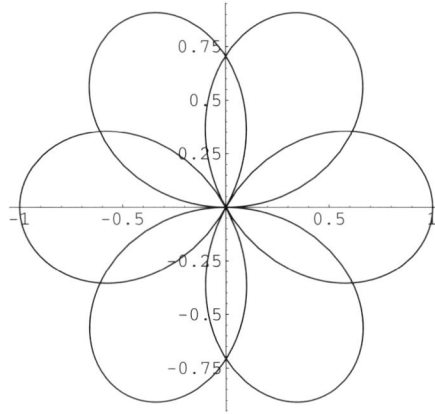

Abbildung 5.7: Rosette $r = \sin(1.5\,\varphi)$, mit `PolarPlot` gezeichnet.

Abschließend wollen wir noch kurz einige Optionen für die normale, mit `Plot` erstellte Zeichnung besprechen. Die Achsen können Sie mit der Option

```
AxesLabel->{"x-Achse","y-Achse"}
```

beschriften. Einen Rahmen um die Zeichnung erhalten Sie mit:

```
Frame->True
```

Die Zeichnung können Sie beschriften:

```
PlotLabel->{"Meine Zeichnung"}
```

Sie können auch Gitterlinien einfügen:

```
GridLines->Automatic
```

den Achsenursprung verschieben:

```
AxesOrigin->{5,0}
```

die Achsenstriche festlegen:

```
Ticks->{{0,Pi,2Pi,3Pi},Automatic}
```

und das Höhen/Seitenverhältnis der Zeichnung bestimmen:

```
AspectRatio->1         AspectRatio->Automatic
```

Das Aussehen einer Kurve können Sie mit der Option `PlotStyle` ändern.

```
PlotStyle->{RGBColor[1,0,0],Thickness[0.02],Dashing[{0.05,0.05}]}
```

5.3 Grafik

ergibt eine dicke, gestrichelte und rote Linie. Als Beispiel haben wir die Abbildung 5.1 etwas aufpoliert, die Abbildung 5.8 wurde mit folgender Anweisung erzeugt:

```
Plot[Sin[x^2], {x, 0, Pi},
    PlotStyle -> {{Thickness[0.02], GrayLevel[0.5]}},
    PlotLabel -> Sinus von x^2, Frame -> True,
    FrameLabel -> {x, y}, GridLines -> Automatic,
    Background -> GrayLevel[.9]]
```

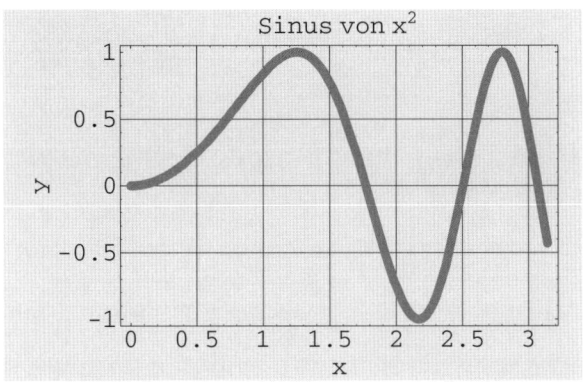

Abbildung 5.8: Wie Abbildung 5.1, aber nun mit zusätzlichen Optionen.

5.3.2 Flächen

Eine Funktion $f(x, y)$, die von zwei Koordinaten x und y abhängt, kann als dreidimensionale Fläche, als „Gebirge", dargestellt werden. Jedem Punkt (x, y) in der Ebene wird seine Höhe $z = f(x, y)$ zugeordnet. Eine derartige Fläche kann auf drei Arten gezeichnet werden: als Gebirge mit Plot3D, als Karte von Höhenlinien mit ContourPlot oder farbkodiert mit DensityPlot, wobei standardmäßig der Wert $z = f(x, y)$ als Graustufe interpretiert wird. Als Beispiel betrachten wir die Gaußglocke:

```
f[x_,y_] = Exp[-x^2-y^2]
```

Die Anweisung

```
Plot3D[f[x,y],{x,-3,3},{y,-3,3}]
```

zeigt zwar dieses Gebirge, schneidet aber den Gipfel ab und zeichnet es zu eckig. Wir setzen daher die Anzahl der Plotpunkte herauf und lassen den gesamten Wertebereich zeichnen:

```
Plot3D[f[x,y],{x,-3,3},{y,-3,3},PlotRange->All,PlotPoints->30]
```

Nun ist die Gaußglocke in der Abbildung 5.9 gut zu sehen. Die Höhenlinien erhält man mit

```
ContourPlot[f[x,y], {x,-3,3}, {y,-3,3},
            PlotPoints->50, PlotRange->All]
```

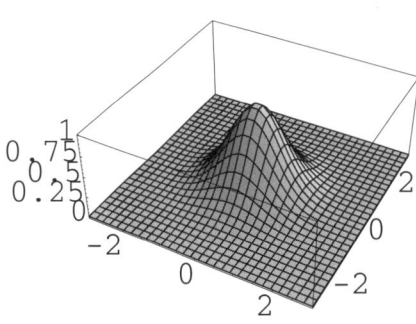 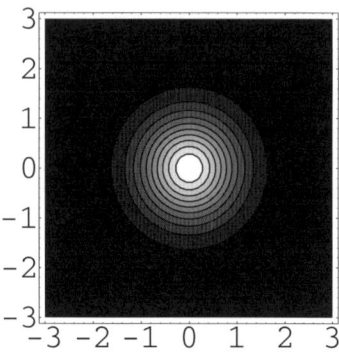

Abbildung 5.9: Die Gaußglocke $\exp\left(-(x^2+y^2)\right)$, *links mit* Plot3D *als Gebirge und rechts mit* ContourPlot *als Höhenlinien gezeichnet.*

Flächen können ebenso wie Kurven parametrisiert werden, allerdings mit zwei anstelle einer Variablen. Damit hängen die drei kartesischen Koordinaten x, y, z jeweils von zwei Parametern u und t ab, und die entsprechende Mathematica-Anweisung lautet:

```
ParametricPlot3D[{x,y,z},{t,tmin,tmax},{u,umin,umax}]
```

Einen Zylinder erhält man beispielsweise, indem man x und y kreisförmig und z linear parametrisiert:

```
x = Sin[t]; y = Cos[t]; z = u;
```

wobei t zwischen 0 und 2π läuft. Ein Torus (Autoreifen) ist etwas schwieriger zu verstehen. Ein Kreis in der (x,y)-Ebene wird in x-Richtung verschoben und dann um die z-Achse gedreht:

```
x = (Sin[t]+3)Sin[u]; y = (Sin[t]+3)Cos[u]; z = Cos[t]
ParametricPlot3D[{x,y,z},{u,0,2Pi},{t,0,2Pi}]
```

Das Ergebnis zeigt Abbildung 5.10.

Das Grafikpaket Graphics` enthält weitere Funktionen zur Darstellung von Flächen. Zum Beispiel können Sie — analog zum Polarplot — den Abstand zum Ursprung als Funktion der beiden Winkel $\theta \in [0,\pi]$ (Winkel zur z-Achse) und $\varphi \in [0,2\pi]$ (Winkel um die z-Achse) angeben und mit SphericalPlot3D zeichnen. Die Abbildung 5.11 wurde mit folgenden Anweisungen erzeugt:

```
Needs["Graphics`"]
SphericalPlot3D[Sin[2t]^2 Sin[phi/2]^2,{t,0,Pi},{phi,0,2Pi}]
```

Viele weitere nützliche Grafikwerkzeuge finden Sie im Help Browser unter Standard Packages, Graphics.

5.3 Grafik

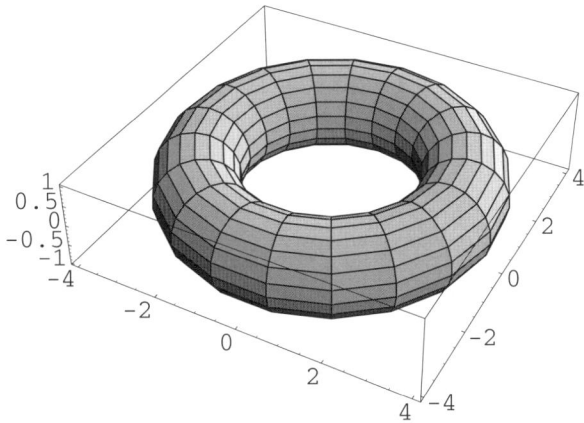

Abbildung 5.10: Parameterplot eines Torus.

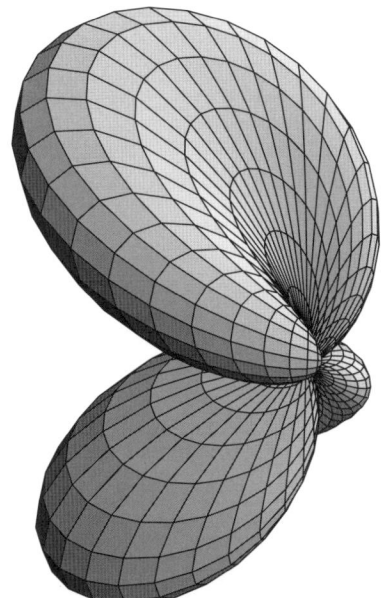

Abbildung 5.11: Die Fläche $r = \sin^2(2\theta)\sin^2(\varphi/2)$, mit `SphericalPlot3D` *gezeichnet.*

5.3.3 Animation

Bewegung macht wissenschaftliche Gesetzmäßigkeiten verständlicher. Deshalb werden oft Animationen benötigt — also Zeichnungen, die sich als Funktion eines Parameters wie in einem Film ändern. Denken Sie beispielsweise an zwei Wellen, die aufeinander zulaufen und sich zu einer stehenden Welle überlagern. Solche Phänomene versteht man am leichtesten mit bewegten Bildern.

Mit Mathematica lassen sich Animationen sehr leicht programmieren. Sie erzeugen einfach mit `Table` eine Liste von Zeichnungen und klicken eines der vielen Bilder im Notebook an (Doppelklick). Damit werden alle Bilder schnell nacheinander gezeigt, so dass ein kleiner Film entsteht. Am Rand erscheint eine Steuerleiste, mit der Sie Geschwindigkeit, Einzelbilder, Stop und Umkehrmodus einstellen können. Sie müssen nur eines beachten: Jede Zeichnung muss dieselben Koordinatenachsen haben, denn sonst springt die Bewegung. Deshalb müssen die Achsen mit `PlotRange` skaliert werden. Das Beispiel der beiden Wellen, die sich im Intervall $x \in [0,1]$ überlagern, lautet damit

```
links[x_,t_]    = Sin[2Pi(x-t)]
rechts[x_,t_]   = Sin[2Pi(x+t)]
u[x_,t_]        := links[x,t]/; x<0
u[x_,t_]        := rechts[x,t]/; x>1
u[x_,t_]        := links[x,t]+rechts[x,t]/; 0<x<1
Table[Plot[u[x,t], {x,-2,3}, PlotRange ->{-2,2}], {t,0,1,0.05}]
```

Ein Doppelklick auf eines der zwanzig Bilder lässt zwei Wellen aufeinander zulaufen. Die bedingten Zuweisungen für die Welle u addiert die beiden Wellen nur im Intervall $x \in [0,1]$, so dass nur dort eine stehende Welle entsteht.

Seit der Version 4 von Mathematica können Sie eine Animation direkt im GIF-Format speichern:

```
Export["ani.gif",%]
```

Damit gibt es die Liste der Zeichnungen als eine GIF-Datei, die Sie unter Linux/UNIX mit dem Befehl

```
xanim ani.gif
```

wieder als Animation laufen lassen können. Weitere Funktionen für Animationen finden Sie im Paket `Graphics`.

5.4 Lineare Algebra

In vielen Bereichen der Wissenschaft werden Phänomene durch lineare Beziehungen beschrieben. Eine doppelt so starke Ursache hat eine doppelte Wirkung — dieses Prinzip ist oft eine gute Näherung der wirklichen Verhältnisse. Mit Hilfe der Computeralgebra können lineare Gleichungen für Vektoren und Matrizen leicht programmiert und sowohl symbolisch wie auch numerisch gelöst werden.

5.4.1 Vektoren und Matrizen

Vektoren werden in Mathematica als Listen dargestellt. Listen können beliebig viele Komponenten enthalten, die sowohl numerische als auch symbolische Ausdrücke sein können:

```
v1={a,b,c}; v2={d,e,f};
```

5.4 Lineare Algebra

Wir haben schon gesehen, dass man mit Listen rechnen kann; folgende Operationen haben wir kennen gelernt:

$$\begin{array}{rcl}
\texttt{5 v1} & : & \{5a, 5b, 5c\} \\
\texttt{v1v2+} & : & \{a+d, b+e, c+f\} \\
\texttt{v1+v2} & : & \{af, be, cf\} \\
\texttt{Log[v1]} & : & \{\log[a], \log[b], \log[c]\}
\end{array}$$

Diese Operationen werden komponentenweise ausgeführt. Wichtiger als das Komponentenprodukt sind allerdings das Skalar- und das Kreuzprodukt zweier Vektoren, $\vec{v}_1 \cdot \vec{v}_2$ und $\vec{v}_1 \times \vec{v}_2$:

$$\begin{array}{rcl}
\texttt{v1.v2} & : & ad + be + cf \\
\texttt{Cross[v1,v2]} & : & \{-ce + bf, cd - af, -bd + ae\}
\end{array}$$

Das Skalarprodukt liefert die Zahl $|\vec{v}_1||\vec{v}_2| \cdot \cos\theta$ und das Kreuzprodukt einen Vektor, der senkrecht auf der $(\vec{v}_1, \vec{v}_2)$-Ebene steht und die Länge $|\vec{v}_1||\vec{v}_2|\sin\theta$ hat, wobei θ der Winkel zwischen den beiden Vektoren ist. Wir können leicht prüfen, dass $\vec{v}_1 \times \vec{v}_2$ wirklich senkrecht auf jeder Linearkombination $a_1\vec{v}_1 + a_2\vec{v}_2$ steht; dazu berechnen wir das Skalarprodukt der beiden Vektoren

```
(a1 v1+a2 v2).Cross[v1,v2]
```

mit dem Ergebnis

```
(a1 b+a2 e)(c d-a f)+(-b d+a e)(a1 c+a2 f)+(a a1+a2 d)(-c e+b f)
```

Erst der Befehl `Simplify[%]` beseitigt die Klammern und liefert den Wert 0, wie behauptet. Als weitere Anwendung betrachten wir die drei Vektoren

```
u={1,1,1}; v={0,-1/2,1/4}; w={1/2,0,-1/4}
```

Wir wollen drei Fragen beantworten: Welche Länge hat der Vektor $\vec{v}$? Welchen Winkel θ haben $\vec{u}$ und $\vec{w}$ zueinander? Welches Volumen hat der von den drei Vektoren $\vec{u}, \vec{v}$ und $\vec{w}$ aufgespannte schiefe Kasten (Parallelepiped)?

Die Länge des Vektors $\vec{v}$ erhalten wir mit

$$\texttt{Sqrt[v.v]} \quad : \quad \sqrt{5}/4$$

Den Winkel θ erhalten wir mit Hilfe der Gleichung $\cos\theta = \vec{u} \cdot \vec{w}/|\vec{u}||\vec{w}|$. Die folgenden Mathematica-Anweisungen ergeben einen Winkel von etwa 75 Grad:

$$\begin{array}{rcl}
\texttt{u.w/Sqrt[u.u]/Sqrt[w.w]} & : & 1/\sqrt{15} \\
\texttt{ArcCos[\%]/2/Pi*360//N} & : & 75.0368
\end{array}$$

Das Volumen des Parallelepipeds berechnet sich aus $\vec{u} \cdot (\vec{v} \times \vec{w})$:

```
u.Cross[v,w]   :   1/2
```
Das Ergebnis ist also ½ in der entsprechenden Volumeneinheit.

Neben Vektoren spielen Matrizen eine große Rolle in der linearen Algebra. Matrizen werden in Mathematica als Listen von Zeilenvektoren dargestellt. Sie können beispielsweise mit dem Befehl `Table` erzeugt werden:

```
mat=Table[m[i,j],{i,1,3},{j,1,3}]
```

Diese Liste von Listen kann mit dem Befehl `MatrixForm` in der üblichen mathematischen Form angezeigt werden.

```
mat // MatrixForm
```

ergibt

$$\begin{pmatrix} m[1,1] & m[1,2] & m[1,3] \\ m[2,1] & m[2,2] & m[2,3] \\ m[3,1] & m[3,2] & m[3,3] \end{pmatrix}$$

Wie schon vorher bei den Listen erwähnt, können Sie einzelne Komponenten einer Matrix ansprechen oder ändern. `mat[[2]]` liefert die zweite Zeile {m[2,1], m[2,2], m[2,3]} der Matrix und `mat[[2,3]]` das Element m[2,3].

Matrizen können miteinander und mit Vektoren multipliziert werden, sofern die entsprechende Anzahl der Zeilen und Spalten das zulässt. `m1` sei beispielsweise eine (4×3)-Matrix, `m2` eine (3×3)-Matrix und `v` ein dreidimensionaler Vektor. Damit sind `m1.m2` eine (4×3)-Matrix, `m1.v` ein vierdimensionaler und `m2.v` ein dreidimensionaler Vektor. `v.m2.v` ist dagegen eine Zahl.

Beachten Sie, wie einfach eine Matrix-Multiplikation mit der Computeralgebra programmiert werden kann. In der Sprache C müssten Sie drei Felder deklarieren und zwei verschachtelte Schleifen laufen lassen. Hier schreiben Sie dagegen nur

```
m = m1.m2
```

Ebenso einfach ist es, die Transponierte, die Inverse, die Determinante und die Spur einer Matrix m zu berechnen. Dazu gibt es die Funktionen

```
Transpose[m]; Inverse[m]; Det[m]; Tr[m]
```

Potenzen $\hat{M}^n$ einer Matrix $\hat{M}$ und die Exponentialfunktion von $\hat{M}$, $\exp(\hat{M})$ — definiert über eine unendliche Reihe von Matrixpotenzen – erhalten Sie mit

```
MatrixPower[m,n]; MatrixExp[m]
```

Beachten Sie, dass `m^n` und `Exp[m]` etwas anderes bedeuten: Mit diesen Befehlen werden nämlich die Operatoren komponentenweise, nicht als Matrixoperation, ausgeführt.

5.4.2 Lineare Gleichungen

Ein System von linearen Gleichungen kann in die Matrixform $\hat{M} \cdot \vec{x} = \vec{b}$ gebracht werden. Die Matrix $\hat{M}$ enthält dabei die Koeffizienten der gesuchten Variablen $\vec{x}$, und $\vec{b}$ enthält alle Konstanten. Die Lösung $\vec{x}$ dieses Gleichungssystems erhalten Sie mit

```
x = LinearSolve[m,b]
```

Dazu ein Beispiel: Sei m die Matrix

```
m = {{1,2,3}, {2,3,1}, {3,1,2}}
```

und b der Vektor

```
b = {1,3,2}
```

dann liefert die Anweisung x=LinearSolve[m,b] den Vektor

$$\left\{\frac{2}{3}, \frac{2}{3}, -\frac{1}{3}\right\}$$

Wir können dieses Ergebnis leicht testen:

```
m.x==b
```

ergibt den Wert True. Die Gleichung $\hat{M} \cdot \vec{x} = \vec{b}$ hätte man ebenso durch die Inverse von $\hat{M}$ lösen können, $\vec{x} = \hat{M}^{-1}\vec{b}$. Dazu prüfen wir zunächst, ob die Inverse existiert, ob also die Determinante von $\hat{M}$ ungleich Null ist. Die Anweisung

```
Det[m]
```

liefert den Wert -18. Die gesuchte Lösung $\vec{x}$ erhalten wir mit

```
x = Inverse[m].b
```

5.4.3 Eigensysteme

Das vorige Beispiel hat auch eine geometrische Bedeutung: Der Vektor $\vec{x}$ wird durch die lineare Transformation $\vec{M}$ gestreckt und gedreht, mit $\vec{b}$ als Ergebnis. Häufig benötigt man aber Vektoren, die durch $\vec{M}$ nur gestreckt werden:

$$\vec{M} \cdot \vec{v} = \lambda \vec{v}$$

Derartige Vektoren werden *Eigenvektoren* und der dazugehörige Faktor λ wird *Eigenwert* der Matrix M genannt. Um beispielsweise die Resonanzfrequenzen eines Systems schwingender Massen zu berechnen, müssen die Eigenwerte der entsprechenden Kopplungsmatrix bestimmt werden.

Mit Mathematica können Eigenwerte und Eigenvektoren folgendermaßen berechnet werden:

```
ew = Eigenvalues[m]
ev = Eigenvectors[m]
es = Eigensystem[m]
```

Die dritte Funktion gibt eine Liste, die eine Liste der Eigenwerte und eine der Eigenvektoren enthält. In unserem Beispiel aus dem vorigen Abschnitt erhalten wir die Eigenwerte

$$\{6, -\sqrt{3}, \sqrt{3}\}$$

und die Eigenvektoren

$$\left\{ \{1,1,1\}, \left\{ \frac{1+2\sqrt{3}}{-5+\sqrt{3}}, \frac{4-3\sqrt{3}}{-5+\sqrt{3}}, 1 \right\}, \left\{ \frac{-1+2\sqrt{3}}{5+\sqrt{3}}, \frac{-4-3\sqrt{3}}{5+\sqrt{3}}, 1 \right\} \right\}$$

Diese Eigenvektoren sind nicht normiert. Falls Sie normierte Vektoren benötigen, müssen Sie jeden Eigenvektor durch seine Länge dividieren:

```
v = v/Sqrt[v.v]
```

Die Liste der normierten Eigenvektoren erhalten Sie deshalb mit den Anweisungen

```
Table[ev[[i]]/Sqrt[ev[[i]].ev[[i]]],{i,1,3}]
FullSimplify[%]
```

mit dem Resultat

$$\left\{ \left\{ \frac{1}{\sqrt{3}}, \frac{1}{\sqrt{3}}, \frac{1}{\sqrt{3}} \right\}, \left\{ \frac{1}{6}(-3-\sqrt{3}), \frac{1}{6}(3-\sqrt{3}), \frac{1}{\sqrt{3}} \right\}, \left\{ \frac{1}{6}(3-\sqrt{3}), \frac{1}{6}(-3-\sqrt{3}), \frac{1}{\sqrt{3}} \right\} \right\}$$

5.4.4 Fourier-Transformation

Die Zerlegung eines Signals in eine Summe einzelner Schwingungen wird in den Natur- und Ingenieurwissenschaften häufig verwendet. Viele gebräuchliche Funktionen lassen sich als ein Integral über harmonische Schwingungen darstellen, periodische Funktionen sogar als unendliche Reihe und periodische Folgen von Zahlen als endliche Summe von Sinus- und Kosinusfunktionen. Eine solche Zerlegung wird *Fourier-Transformation* genannt.

5.4 Lineare Algebra

Da ein Computer nur endlich viele diskrete Zahlen bearbeiten kann, ist die *diskrete Fourier-Transformation*, also die endliche Summe, für numerische Anwendungen besonders wichtig. Für diesen Fall wurde vor einigen Jahrzehnten ein schneller Algorithmus entdeckt, der die Anzahl der Rechenschritte zur Transformation von n Funktionswerten von n^2 auf $n \log_2 n$ reduziert. Bei 10 000 Funktionswerten ist dieser Algorithmus, der *Fast Fourier Transform (FFT)* genannt wird, etwa tausendmal schneller als der ursprüngliche.

In Mathematica liefert die Funktion Fourier eine Liste der Fourierkoeffizienten. a sei eine Liste von n komplexen oder reellen Zahlen:

$$a = \{a_1, ..., a_n\}$$

Die Anweisung

```
b = Fourier[a]
```

liefert eine Liste von n komplexen Zahlen, die durch folgende Summen definiert sind:

$$b_s = \frac{1}{\sqrt{n}} \sum_{r=1}^{n} a_r e^{-2\pi i (r-1)(s-1)/n} \quad (s = 1, ..., n)$$

Aus der Fourier-Transformierten b kann man durch Rücktransformation wieder das ursprüngliche Signal a herstellen *(inverse Fourier-Transformation)*:

$$a_r = \frac{1}{\sqrt{n}} \sum_{s=1}^{n} b_s e^{2\pi i (r-1)(s-1)/n}$$

Das geschieht einfach mit

```
a=InverseFourier[b]
```

Die Fourier-Koeffizienten b_s, $s = 1, ..., n$ können offenbar periodisch fortgesetzt werden, $b_s = b_{s \pm n}$. Außerdem gilt für reellwertige Folgen $a_1, ..., a_n$ die Symmetrie

$$b_s = b^*_{-s+2} = b^*_{n-s+2}$$

wobei z^* der konjugiert komplexe Wert von z ist. In diesem Fall bestimmt schon die Hälfte der Fourierkoeffizenten die gesamte Folge a. Diese beiden Symmetrien werden wir im Folgenden benötigen.

Wir wollen nun die Transformation an einem einfachen Beispiel erläutern. Eine periodische Funktion $f(t)$ mit der Periodendauer T soll an n Punkten abgetastet werden. Wir wählen dazu einen Rechteckimpuls der Breite $\tau = 2$ mit einer Periodendauer $T = 10$:

```
f[t_] = (Sign[1-t]+Sign[1+t])/2;
Plot[f[t], {t,-5,5}, PlotStyle->Thickness[.015]]
```

Für diese einfache in der Abbildung 5.12 gezeichneten Funktion können wir offensichtlich die Fourier-Transformation analytisch berechnen. Wir wollen $f(t)$ aber als Liste von $n = 64$ numerischen Zahlen darstellen:

```
T=10.; n=64; flist=Table[N[f[-T/2+T r/n]],{r,n}];
```

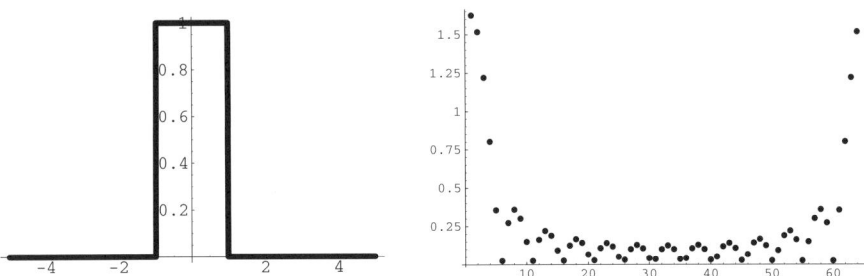

Abbildung 5.12: Ein Rechteckpuls (links) und seine diskrete Fourier-Transformierte (rechts).

Das Spektrum von $f(t)$, also die Beträge der Fourier-Koeffizienten, erhält man mit

```
b = Fourier[flist];
ListPlot[Abs[b], PlotRange->All, PlotStyle->PointSize[.015]]
```

Wie Sie in Abbildung 5.12 erkennen, nimmt das Spektrum zunächst mit zunehmender Frequenz s ab, danach gibt es Oszillationen und schließlich wächst das Spektrum bei hohen Frequenzen wieder an. Woran liegt das?

Es stellt sich heraus, dass unser Problem drei (Kreis-)Frequenzen enthält:

1. Die Grundfrequenz $\omega_1 = 2\pi/T$, die durch die Periodendauer T bestimmt wird.

2. Die Frequenz $2\pi n/T = n\omega_1$, die durch die Schrittweite T/n der Abtastrate gegeben ist; sie wird auch *Nyquist-Frequenz* genannt.

3. Die Frequenz $2\pi/\tau$, die Informationen über die Struktur der Funktion $f(t)$, hier die Breite τ des Pulses, enthält.

Wie aus den vorigen Gleichungen für a und b zu entnehmen ist, wird der erste Fourier-Koeffizient b_1 durch den Mittelwert von `flist` bestimmt:

$$b_1 = \frac{1}{\sqrt{n}} \sum_{r=1}^{n} f\left(-\frac{T}{2} + \frac{Tr}{n}\right)$$
$$\simeq \sqrt{n} \cdot \text{Mittelwert von } f$$

b_2 dagegen ist die Amplitude der Grundschwingung

$$b_2 \, e^{i\omega_1 t}$$

Alle weiteren Frequenzen sind höhere Harmonische dieser Schwingung:

$$b_{s+1} e^{i\omega_1 s t} \quad (s = 2, ..., n-1).$$

Das Spektrum wird bei der Nyquist-Frequenz $n\omega_1$ abgeschnitten. Erhöht man die Anzahl n der Abtastpunkte, so wird die Anzahl der Harmonischen ebenfalls erhöht.

Es gibt natürlich auch Schwingungen mit negativen Frequenzen. Diese werden aber von Mathematica wegen der Symmetrie $b_{-s} = b_{n-s}$ in die hohen s-Werte geschoben, deshalb steigt das Spektrum in Abbildung 5.12 bei hohen Frequenzen wieder an. Das macht nichts aus, solange man nur diskrete Funktionswerte f_r betrachtet. Wenn man aber wieder die vollständige Funktion $f(t)$ erzeugen will, so sollte man sie nur mit kleinen Frequenzen berechnen:

$$f(t) = \frac{1}{\sqrt{n}} \sum_{s=-n/2+1}^{n/2} b_s e^{2\pi i(s-1)(n\frac{t}{T}+\frac{n}{2}-1)}$$

Wie in Abbildung 5.13 zu erkennen ist, ist durch die Diskretisierung Information über die Funktion $f(t)$ verloren gegangen. Besonders bei den beiden Unstetigkeitsstellen zeigen sich deutliche Schwingungen, die auch bei größerer Anzahl von harmonischen Fourier-Koeffizienten nicht verschwinden. Dieser Sachverhalt wird *Gibbsches Phänomen* genannt.

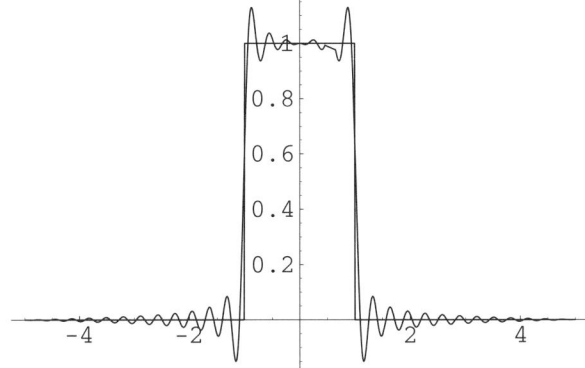

Abbildung 5.13: Gibbsches Phänomen: Die Umkehrung der diskreten Fourier-Transformation gibt deutliche Oszillationen an den Sprungstellen der Funktion.

5.5 Analysis

Die Infinitesimalrechnung gehört zu den wichtigen Errungenschaften der Mathematik. Die Geschwindigkeit eines Körpers ist beispielsweise die Ableitung des Weges nach der Zeit; das bedeutet, man muss sie durch einen Grenzprozess für unendlich kleine Weg- und Zeitintervalle berechnen. Numerisch ist ein solcher Grenzprozess auf den heutigen mit diskreten Zahlen rechnenden Computern nur näherungsweise durchzuführen. Mit moderner Computeralgebra dagegen können Ableitungen oft exakt analytisch berechnet werden. Das Gleiche gilt für Integrale, also für Grenzprozesse von Summen.

5.5.1 Differentiale

Die Ableitung einer Funktion $f(x)$ nach der Variablen x berechnet Mathematica mit der Funktion D, wobei ein großer Vorrat von Rechenregeln und elementaren Funktionen benutzt wird. Im einfachsten Fall gibt D[f,x] die Ableitung des Ausdrucks f nach der Variablen x. Einige Beispiele sollen das demonstrieren:

```
f=a x^n + b Cos[y];    :  ax^n + b cos(y)
D[f,x]                 :  nax^(n-1)
D[f,a]                 :  x^n
D[f,y]                 :  -b sin(y)
D[Tanh[x],x]           :  sech²(x)
D[y[x]^2,x]            :  2y(x)y'(x)
```

Höhere und mehrfache Ableitungen sind ebenso einfach zu berechnen. `D[f,{x,3}]` bezeichnet die dritte Ableitung $d^3 f/dx^3$ und `D[f,x,y]` die partielle Ableitung $\partial^2 f/\partial x \partial y$.

5.5.2 Integrale

Die Umkehrung der Ableitung ist das unbestimmte Integral, das Mathematica mit der Funktion `Integrate` berechnet:

```
f=a x^n + b Cos[y];    :  ax^n + b cos(y)
Integrate[f,x]         :  ax^(1+n)/(1+n) + bx cos(y)
Integrate[f,y]         :  ax^n y + b sin(y)
Integrate[f,a]         :  a²x^n/2 + ab cos(y)
Integrate[Tanh[x],x]   :  log(cosh(x))
Integrate[y[x]^2,x]    :  ∫ y²(x) dx
```

Diese Ergebnisse sind bis auf eine Konstante eindeutig bestimmt.

```
D[Integrate[f,x]+c,x] == f
```

ergibt den Wert `True`, denn das Integral ist die Umkehrung der Ableitung. Wenn Mathematica das Integral nicht weiter berechnen kann, so bleibt der eingegebene Ausdruck unverändert.

```
Integrate[Sin[x]/Log[x],x]  :  ∫ sin(x)/log(x) dx
```

Mehrfachintegrale können durch Angabe der entsprechenden Integrationsvariablen eingegeben werden:

```
Integrate[f,x,y]       :  ax^(1+n) y/(1+n) + bx sin(y)
```

Bei bestimmten Integralen wird zusätzlich zum Namen das Intervall der Integrationsvariablen als Liste hinzugefügt:

```
Integrate[f,{x,xmin,xmax}]
```

Bekanntlich ist das bestimmte Integral die Fläche zwischen der Kurve $f(x)$ und der x-Achse, solange $f(x)$ positiv bleibt. Wollen Sie beispielsweise die Fläche zwischen den Kurven $\sqrt{x}$ und x^2 im Einheitsintervall berechnen, so lautet die entsprechende Mathematica-Anweisung

```
Integrate[Sqrt[x]-x^2, {x,0,1}]
```

mit dem Ergebnis 1/3. Als Integrationsgrenzen können Sie sogar das Symbol *unendlich* setzen,

```
Integrate[x^6 Exp[-x^2],{x,-Infinity,0}]
```

Das Ergebnis ist

$$\int_{-\infty}^{0} x^6 e^{-x^2} dx = \frac{15}{16}\sqrt{\pi}$$

Was machen Sie, wenn Mathematica das Integral nicht berechnen kann? In diesem Fall können Sie mit NIntegrate einen numerischen Wert eines bestimmten Integrals erhalten. Das obige Integral, das analytisch nicht berechnet werden konnte, macht numerisch kein Problem, selbst wenn die Funktion bei $x = 0$ gar nicht definiert ist.

```
NIntegrate[Sin[x]/Log[x], {x,0,1/2}]
```

liefert das Resultat -0.115778. Beachten Sie, dass der Algorithmus zur numerischen Berechnung von Integralen viele weit entwickelte Methoden der numerischen Mathematik enthält. Deshalb ist es wesentlich effektiver, NIntegrate[...] anstelle von N[Integrate[...]] zu benutzen.

5.5.3 Reihen

Symbolische Summen können mit Hilfe der Computeralgebra leicht ausgewertet werden. Dabei werden viele Regeln benutzt, die nicht nur ganze Zahlen, sondern auch Parameter als Summationsgrenze erlauben. So liefert Mathematica folgende Resultate für die beiden Summen $\sum_{i=3}^{5} i^2$ und $\sum_{i=1}^{n} i^2$:

```
Sum[i^2,{i,3,5}]     :  50
Sum[i^2,{i,1,n}]     :  ⅙(n+1)(2n+1)
```

Die Summationsgrenze darf dabei sogar unendlich groß werden:

```
Sum[1/i^4,{i,1,Infinity}]   :  π⁴/90
```

Falls Mathematica einen solchen Ausdruck nicht auswerten kann, können Sie sich immer noch seinen numerischen Wert mit N[%] berechnen lassen. Besser ist es allerdings —

analog zu den Integralen — direkt die numerische Summe zu benutzen, denn Mathematica kennt eine Reihe von effizienten Algorithmen zur numerischen Berechnung von unendlichen Summen.

```
NSum[1/(i^3 +i!),{i,1,Infinity}]   :  0.64703
```

Die Entwicklung einer Funktion $f(x)$ nach einer kleinen Variablen $x - x_0$ nennt man *Taylorreihe*. Viele bekannte Funktionen lassen sich an einem vorgegebenen Punkt x_0 nach Potenzen des Abstandes von diesem Punkt entwickeln.

Mit Hilfe der Computeralgebra können Sie solche Taylorreihen symbolisch berechnen.

```
s = Series[Sin[x],{x,0,7}]
```

ergibt die Reihe

$$\sin x = x - \frac{x^3}{6} + \frac{x^5}{120} - \frac{x^7}{5040} + O[x^8]$$

Die Funktion Series benötigt dazu die zu entwickelnde Funktion – hier $\sin(x)$ –, die Variable x, den Punkt x_0 — hier $x_0 = 0$ — und die Anzahl der Reihenglieder. Mathematica liefert auch die Größenordnung des Fehlers, wobei dieser auch bei nachfolgenden Rechnungen richtig berechnet wird. Beispielsweise liefert s^3 das Ergebnis

$$x^3 - \frac{x^5}{2} + \frac{13}{120}x^7 - \frac{41}{3024}x^3 + O[x^{10}]$$

Der Fehler ist deshalb von der Ordnung x^{10} und nicht etwa die dritte Potenz des ursprünglichen Fehlers x^8.

Taylorreihen können bei verschachtelten Funktionen schnell sehr komplex werden, so dass die Computeralgebra hierbei eine große Hilfe bietet. Auch wenn in der Entwicklung einer Funktion gebrochene oder negative Exponenten auftreten, ist Mathematica sehr hilfreich.

```
Series[Exp[Sqrt[x]],{x,0,2}]
```

liefert beispielsweise

$$1 + \sqrt{x} + \frac{x}{2} + \frac{x^{3/2}}{6} + \frac{x^2}{24} + O[x^{5/2}]$$

Die Funktion $\sin(x)/x^2$ divergiert sogar bei $x = 0$, dennoch liefert Mathematica die Entwicklung

$$\frac{1}{x} - \frac{x}{6} + \frac{x^3}{120} + O[x^4]$$

Bei manchen Rechnungen stört die Darstellung des Fehlers der Taylorreihe. Dann können Sie ihn mit der Funktion Normal beseitigen. Normal[s] macht aus der Taylorreihe ein Polynom, das Sie mit den entsprechenden Funktionen weiterbearbeiten können. Beispielsweise berechnet Factor[5040 Normal[s]] den Ausdruck

$$-x(-5040 + 840x^2 - 42x^2 + x^6)$$

5.5.4 Vektoranalysis

Bisher haben wir Funktionen betrachtet, die jedem Punkt $\vec{r}$ im Raum eine relle Zahl zuordnen. Oft werden hingegen auch vektorwertige Funktionen benötigt, die jedem Punkt $\vec{r}$ einen Vektor $\vec{v}$ zuordnen. Die Vektoranalysis untersucht die Differentiation und Integration derartiger Funktionen $\vec{v}(\vec{r})$.

Hier wollen wir den Einsatz von Computeralgebra in der Vektoranalysis an einem physikalischen Beispiel erläutern, nämlich dem statischen elektrischen Feld $\vec{E}(\vec{r})$. Wenn sich eine Ladung q in einem elektrischen Feld $\vec{E}$ entlang eines Wegs C bewegt, so gewinnt sie die potentielle Energie:

$$W = \int_C q\vec{E}\,d\vec{r}$$

Die Formel *Arbeit = Kraft mal Weg* bedeutet mathematisch hier also ein Wegintegral über ein Vektorfeld, wobei in jedem infinitesimal kleinen Schritt das Skalarprodukt $\vec{E} \cdot d\vec{r}$ gebildet wird.

Wenn die Bewegung eines Teilchens, der Ort $\vec{r}$ als Funktion der Zeit t bekannt ist, so können Geschwindigkeit $\vec{v}$ und Beschleunigung $\vec{a}$ daraus berechnet werden:

$$\vec{v} = \frac{d\vec{r}}{dt} \;;\; \vec{a} = \frac{d\vec{v}}{dt} = \frac{d^2\vec{r}}{dt^2}$$

Das obige Wegintegral kann durch eine solche den Weg C durchlaufende Bahn $\vec{r}(t)$ als gewöhnliches Integral ausgedrückt werden:

$$W = \int_{t_1}^{t_2} q\,\vec{E}(\vec{r}(t))\,\frac{d\vec{r}}{dt}dt$$

Nun wird die reellwertige Funktion $\vec{E}(\vec{r}(t)) \cdot \vec{v}(t)$ über das Zeitintervall $[t_1, t_2]$ integriert.

Mit Hilfe der Computeralgebra können Sie derartige Probleme der Vektoranalysis lösen. Dazu betrachten wir ein Beispiel: Das Vektorfeld $\vec{E} = (2xy+z^3, x^2, 3xz^2)$ soll über drei verschiedene Wege aufintegriert werden, die alle von $(1,0,0)$ nach $(1,0,1)$ laufen. Dazu definieren wir für $t \in [0,1]$ die folgenden drei Wege und das Feld:

```
r1 = {Cos[2Pi t],Sin[2Pi t],t}
r2 = {1,0,t}
r3 = {1-Sin[Pi t]/2,0,(1-Cos[Pi t])/2}
e[{x_,y_,z_}] = {2xy+z^3,x^2,3x z^2}
```

Die Geschwindigkeit einer Bahn wird einfach mit dem Differentialoperator D gebildet, wobei D komponentenweise wirkt:

```
v[r_]:=D[r,t]
```

Damit können wir die obige Formel für das Wegintegral direkt übernehmen:

```
int[r_] := Integrate[e[r].v[r], {t,0,1}]
```

Beachten Sie, dass der Weg $\vec{r}(t)$ auf zwei verschiedene Arten als Argument übergeben wird, einmal als Variable `r_` und andererseits als explizite Darstellung seiner drei Koordinaten `{x_,y_,z_}`.

Wir geben nun `int[r1]`, `int[r2]` und `int[r3]` ein und erhalten für alle drei Wege dasselbe Ergebnis, nämlich den Wert 1. Nach den mathematischen Sätzen der Vektoranalysis lässt dieses Ergebnis vermuten, dass das Vektorfeld $\vec{E}$ als Gradient eines Potentials Φ geschrieben werden kann:

$$\vec{E} = -\nabla \Phi$$

Denn in diesem Fall ist jedes der drei Integrale durch die beiden Werte von Φ an den Enden des Wegs bestimmt und hängt dadurch nicht mehr vom Weg ab. Wie findet man ein solches Potential?

Wenn Φ existiert, dann gilt für jeden Weg C, der von $\vec{0}$ nach $\vec{r}$ führt (bis auf eine Konstante):

$$\Phi(\vec{r}) = -\int_C \vec{E}\, d\vec{r}$$

Wir definieren daher den geradlinigen Weg

```
r4 = t {x,y,z}
```

und `int[r4]` liefert das Potential $\Phi = x^2 y + xz^3$, dessen Gradient tatsächlich das Vektorfeld $\vec{E}$ bestimmt.

Verändern wir dagegen das Feld $\vec{E}$ ein wenig, indem wir beispielsweise z^3 durch z^4 ersetzen, so erhalten wir für die Integrale über die drei Wege die Werte

$$1 - \frac{3}{2\pi^2}, \quad 1, \quad \frac{5}{16} + \frac{88-\pi}{128}$$

In diesem Fall kann deshalb das Vektorfeld nicht mehr durch ein Potential berechnet werden.

Zur grafischen Darstellung von Vektorfeldern gibt es in Mathematica die Pakete `Graphics'PlotField'` und `Graphics'PlotField3D'`. Damit können wir beispielsweise die Richtung des Feldes, also $\vec{E}/|\vec{E}|$ zeichnen:

```
ep = e[{x,y,z}]
ep = ep/Sqrt[ep.ep]
Needs["Graphics`PlotVectorField3D`"]
PlotVectorField3D[ep, {x,-5,5}, {y,-5,5},
         {z,-5,5},VectorHeads->True, ScaleFactor->.8]
```

Die Abbildung 5.14 zeigt das Ergebnis, zusammen mit einem dreidimensionalen Parameterplot der drei Wege.

5.6 Gleichungen

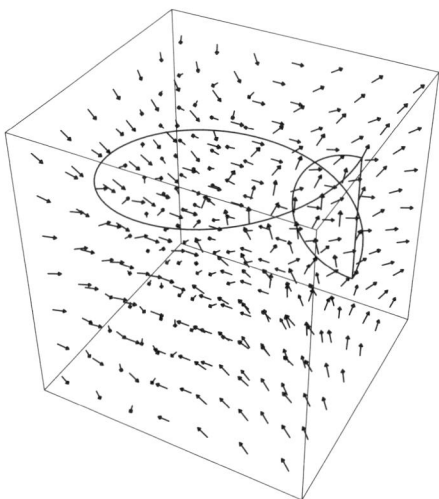

Abbildung 5.14: Die Richtungsvektoren des Felds $\vec{E} = (2xy + z^3, x^2, 3xz^2)$, *mit* `PlotVectorField3D` *gezeichnet. Zusätzlich sind drei Integrationswege gezeigt.*

Im Paket `Calculus`VectorAnalysis`` finden Sie weitere Funktionen zur Vektoranalysis wie Rotation, Gradient und Divergenz. Diese Differentialoperatoren können sogar in verschiedenen Koordinatensystemen ausgewertet werden.

5.6 Gleichungen

5.6.1 Nullstellen

Um Gleichungen für unbekannte reelle oder komplexwertige Zahlen zu lösen, gibt es eine Vielzahl von Regeln und Algorithmen. Derartige Probleme sind für die Computeralgebra besonders gut geeignet.

Eine Gleichung für eine Unbekannte oder ein Gleichungssystem für mehrere Unbekannte muss zunächst in Mathematica formuliert werden; dazu verwenden wir das (logische) Gleichheitszeichen ==:

```
x Exp[a x] == Sqrt[2]
```

Eine solche Gleichung kann einer Variablen zugewiesen werden, nun natürlich mit dem Zuweisungsoperator =:

```
gl = x^2+2x+a == 0
```

Mehrere Gleichungen werden in einer Liste zusammengefasst:

```
gls = {x^2+y == 5, x y == 7}
```

Um solche Gleichungen zu lösen, sollten Sie zunächst `Solve` ausprobieren. `s=Solve[gl,x]` berechnet beispielsweise

$$\{\{x \to -1 - \sqrt{1-a}\}, \{x \to -1 + \sqrt{1-a}\}\}$$

Grundsätzlich liefert Mathematica eine Liste von Regeln als Lösung, die Sie mit dem Operator /. auf andere Ausdrücke, die in diesem Fall das Symbol x enthalten, anwenden können. Zum Beispiel weist die Anweisung

```
b = x/.s[[1]]
```

der Variablen b den Wert $-1 - \sqrt{1-a}$ zu. Sie können auch prüfen, ob die angegebene Lösung richtig ist.

```
gl /. s    //Simplify
```

liefert nach einigen mit Hilfe von `Simplify` durchgeführten Umformungen die Liste `{True,True}`. Es lassen sich auch mehrere Gleichungen mit `Solve` lösen. In unserem Fall ergibt `Solve[gls,{x,y}]` eine Liste von drei Lösungen, wobei nur die folgende reell ist:

$$y \to \frac{5}{3} - 25\left(\frac{2}{189 - 3\sqrt{2469}}\right)^{2/3} - \frac{1}{9}\left(\frac{189}{2} - \frac{3\sqrt{2469}}{2}\right)^{2/3}$$

$$x \to -5\left(\frac{2}{189 - 3\sqrt{2469}}\right)^{1/3} - \frac{\left(\frac{1}{2}(63 - \sqrt{2469})\right)^{1/3}}{3^{2/3}}$$

Ein solches Ergebnis möchte man nicht mehr mit Papier und Bleistift ausrechnen, oder? Wenn Sie aber im obigen Gleichungssystem gls x^2 durch x^4 ersetzen, findet auch die Computeralgebra keine analytische Lösung mehr. In diesem Fall liefert `Solve` eine Liste von `Root`-Funktionen, die wir hier nicht weiter erklären wollen. Denn einfacher ist es, wenn Sie sich das Ergebnis numerisch berechnen lassen. Der Befehl

```
NSolve[{x^4+y == 5, x y == 7}, {x,y}]
```

liefert eine Liste von fünf komplexwertigen Zahlenpaaren, von denen nur das folgende reell ist:

```
{y->-2.54791 , x->-2.74735}
```

`Solve` und `NSolve` werden hauptsächlich zur Lösung von Polynomen verwendet. Sollten diese Befehle zu keinem Ergebnis führen, können Sie eine Lösung mit `FindRoot` suchen. Dazu müssen Sie allerdings einen Startwert oder manchmal sogar ein Startintervall für jede unbekannte Variable angeben.

```
FindRoot[x Exp[2x] == Sqrt[2], {x,1.}]
```

Was geschieht, wenn Sie Startwerte angeben, die zu weit entfernt von der gesuchten Lösung liegen? In diesem Fall kann es geschehen, dass der Algorithmus überhaupt keine Lösung findet. Andererseits, falls es mehrere Lösungen gibt, können Sie selbst bei guter

5.6 Gleichungen

Wahl des Startwerts nie sicher sein, welche davon FindRoot findet. Betrachten wir zum Beispiel die Gleichung

```
gl = 0.6x==Tanh[x^3]
```

Die Abbildung 5.15 der beiden Kurven $0.6x$ und $\tanh(x^3)$ zeigt, dass diese Gleichung fünf Lösungen hat. Wir wollen nun berechnen, welche Startwerte z zu welchen Lösungen x führen. Dazu definieren wir die Funktion

```
h[z_] := x /.FindRoot[gl,{x,z}]
```

und zeichnen sie mit

```
Plot[h[z], {z,0,1.5}, PlotStyle->Thickness[0.008]]
```

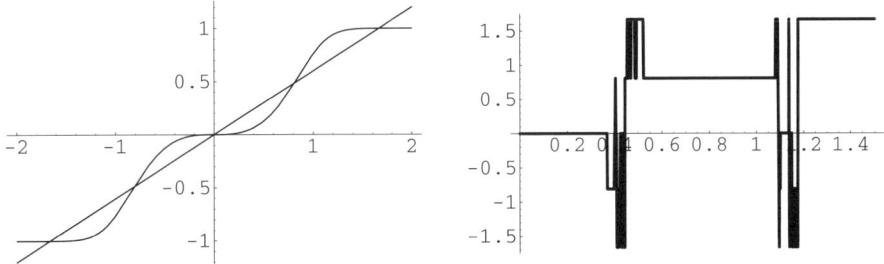

Abbildung 5.15: Links sind die Funktionen $0.6x$ und $\tanh(x^3)$ gezeigt. Offensichtlich gibt es fünf Lösungen der Gleichung $0.6x = \tanh(x^3)$. Rechts ist das Ergebnis von FindRoot zu sehen, in Abhängigkeit des Startwerts z.

Das Ergebnis rechts in Abbildung 5.15 zeigt, dass der Algorithmus je nach Startwert die Lösungen in der Nähe des Startwerts überspringt und weit entfernte Lösungen der obigen Gleichung findet. Das gilt ganz besonders für nichtlineare Gleichungen mit vielen Unbekannten. In jedem Fall sollte man sich deshalb zunächst ein Bild der entsprechenden Funktion machen und sich dann mit mehreren Versuchen der Lösung nähern.

5.6.2 Differentialgleichungen

In diesem Abschnitt wollen wir Gleichungen für Funktionen $f(x)$ lösen, die neben dem Funktionswert f und der Variablen x auch erste und höhere Ableitungen von $f(x)$ enthalten, wie beispielsweise die folgende nichtlineare Differentialgleichung:

```
gl = f[x] f'[x] (1+x^2) == x
```

Die Ableitung der Funktion f[x] kann entweder als f'[x] oder als D[f[x],x] eingegeben werden. Die Funktion DSolve gibt die allgemeine Lösung dieser Differentialgleichung an, wobei als Argumente die Gleichung, die gesuchte Funktion und die Variable angegeben werden müssen,

```
s = DSolve[gl, f[x], x]
```

Als Lösung erhalten wir eine Liste mit zwei Regeln:

$$\left\{ \left\{ f[x] \to -\sqrt{C[1] + \log[1 + x^2]} \right\}, \left\{ f[x] \to \sqrt{C[1] + \log[1 + x^2]} \right\} \right\}$$

Dabei ist C[1] eine Konstante, die durch den als weitere Gleichung hinzugefügten Startwert von $f(x)$ bestimmt wird,

```
s = DSolve[ {gl,f[0]==5}, f[x], x ]
```

In diesem Fall wird C[1] durch den Wert 25 ersetzt und man erhält nur die eine Lösung $\{\{f[x] \to \sqrt{25 + \log[1 + x^2]}\}\}$.

Beachten Sie auch hier, dass in einer Gleichung das doppelte Gleichheitszeichen == steht. Gibt man versehentlich f[0]=5 ein, so ist das Symbol f[0] durch den Wert 5 belegt. Korrigiert man die Gleichung wieder zu f[0]==5, so liefert Mathematica jetzt eine Fehlermeldung. Erst wenn man das Symbol mit f[0]=. wieder freigibt, erhält man die Lösung der Differentialgleichung.

Wie können Sie nun mit der Lösung s weiterarbeiten? s ist eine Regel, die auf jeden Ausdruck angewendet werden kann, der das Symbol f[x] enthält, also insbesondere auf f[x] selbst. Deshalb können Sie die Lösung mit folgender Anweisung zeichnen:

```
Plot[f[x]/.s,{x,0,1}]
```

Oder Sie können sich eine Funktion mit der Variablen x definieren:

```
f[x_]=f[x]/.s
```

Nun können Sie auch einzelne Funktionswerte wie f[5] oder zusammengesetzte Ausdrücke wie f[a^2+b] berechnen.

Falls Mathematica keine analytische Lösung findet, können Sie immer noch eine numerische Lösung mit NDSolve berechnen. In diesem Fall müssen Sie allerdings sowohl hinreichend viele Anfangswerte als auch den Integrationsbereich angeben, wie im folgenden Beispiel der gewöhnlichen Differentialgleichung zweiter Ordnung, $f'' = x^2 - f^2$, gezeigt wird:

```
gl = f"[x]==x^2-f[x]^2
s = NDSolve[{gl, f[0]==1, f'[0]==1}, f[x], {x,0,20}]
```

Das Ergebnis ist eine Regel mit einer interpolierenden numerischen Funktion:

```
{{f[x]->InterpolatingFunction[{{0.,20.}},<>]}}
```

Das heißt, Mathematica speichert einige Stützpunkte dieser Funktion und berechnet die dazwischenliegenden Werte bei Bedarf. Sie brauchen sich darum aber nicht zu kümmern, Sie können mit ihr sogar wie mit einer analytischen Funktion rechnen,

```
Plot[f[x]/.s, {x,0,20}]
fs[x_] = f[x]/.Flatten[s]
Plot[fs'[x], {x,0,20}]
Integrate[fs[x], x]
```

5.6 Gleichungen

Dabei beseitigt die Funktion Flatten die Doppelklammer der Regel. Die Abbildung 5.16 zeigt das Ergebnis der beiden Zeichnungen: die Lösung der Differentialgleichung und deren Steigung.

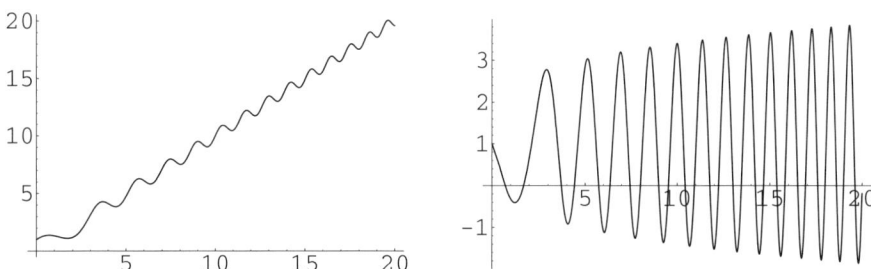

Abbildung 5.16: Links ist die Lösung $f(x)$ der Differentialgleichung $f'' = x^2 - f^2$ mit den Anfangsbedingungen $f(0) = 1, f'(0) = 1$ zu sehen, rechts deren Ableitung f'.

Bisher haben wir nur eine einzige Differentialgleichung gelöst. DSolve und NDSolve können aber auch mehrere gekoppelte Gleichungen lösen. Am Beispiel des *Van-der-Pol-Oszillators* wollen wir das demonstrieren. Dazu betrachten wir eine gedämpfte harmonische Schwingung, deren Reibungskoeffizient von der Auslenkung x abhängt:

$$\frac{dx}{dt} = v$$
$$\frac{dv}{dt} = -ax + r(x^2 - 1)v$$

In diesem Fall benötigen wir insgesamt vier Gleichungen, zwei für die Ableitungen und zwei für die Startwerte

```
gl={x'[t]==v[t], v'[t]==-a x[t] + r (x[t]^2-1) v[t],
    x[0]==0, v[0]==0.5}
```

Nun müssen noch die beiden Parameter und das Integrationsintervall gewählt werden,

```
a=0.01; r=0.1; tmax=200;
s = NDSolve[gl, {x[t],v[t]}, {t,0,tmax}]
```

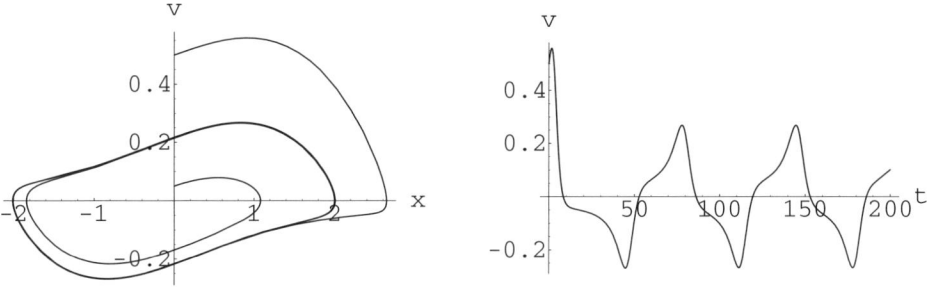

Abbildung 5.17: Lösung $x(t), v(t)$ des Van-der-Pol-Oszillators mit den Startwerten $x(0) = 0$, $v(0) = 0.5$ und $v(0) = 0.05$.

Die Lösung ist wiederum eine Liste von interpolierenden Funktionen, die man weiter verwenden kann, um beispielsweise einen Phasenraumplot in der (x, v)-Ebene zu zeichnen:

```
ParametricPlot[{x[t],v[t]}/.s,{t,0,tmax}]
```

Das Ergebnis ist in Abbildung 5.17 zu sehen. Dort sind links zwei Kurven mit den Startwerten $v_0 = 0.5$ und $v_0 = 0.05$, jeweils für $x_0 = 0$, überlagert; beide relaxieren zum selben Grenzzyklus, dessen Signal $v(t)$ rechts im Bild zu sehen ist. Der stationäre Zustand ist somit ein Oszillator und alle Anfangszustände (außer $x = 0, v = 0$) erreichen nach einiger Zeit diesen Endzustand.

5.7 Übungen

Zufallszahlen

Schreiben Sie ein Mathematica-Programm, das 10 000 gleichverteilte Zufallszahlen aus dem Intervall $[-1,1]$ erzeugt und zählt, wie oft die Zufallszahl kleiner als -0.5 ist.

Iteration

Programmieren Sie folgenden Algorithmus:

$$x_0 = 1; \quad x_{n+1} = \frac{1}{2}\left(x_n + \frac{2}{x_n}\right)$$

Berechnen Sie die Werte $x_0, ..., x_{10}$ mit einer Genauigkeit von 50 Stellen. Zu welchem Wert konvergiert diese Iteration?

Gemischte partielle Ableitung

Vielleicht haben Sie gelernt, dass gemischte Ableitungen vertauscht werden dürfen:

$$\frac{\partial^2 f(x, y)}{\partial x \partial y} = \frac{\partial}{\partial y}\left(\frac{\partial f}{\partial x}\right) = \frac{\partial}{\partial x}\left(\frac{\partial f}{\partial y}\right)$$

Definieren Sie $f(x, y) = \dfrac{xy(x^2 - y^2)}{x^2 + y^2}$ mit $f(0,0) = 0$. Zeichnen Sie diese Funktion. Zeigen Sie, dass die beiden gemischten Ableitungen bei $(x, y) = (0,0)$ voneinander verschieden sind.

Chinesischer Primzahltest

Chinesische Mathematiker behaupteten vor etwa 2500 Jahren:

$$2^n = 2 \bmod n \Leftrightarrow n \text{ ist eine Primzahl.}$$

Widerlegen Sie diese Aussage (Die Aussage ist in der Richtung $\Leftarrow$ wahr).

Pendel

Die Energie des mathematischen Pendels ist bekanntlich

$$E = \frac{m}{2} l^2 \dot{\varphi}^2 - mgl \cos\varphi$$

wobei m = Masse, l = starre Länge, g = Erdbeschleunigung. Zeichnen Sie verschiedene Kurven der Bewegung des Ausschlagwinkels $\varphi(t)$ im Phasenraum $(\varphi, \dot{\varphi})$ für Energien unterhalb und oberhalb des Pendelüberschlags.

Wasserstoffelektronen

Aus der Atomphysik wissen wir, dass die Wahrscheinlichkeit, ein Wasserstoffelektron mit den Bahndrehimpuls-Quantenzahlen l und m im Raumwinkel $d(\cos\theta)\, d\varphi$ zu messen, durch die assoziierten Legendre-Polynome $P_l^m(z)$ bestimmt wird. Die entsprechende Wahrscheinlichkeitsdichte ist proportional zu

$$w(\varphi, \theta) = \left[P_l^m(\cos\theta)\right]^2$$

Zeichnen Sie diese Dichte w als Polardiagramm; das heißt, in der (x,y)-Ebene wird eine Kurve $w(\theta)$ gezeichnet, wobei w als Radius unter dem Winkel $\theta \in [0, 2\pi]$ aufgetragen wird. Dabei sollen alle Diagramme für $l = 0, 1, 2, 3, 4$ (Orbitale s, p, d, f, g) und $0 \leq m \leq l$ in einem einzigen Bild dargestellt werden.

Spirale

Eine Spirale sei durch folgende Kurve gegeben:

$$x(t) = t\sin(t); \quad y(t) = t\cos(t); \quad z(t) = 5t$$

a) Zeichnen Sie diese Spirale für $t \in [0, 20\pi]$.
b) Berechnen Sie die Länge der Spirale für $t \in [0, T]$ als Funktion von T.
c) Entwickeln Sie das Ergebnis von b) nach T bis zur fünften Ordnung in T.

Maxwell-Konstruktion

Die Zustandsgleichung eines realen Gases kann oft durch die Van-der-Waals-Gleichung beschrieben werden. In dimensionslosen Einheiten lautet diese Gleichung

$$(p + \frac{3}{V^2})(3V - 1) = 8T$$

Dabei ist p der Druck, V das Volumen und T die Temperatur, alles in Einheiten der jeweiligen Größen am kritischen Punkt $T_c = 1$. Für $T < T_c$ hat diese $p(V)$-Kurve allerdings eine unphysikalische Schleife, die durch die so genannte *Maxwell-Konstruktion* korrigiert wird. Für $T < T_c$ beschreibt die Gleichung die Koexistenz von Flüssigkeit und Gas: Bei einem Druck p_t wandelt sich eine Flüssigkeit mit einem Volumen V_f in ein Gas mit einem Volumen $V_g > V_f$ um. Die $p(V)$-Kurve ist dazwischen konstant, $p(V) = p_t$. Aus thermodynamischen Gründen muss diese Gerade die ursprüngliche $p(V)$-Kurve in zwei gleich große Flächenstücke zerschneiden, das heißt

$$\int_{V_f}^{V_g} p(V)dV = p_t(V_g - V_f)$$

Berechnen und zeichnen Sie die reale $p(V)$-Kurve für $T = 0.9\, T_c$.

Nichtlineare Regression

Sie finden auf der beiliegenden CD eine Datei mit dem Namen `strahlung.dat`. Sie enthält die Intensitäten der elektromagnetischen Strahlung eines heißen Körpers als Funktion ihrer Frequenzen, die Sie mit der Planckschen Strahlungsdichte

$$P(f) = a \frac{f^3}{e^{hf/k_B T} - 1}$$

fitten sollen. Dabei ist f die Frequenz der Strahlung in `Hertz`, T die Temperatur in `Kelvin`, a eine Konstante und $h = 6.626\, 10^{-34}$ Js und $k_B = 1.38\, 10^{-23}$ J/K sind die bekannten Naturkonstanten. Kopieren Sie die Daten in Ihr Verzeichnis, lesen Sie sie mit `ReadList[..]` in Mathematica ein und bestimmen Sie mit `NonlinearRegress` die Temperatur T des Körpers. Erzeugen Sie einen Plot mit den Daten und der aus `NonlinearFit` gewonnenen Fitfunktion.

Kettenschwingungen

Eine Kette aus 400 Teilchen sei ringförmig geschlossen. Benachbarte Teilchen seien durch Federn mit der Federkonstante k miteinander verbunden und sollen nur entlang der Kettenrichtung schwingen können. Auf drei Teilchen der Masse m folge jeweils ein Teilchen der Masse $2m$. Die Bewegungsgleichung eines Teilchens m_i mit der Auslenkung $x_i(t)$ aus der Ruhelage sei also:

$$m_i \ddot{x}_i = k(x_{i+1} + x_{i-1} - 2x_i)$$

Berechnen Sie die Eigenfrequenzen der Kette.

Hinweis: Aus der Mechanik ist bekannt, dass dieses System von 400 gekoppelten Differentialgleichungen durch eine Fourier-Transformation gelöst werden kann. Dabei werden die Eigenschwingungen durch eine Wellenzahl q zwischen $-\pi$ und π klassifiziert, und man muss das folgende Gleichungssytem lösen:

$$\begin{pmatrix} 2k & -k & 0 & -ke^{-iqa} \\ -k & 2k & -k & 0 \\ 0 & -k & 2k & -k \\ -ke^{iqa} & 0 & -k & 2k \end{pmatrix} \vec{S}(q) = \omega^2 \begin{pmatrix} m & 0 & 0 & 0 \\ 0 & m & 0 & 0 \\ 0 & 0 & m & 0 \\ 0 & 0 & 0 & 2m \end{pmatrix} \vec{S}(q)$$

wobei q die Wellenzahl, a die Länge der Elementarzelle mit vier Teilchen und $\omega(q)$ die Frequenz der Schwingung ist.

6 Lösungen zu den Übungen

6.1 C-Übungen

Die Quellcodes aller Übungen sind auf der beiliegenden CD vorhanden. Sie können diese Dateien mit `gcc -o name name.c -lm` kompilieren und mit `name` aufrufen.

6.1.1 Iteration

Programmieren Sie den folgenden Algorithmus von Isaac Newton (1642–1727):

$$x_0 = 1$$
$$x_{n+1} = x_n + \frac{x_n}{2}(1 - 2x_n^2) \quad \text{für} \quad n = 0,1,2,3...$$

Zu welcher Zahl x_∞ konvergiert die Folge der x_n-Werte? Berechnen Sie die Abweichung $x_n - x_\infty$ für die ersten Werte x_n.

Lösung

Setzt man x_∞ in die obige Gleichung ein, so erhält man $x_\infty = 1/\sqrt{2}$ als Fixpunkt (= Lösung). Ob dieser Wert auch mit dem Startwert $x_0 = 1$ erreicht wird, sehen wir am folgenden C-Programm `newton.c`:

```c
#include <math.h>

main()
{
  double x=1.;
  int run=10;
  while(run--)
    {
      printf(" x= %lf  ", x=x + x/2. * (1.-2.*x*x) );
      printf(" 2.*x-sqrt(2)= %+.16lf \n", 2.*x-sqrt(2.));
    }
}
```

Wie Sie sehen, kann die Iterationsgleichung direkt als Argument in die `printf`-Funktion geschrieben werden. Diese Datei wird mit

```
gcc - o newton  newton.c -lm
```

kompiliert und mit

```
newton
```

aufgerufen. Das Ergebnis wird auf dem Bildschirm angezeigt:

```
x= 0.500000    2.*x-sqrt(2)= -0.4142135623730951
x= 0.625000    2.*x-sqrt(2)= -0.1642135623730951
x= 0.693359    2.*x-sqrt(2)= -0.0274948123730951
x= 0.706708    2.*x-sqrt(2)= -0.0007966253794962
x= 0.707106    2.*x-sqrt(2)= -0.0000006729812809
x= 0.707107    2.*x-sqrt(2)= -0.0000000000004805
x= 0.707107    2.*x-sqrt(2)= +0.0000000000000000
x= 0.707107    2.*x-sqrt(2)= +0.0000000000000000
x= 0.707107    2.*x-sqrt(2)= +0.0000000000000000
x= 0.707107    2.*x-sqrt(2)= +0.0000000000000000
```

Der Newtonsche Algorithmus konvergiert offenbar extrem schnell gegen die Quadratwurzel von 2.

6.1.2 Sieb des Eratosthenes (250 v. Chr.)

Berechnen Sie alle Primzahlen von 2 bis N mit folgendem „Sieb":

Schreiben Sie alle Zahlen von 2 bis N in ein Feld. Nehmen Sie die kleinste Zahl und streichen Sie alle Vielfachen von ihr aus dem Feld heraus. Iterieren Sie dies bis zur Zahl $\leqslant \sqrt{N}$. Am Ende enthält das Feld alle Primzahlen $\leqslant N$.

Lösung

Zunächst definieren wir das Feld aller Zahlen 2 bis N.

```
for (i=1; i <= N; i++) feld[i] = i;
```

Danach durchlaufen wir alle Zahlen bis $\sqrt{N}$ und — falls der entsprechende Feldwert ungleich Null ist — setzen zu allen Vielfachen dieser Zahl den Feldwert auf Null:

```
for (i=2; i <= sqrt(N); i++)
  if(feld[i]!=0)  for (j=i; i*j <= N; j++) feld[i*j] = 0;
```

Das vollständige Programm sieb.c lautet damit

```
#include <math.h>

#define N 1000000

int feld[N+1];

main()
{
  int i, j;

  for (i=1; i <= N; i++) feld[i] = i;
```

```
    for (i=2; i <= sqrt(N); i++)
       if(feld[i]!=0)  for (j=i; i*j <= N; j++) feld[i*j] = 0;
    for (i=2; i <= N; i++)
       if (feld[i] != 0) printf(" %6d ", i);
    printf("\n");
}
```

Nach dem Kompilieren und dem Aufruf des Programmes werden innerhalb einer halben Sekunde alle Primzahlen bis zu einer Million ausgerechnet:

2	3	5	7	11	13
17	19	23	29	31	37
41	43	47	53	59	61
67	71	73	79	83	89
...	...	...	...	...	...
999931	999953	999959	999961	999979	999983

6.1.3 Euklidscher Algorithmus (300 v. Chr.)

Schreibe Sie die Funktion

```
int ggT(int a, int b){...},
```

die den größten gemeinsamen Teiler zweier ganzer positiver Zahlen a und b berechnet. Verwenden Sie dazu den Algorithmus von Euklid: Sei r_1 der Rest von a/b, r_2 der Rest von r_1/r_2, r_n der Rest von r_{n-2}/r_{n-1}. Sobald ein Rest r_{n+1} den Wert Null hat, ist r_n der größte gemeinsame Teiler von a und b.

Lösung

Wir definieren die Funktion ggT rekursiv. Auf jeder Stufe n der Rechnung gilt: $ggT(a,b)$ ist identisch zu $ggT(r_{n-1}, r_n)$, und r_n ist $r_{n-2} \% r_{n-1}$. Der gesuchte Teiler von a und b ist also der Wert $ggT(r_{n-1}, r_{n-2} \% r_{n-1})$. Das gilt für jedes n, und zwar so lange, bis der Rest den Wert Null hat. Diese Aussage formulieren wir als C-Funktion:

```
int ggt( int a, int b)
{
   if( b==0) return a;
   return ggt(b,a%b);
}
```

ggT ruft sich also so lange selbst auf, bis das Kriterium b==0 erreicht ist; danach wird der letzte Wert a schrittweise an jeden Aufruf bis zum Anfang zurückgegeben. Das folgende Programm ggT.c benutzt diese Funktion zur Berechnung des ggT von zwei eingetippten Zahlen.

```
main()
{
```

```
   int a, b, z=0;
   int ggt( int, int);
   while(z!=2)
      {
        printf("\n ggT von a b=? ");
        z=scanf("%d %d",&a,&b);
      }
   printf("\n Der ggT von %d und %d ist %d   \n \n ", a, b, ggt(a,b));
}
```

6.1.4 Bilder rationaler Zahlen

Ein Fahrradreifen mit dem Umfang U rollt über Platten der Länge L < U. Am Anfang steht das Reifenventil genau auf einer Fuge. Über wie viele Platten N muss der Reifen rollen, bis das Ventil wieder genau auf einer Fuge steht? Zeichnen Sie $y = N$ als Funktion von $x = L/U$ für $N < 50$.

Tipp: Überlegen Sie sich zunächst, dass $L/U = M/N$ eine rationale Zahl mit teilerfremden ganzen Zahlen M und N sein muss; denn ein Vielfaches des Umfangs soll ja gerade ein Vielfaches der Plattenlänge sein. Erzeugen Sie sich also — mit der Funktion ggT aus der Aufgabe 3 — alle erlaubten Werte L/U, schreiben Sie L/U und das zugehörige N zeilenweise in eine Datei daten *und zeichnen Sie diese mit* xmgr daten.

Lösung

Wir lassen in einer Doppelschleife den Nenner N von 2 bis 50 und den Zähler M von 1 bis zum Nenner laufen. Dabei überspringen wir alle Zahlenpaare, deren ggT von 1 verschieden ist (nicht teilerfremd). Dann ergeben die übriggebliebenen M/N-Werte die gesuchten L/U-Werte und N ist die zugehörige Anzahl der Platten. Hier ist der Quellcode rational.c:

```
   int ggT( int a, int b)
       {
           if( b==0) return a;
           return ggt(b,a%b);
       }

   main()
   {
      int zaehler, nenner;
      double zahl;

      for(nenner=2; nenner<50; nenner++)
      for(zaehler=1; zaehler<nenner; zaehler++)
         { if(ggT(zaehler,nenner)>1) continue;
           zahl=(double)zaehler/(double)nenner;
           printf("%f %i \n",zahl,nenner);
         }
   }
```

Die Daten leiten wir in die Datei daten um:

```
rational > daten
```

und zeichnen sie mit

```
xmgr daten
```

Allerdings müssen wir noch mit

```
Plot -> Symbols
```

die Kurve in gefüllte Kreise umwandeln und mit

```
Plot -> Axes
```

die Achsen beschriften, bevor wir Abbildung 6.1 erhalten. Das Bild haben wir dann mit

```
File -> PrinterSetup
```

in eine EPS-Datei geschrieben (mit `Print to File`) und in dieses LATEX-Dokument eingebunden.

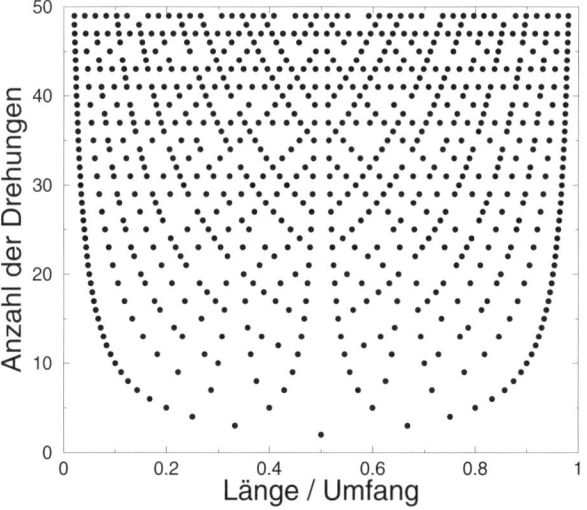

Abbildung 6.1: Anzahl der Umdrehungen, die ein Fahrradreifen benötigt, um mit dem Ventil wieder genau auf eine Fuge zu zeigen.

6.1.5 Pi-Experiment

Bestimmen Sie den Wert von π durch eine Computersimulation. Schießen Sie dazu mit zufällig verteilten Schüssen auf das Quadrat mit $-1 \leqslant x \leqslant 1$ und $-1 \leqslant y \leqslant 1$, und zählen Sie diejenigen Schüsse, die innerhalb des Kreises $x^2 + y^2 \leqslant 1$ liegen. Ein Schätzwert für $\pi/4$ ist dann bekanntlich der Wert „Anzahl der Treffer/Anzahl der Schüsse".

Lösung

Gleichverteilte Zufallszahlen zwischen -1 und 1 erhalten wir mit

```
#define   zufall   2.*drand48()-1
```

Damit erklärt sich das Programm pi.c wohl von selbst:

```
#include <math.h>
#include <stdlib.h>

#define zufall 2.*drand48()-1.
#define N 10000000

main()
{
  double x, y;
  int zaehler=0, run=N;
  while(run--)
    {
      x=zufall; y=zufall;
      if(x*x+y*y<=1.) zaehler++;
    }
  printf(" Pi= %f   Schaetzwert= %lf \n", M_PI, 4.*(double)zaehler/N);
}
```

Nach zehn Millionen Schüssen (7 Sekunden Rechenzeit) erhalten wir das Ergebnis

```
   Pi = 3.141593      Schaetzwert = 3.142214
```

Die relative Abweichung 0.02 % liegt innerhalb des statistischen Fehlers, den wir mit $1/\sqrt{N} \simeq 0.03$ % grob abschätzen.

6.1.6 Radioaktiver Zerfall

Simulieren Sie den radioaktiven Zerfall von N Teilchen durch folgenden stochastischen Prozess: Im nächsten Zeitschritt (= Rechenschritt) zerfällt jedes noch aktive Teilchen mit einer Wahrscheinlichkeit p. Dazu wird für jedes aktive Atom eine Zufallszahl $r \in [0,1]$ gezogen. Das Teilchen zerfällt, wenn r kleiner als die Zahl p ist. Berechnen Sie dieses Problem für $N = 10^4$ Teilchen und $p = 10^{-3}$. Zeichnen Sie die Anzahl der aktiven Teilchen als Funktion der Zeit, und zwar so, dass das exponentielle Zerfallsgesetz sichtbar wird.

Lösung

Wir lassen eine Endlosschleife while(1) laufen, die eine Zeitvariable zeit hochzählt. Die Anzahl der aktiven Teilchen wird in aktiv gespeichert und am Anfang auf den Wert N gesetzt. Nun wird mit einer for-Schleife aktiv-mal eine Zufallszahl gezogen

6.1 C-Übungen

und — falls die Bedingung in der Aufgabenstellung erfüllt ist — die Anzahl der aktiven Teilchen um eines verringert:

```
if(drand48() < p) aktiv--;
```

Wenn sich die Anzahl der aktiven Teilchen in einem Durchgang verringert hat, wird das Wertepaar (Zeit/Anzahl) gedruckt, bei neun aktiven Teilchen wird das Programm beendet. Der Quellcode `zerfall.c` lautet damit:

```
#include <math.h>
#include <stdlib.h>

#define N 10000

main()
{
  int aktiv=N, zeit=0, i, zz;
  double p=.001;
  while(1)
    {
      zeit++; zz=aktiv;
      for(i=0; i<zz; i++)  if(drand48()<p) aktiv--;
      if(zz > aktiv) printf(" %d %d \n", zeit, aktiv);
      if(aktiv < 10) exit(1);
    }
}
```

Die Ausgabe wird in `daten` umgeleitet und mit `xmgr` aufgerufen. Ein exponentielles Gesetz erscheint als Gerade, wenn x linear und y logarithmisch aufgetragen wird; das gelingt mit den Befehlen

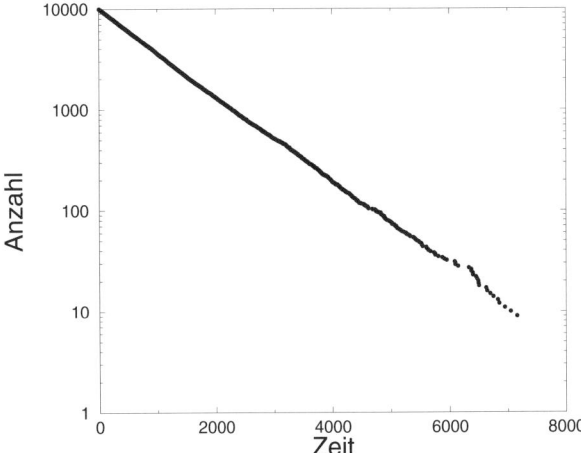

Abbildung 6.2: Beim radioaktiven Zerfall nimmt die Anzahl der aktiven Teilchen exponentiell mit der Zeit ab.

```
Data -> Graph operations -> Set type ->  Linear-log
```

und ist in Abbildung 6.2 zu sehen.

6.1.7 Mathe-Hasen

Der Mathematiker Fibonacci hat sich in den Jahren um 1200 mit der Vermehrung von Hasen beschäftigt. Die Mathe-Hasen treten nur in Paaren auf und verhalten sich nach folgenden Regeln:

1. *Ein unreifes Hasenpaar wird im folgenden Jahr zu einem reifen.*

2. *Ein reifes Paar bringt im nächsten Jahr ein unreifes zur Welt.*

Im Jahre 1 soll ein unreifes Hasenpaar existieren. Wie viele Paare gibt es im Jahre 50?

Lösung

Zunächst müssen wir die Aufgabe in eine mathematische Form bringen: u_n und r_n seien die Anzahl der unreifen und reifen Hasenpaare im Jahre n. Dann gilt

$$u_1 = 1, \quad r_1 = 0, \quad u_{n+1} = r_n, \quad r_{n+1} = u_n + r_n$$

Daraus folgt durch Einsetzen

$$r_1 = 0, \quad r_2 = 1, \quad r_n = r_{n-2} + r_{n-1}$$

Die drei letzten Gleichungen lassen sich sofort in C schreiben (hasen.c):

```
#include <math.h>

main()
{
  int r[51], n;
  double phi, r50;
  r[1] = 0;
  r[2] = 1;
  for (n=3; n<=50; n++)
    {
      r[n] = r[n-1]+r[n-2];
      printf("Im Jahr %2d gibt es %10d Hasenpaare \n",n,r[n]);
    }
  phi = (1.+sqrt(5.))/2.;
  r50 = (pow(phi,49.)-pow(1./phi,49.))/sqrt(5.);
  printf("\n  Kontrolle: %.10g \n ",r50);
}
```

Die Mathematiker kennen die exakte Lösung dieser Rekursion:

$$r_n = \left(\Phi^{n-1} - (1/\Phi)^{n-1}\right)/\sqrt{5}, \qquad \Phi = (1+\sqrt{5})/2$$

wobei Φ das Verhältnis des goldenen Schnittes ist. Zur Kontrolle lassen wir uns dieses exakte Ergebnis mit ausdrucken. Nach dem Starten des Programmes erhalten wir:

   Im Jahr 50 gibt es -811192543 Hasenpaare.

Eine negative Anzahl von Hasen? Was haben wir falsch gemacht? Die exakte Lösung zeigt, dass sich die Hasen exponentiell schnell vermehren. Nach 50 Jahren haben wir die Grenze der in C maximal darstellbaren ganzen Zahl erreicht, und eine Überschreitung liefert negative Zahlen. Wir müssen daher dem Feld `r[50]` den Typ `double` geben; dann gibt es zwar kleine Ungenauigkeiten, die sind aber bei dieser Größe der Zahlen noch nicht sichtbar. Nachdem wir den Typ des Feldes geändert haben, erhalten wir das Ergebnis:

   Nach 50 Jahren gibt es 7 778 742 049 Hasenpaare.

Ohne zusätzliche Mechanismen zur Begrenzung der Hasenbevölkerung (Sterben, Futter, Lebensraum, Feinde ...) gibt die lineare Rekursionsgleichung ein explosionsartiges Wachstum; aus einem einzigen Hasenpaar werden im Jahre 50 fast sechzehn Milliarden Hasen.

6.1.8 Kommentarsuche

Schreiben Sie ein Programm, das alle Kommentare eines C-Quellcodes ausdruckt, dessen Name in der Kommandozeile eingegeben wird. Das heißt, es soll denjenigen Text ausdrucken, der mit /* beginnt und mit */ endet.

Lösung

Wir benutzen die in Abschnitt 3.5.3 vorgestellte Konstruktion, um den Dateinamen beim Aufruf unseres Programmes einzugeben. Danach öffnen wir die Datei zum Lesen. Die äußere `while`-Schleife prüft, ob das Ende der Datei erreicht ist. Nun wird immer ein neues Zeichen eingelesen und das Paar aufeinander folgender Zeichen kontrolliert. Mit dem Parameter `druck` wird der Druckvorgang entsprechend ein- und ausgeschaltet. Der Quellcode `kommentar.c` lautet

```
/** Schreibt Kommentare einer Datei,
    die als Argument uebergeben wurde **/

#include <stdlib.h>
#include <math.h>
#include <stdio.h>

main(int argc, char * argv[])
{
```

```
    int c1, c2, druck=0;
    FILE* fpr;

    if(argc == 1){ printf( "Dateiname fehlt\n"); exit(1);}
    fpr = fopen(argv[1],"r");
    if(fpr==NULL) { printf(" Kann Datei %s nicht oeffnen \n",argv[1]);
                    exit(1);}
    c1 = fgetc(fpr);

    while(feof(fpr)==0)
      {
        c2 = fgetc(fpr);
        if(c1 == '/' && c2 == '*') druck=1;
        if(c1 == '*' && c2 == '/') {druck=0; putchar('\n');}
        if(druck == 1) putchar(c2);
        c1 = c2;
      }
    fclose(fpr);
}
```

Wenn das kompilierte Programm auf seinen eigenen Quellcode angewendet wird,

    kommentar   kommentar.c

erscheint folgender Text auf dem Bildschirm:

    ** Schreibt Kommentare einer Datei,
        die als Argument uebergeben wurde **

6.1.9 Abschusswinkel

Ein Ball mit der Masse 500 g und dem Radius 5 cm soll in einem Winkel von φ Grad zum Erdboden mit der Anfangsgeschwindigkeit 50 m/s in die Luft geschossen werden. Der c_w-Wert des Balls sei 0.3; das heißt, nach Formeln in den Physik-Lehrbüchern ist die Kraft der Luftreibung pro Masse des Balls durch folgende Gleichung gegeben:

$$\vec{K}_R = -\gamma \, |\vec{v}| \cdot \vec{v}$$

wobei $\vec{v}(t) = (v_x, v_y)$ die Geschwindigkeit des Balls zum Zeitpunkt t ist, und der Koeffizient γ bei den angegebenen Werten etwa den Wert 0.012/m hat. Die Bahnkurve des Balls ist nach den Newtonschen Bewegungsgesetzen durch die folgenden gekoppelten Differentialgleichungen bestimmt:

$$\frac{dv_x}{dt} = -\gamma|\vec{v}| \cdot v_x; \quad \frac{dv_y}{dt} = -\gamma|\vec{v}| \cdot v_y - g$$

$$\frac{dx}{dt} = v_x; \quad \frac{dy}{dt} = v_y$$

Dabei ist $g = 9.81 \frac{m}{s^2}$ die Erdbeschleunigung. Lösen Sie diese Differentialgleichungen numerisch und berechnen Sie den Winkel φ, bei dem der Ball am weitesten fliegt, bis

6.1 C-Übungen

er den Boden wieder erreicht. Benutzen Sie zur numerischen Lösung das Runge-Kutta-Verfahren zweiter Ordnung:

Gegeben sei die Differentialgleichung $\frac{d\vec{v}}{dt} = \vec{f}(\vec{v})$. *dt sei der Zeitschritt der Diskretisierung.* $\vec{v}_n$ *zur Zeit n dt sei berechnet und* $\vec{v}_{n+1}$ *sei gesucht. Berechnen Sie*

$$\vec{k}_1 = \vec{f}(\vec{v}_n) \cdot dt$$
$$\vec{k}_2 = \vec{f}\left(\vec{v}_n + \frac{\vec{k}_1}{2}\right) dt$$
$$\vec{v}_{n+1} = \vec{v}_n + \vec{k}_2$$
$$\vec{r}_{n+1} = \vec{r}_n + \vec{v}_n \cdot dt$$

mit $\vec{r}_n = \begin{pmatrix} x_n \\ y_n \end{pmatrix}$ *und* $\vec{v}_n = \begin{pmatrix} v_{xn} \\ v_{yn} \end{pmatrix}$.

Als Startwerte verwenden Sie:

$$\vec{v}_0 = v \begin{pmatrix} \cos\varphi \\ \sin\varphi \end{pmatrix}$$

Sobald der Wert von y_n *negativ wird, liefert das zugehörige* x_n *die gesuchte Reichweite.*

Lösung

Die Werte von φ werden in einer äußeren `for`-Schleife variiert. Dabei werden die Winkel in Grad durch Multiplikation mit $\pi/180°$ in das Bogenmaß (Radialwert) umgerechnet. Für jeden Winkel φ müssen die Startwerte

$$v_x = v\cos\varphi, \quad v_y = v\sin\varphi, \quad y = x = 0$$

neu berechnet werden. Dann wird mit einer `while`-Schleife der Runge-Kutta-Algorithmus so lange iteriert, bis der y-Wert negativ ist. Dabei hat die Funktion $\vec{f}(\vec{v})$ die Komponenten

$$f_x = -0.012\, |\vec{v}| \cdot v_x$$
$$f_y = -0.012\, |\vec{v}| \cdot v_y - g$$

Abschließend werden die Werte φ und x ausgedruckt; sie sind in Abbildung 6.3 mit `xmgr` gezeichnet.

Hier ist der Quellcode `schuss.c`:

```
#include <math.h>

double g = 9.81, r= 0.012, dt=1e-4;

double fx(double vx, double vy)
{
```

```
    return -r*hypot(vx,vy)*vx;
}

double fy(double vx, double vy)
{
  return (-r*hypot(vx,vy)*vy - g);
}

main()
{
  double k1x, k1y, k2x, k2y, y, x;
  double vx, vy, phi, vstart=50;

  for(phi= 20./180.*M_PI; phi< 50./180.*M_PI; phi+=0.01)
    {
     vx = cos(phi) * vstart;
     vy = sin(phi) * vstart;
     y=0.;
     x=0.;

     while(y >= 0.)
       {
         k1x = fx(vx,vy) * dt;
         k1y = fy(vx,vy) * dt;
         k2x = fx(vx+k1x/2.,vy+k1y/2.) * dt;
         k2y = fy(vx+k1x/2.,vy+k1y/2.) * dt;
         vx = vx + k2x;
         vy = vy + k2y;
         x = x + vx*dt;
         y = y + vy*dt;
```

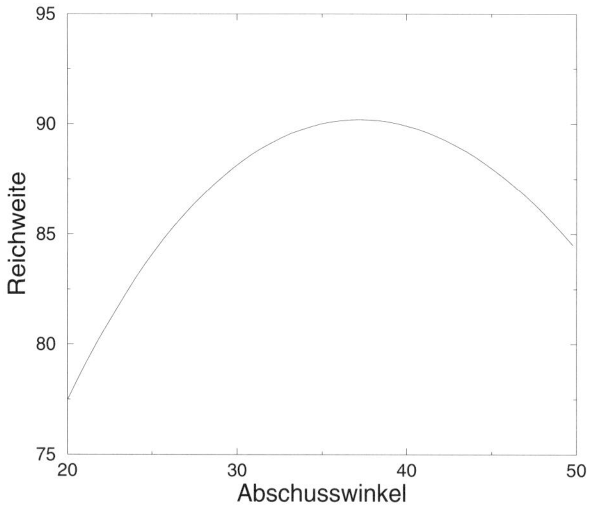

Abbildung 6.3: Bei einem Abschusswinkel von 38° erreicht ein Ball seine maximale Reichweite.

```
    } // while
  printf (" %f %f \n", phi/M_PI*180.,x);
    } // for
}// main
```

Den numerischen Fehler kontrollieren wir durch die Änderung der Schrittweite dt. Unterhalb von dt=10^{-4} beobachten wir keine Änderung unserer Rechenresultate.

Ohne Reibung ist der optimale Abschusswinkel bekanntlich 45°, nun finden wir die maximale Reichweite bei 38°. Ohne Reibung fliegt der Ball maximal 254.80 m weit, mit Reibung dagegen nur 90.20 m.

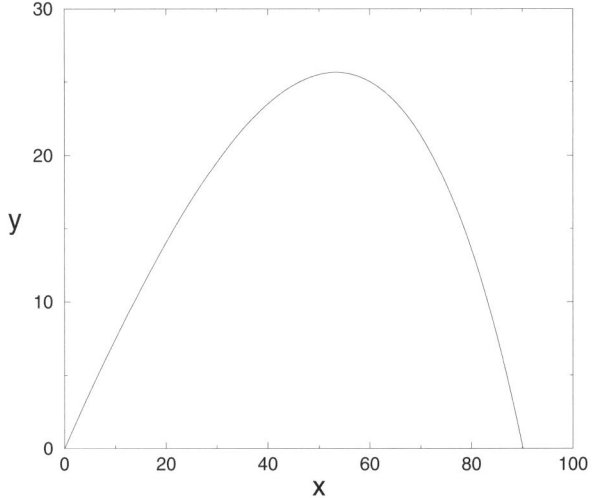

Abbildung 6.4: Die Bahn des Balls beim optimalen Abschusswinkel.

6.1.10 Zufallsschnitte

Wenn Sie einen Stab der Länge 10 cm an einer zufällig und gleichverteilt gewählten Stelle zerschneiden, so wird jedes der beiden Stücke im Mittel über viele solcher Experimente die Länge 5 cm haben. Nun sollen Sie das Experiment ein wenig erweitern: Markieren Sie eine zufällig gewählte Stelle auf dem Stab, bevor Sie ihn wie vorher beschrieben zerschneiden. Wie lang ist im Mittel der Teil des Stabs mit der Markierung? Da die Markierung nichts mit dem Schnitt zu tun hat, könnte man meinen, dass das markierte Stück im Mittel immer noch die Länge 5 cm hat. Aber falsch gedacht, denn die Lösung der folgenden Aufgabe zeigt ein anderes Ergebnis.

a) *Berechnen Sie den Mittelwert des markierten Stücks mit Hilfe einer Computersimulation.*

b) *Zeichnen Sie die Verteilung dieser Länge in einem Histogramm, indem Sie das Intervall [0,10] in hundert Abschnitte teilen und zählen, wie oft diese Länge in den jeweiligen Abschnitt trifft. Alternativ dazu kann man mit xmgr auch direkt ein*

Histogramm erstellen:
```
Data → Transformation → Histograms
BinWidth = 0.1, Start Value =0, Ending Value =10
```

Lösung

Die Markierung und der Schnitt wird jeweils durch den Befehl

```
drand48() *10.
```

programmiert. Wenn die Schnittzahl größer als die Markierungszahl ist, dann ist die Länge des markierten Stücks gleich der Schnittzahl, andernfalls gleich der Länge des anderen Stückes, also 10 minus der Schnittzahl. Hier ist das komplette Programm:

```
#include <math.h>
#include <stdlib.h>

#define N 100000

main()
{
  double schnitt, markierung ,laenge, mittelwert=0.;
  int run=N;
  while(run--)
    {
      schnitt = drand48()*10.;
      markierung = drand48()*10.;
      if( markierung < schnitt) laenge = schnitt;
        else laenge = 10.-schnitt;
      mittelwert += laenge;
      printf(" %f \n",laenge);
    }
  printf("# Mittelwert der Laenge = %f \n",mittelwert/N);
}
```

Überraschenderweise hat die Markierung — obwohl sie mit dem Schnitt gar nichts zu tun hat — einen großen Einfluss auf die Verteilung der Länge, die in Abbildung 6.5 zu sehen ist. Kleine Stücke sind weniger wahrscheinlich als große, und im Mittel sind die markierten Stücke 6.66 cm lang. Mit den Methoden der Wahrscheinlichkeitsrechnung kann man dieses Ergebnis exakt berechnen; viele Leute glauben es aber erst, wenn sie das Experiment selbst simuliert haben.

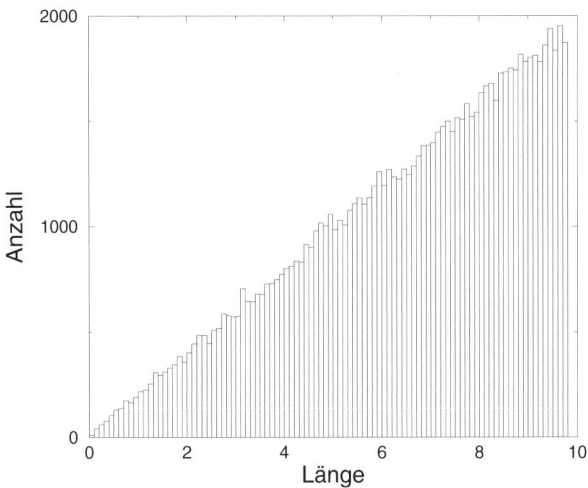

Abbildung 6.5: Häufigkeit der markierten Stücke des Stabs als Funktion ihrer Länge.

6.2 Java-Übungen

Zu allen Übungen sind die Java-, Class- und HTML-Dateien auf der beiliegenden CD vorhanden. Sie können die Applets betrachten, indem Sie die entsprechende HTML-Datei entweder mit einem modernen Browser oder mit `appletviewer name.html` aufrufen. Es wurde die Java-Version 1.1.7B verwendet.

6.2.1 Scheibe

Zeichnen Sie eine Scheibe in ein Browserfenster. Sowohl der Radius als auch die x-Koordinate des Mittelpunkts der Scheibe sollen durch Eingaben in jeweils ein Textfenster bestimmt werden.

Lösung

Das Textfenster benötigt die Methode `actionPerformed` der Schnittstelle `ActionListener`, die wir deshalb zu unserer Klasse `ue1` hinzufügen:

```
public class ue1 extends Applet implements ActionListener
```

Der Kreis soll in einen Zeichenbereich `can` der Größe 300 × 300 Pixel gezeichnet werden. Wir müssen dieses Objekt erzeugen, seine Größe und Hintergrundfarbe festlegen, es zur Klasse `ue1` hinzufügen und seinen Grafikkontext `g` definieren. Das alles geschieht in der Initialisierungsmethode `init` durch

```
can = new Canvas();
can.setSize (300,300);
can.setBackground(Color.green);
add(can);
g = can.getGraphics();
```

Auch die beiden Textfelder `tr` und `tx` für den Radius und die x-Koordinate müssen mit dem Konstruktor `TextField` erzeugt und mit `add` der eigenen Klasse hinzugefügt werden. Zusätzlich müssen dort die Textfeldereignisse registriert werden. Letzteres geschieht durch

```
tr.addActionListener(this);
tx.addActionListener(this);
```

Damit wir auch wissen, welche Größe in welches Textfenster einzugeben ist, fügen wir jeweils ein `Label`-Objekt hinzu.

Die Methode `actionPerformed` wird aufgerufen, wenn die Return-Taste die Eingabe in ein Textfenster abschließt. Dann sollen beide Texte in ganze Zahlen umgewandelt werden. Das machen wir mit den Methoden der Klasse `Integer`:

```
r = Inter.valueOf(tr.getText()).intValue();
```

6.2 Java-Übungen

`tr.getText` liest den Text des Objekts `tr`, `valueOf` wandelt ihn in ein `Integer`-Objekt um und `intValue()` gibt den Wert dieses Objekts aus.

Nachdem der Radius `r` und die Koordinate `x` eingelesen worden sind, wird der Zeichenbereich gelöscht und eine blaue Scheibe gezeichnet. Hier ist das vollständige Programm:

```
/*****   Uebung 1: Scheibe   *****/
import java.awt.*;
import java.awt.event.*;
import java.applet.*;
import java.util.*;

public class ue1 extends Applet implements ActionListener
{
    Graphics g;
    TextField tr,tx;
    Label lar,lax;
    Canvas can;

    public void init()
      {
        can = new Canvas();
        can.setSize(300,300);
        can.setBackground(Color.white); add(can);
        g = can.getGraphics();
        g.setColor(Color.blue);
        lar = new Label("Radius");        add(lar);
        lar.setBackground(Color.red);
        tr = new TextField("100");        add(tr);
        tr.addActionListener(this);
        lax = new Label("x-Koord");       add(lax);
        lax.setBackground(Color.red);
        tx = new TextField("150");        add(tx);
        tx.addActionListener(this);
      }

    public void actionPerformed(ActionEvent evt)
    {
        int r, x;
        r = Integer.valueOf(tr.getText()).intValue();
        x = Integer.valueOf(tx.getText()).intValue();
        g.clearRect(0,0,300,300);
        g.fillOval(x-r/2,150-r/2,r,r);
    }
}
```

Das Programm wird mit `javac ue1.java` kompiliert. Nun brauchen wir noch die Datei `ue1.html`:

```
<HTML>
<Body bgcolor=6666FF>
```

```
<center>
<Applet code=ue1.class height=350 width=310>
</Applet>
</Body>
</HTML>
```

Das Applet wird mit `appletviewer ue1.html` oder mit `netscape ue1.html` aufgerufen. Anstelle von `netscape` können wir auch alle anderen Java-fähigen Browser verwenden.

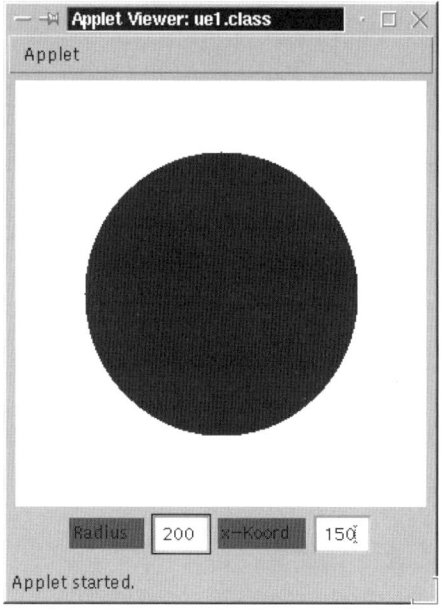

Abbildung 6.6: Eine blaue Scheibe wird mit den in den Textfeldern angegebenen Werten des Radius und der x-Koordinate gezeichnet.

6.2.2 Farben

Eine farbige Fläche soll in ein Browserfenster gezeichnet werden. Die Farbe dieser Figur soll durch drei Eingaben der Intensitäten von Rot, Grün und Blau (jeweils Zahlen zwischen 0 und 255) in drei Textfenster festgelegt werden.

Lösung

Textfenster brauchen die Schnittstelle `ActionListener`:

```
public class ue2 extends Applet implements ActionListener
```

Im Gegensatz zur ersten Aufgabe verzichten wir auf einen Zeichenbereich und zeichnen direkt in unsere Klasse ue2, und zwar mit Hilfe der Methode `paint`. Zu jeder der drei Farben erzeugen wir ein Label und ein Textfenster und fügen sie zu unserer Klasse hinzu.

6.2 Java-Übungen

Sobald in einem der drei Textfenster die Return-Taste die Eingabe beendet, wird `actionPerformed` aufgerufen. Dort werden die entsprechenden Farbwerte wie in der ersten Aufgabe eingelesen:

```
rot = Integer.valueOf(trot.getText()).intValue();
```

Mit den Zahlen `rot`, `gruen` und `blau` wird ein Farbobjekt erzeugt:

```
col = new Color(rot,gruen,blau);
```

Durch den Aufuf von `repaint` wird damit das Quadrat gezeichnet:

```
g.setColor(col);
g.fillRect(x-r/2,150-r/2,r,r);
```

Hier ist die Datei `ue2.java`:

```java
/*****  Uebung 2: Farben *****/

import java.awt.*;
import java.awt.event.*;
import java.applet.*;
import java.util.*;

public class ue2 extends Applet
                 implements ActionListener
{
    TextField trot, tgruen, tblau;
    Label lrot, lgruen, lblau;
    int rot, gruen, blau;

    public void init()
      {
        setBackground(Color.white);
        lrot = new Label("Rot");        add(lrot);
        trot = new TextField("255");    add(trot);
        trot.addActionListener(this);
        lgruen = new Label("Gruen");    add(lgruen);
        tgruen = new TextField("255");  add(tgruen);
        tgruen.addActionListener(this);
        lblau = new Label("Blau");      add(lblau);
        tblau = new TextField("255");   add(tblau);
        tblau.addActionListener(this);
      }

    public void actionPerformed(ActionEvent evt)
      {
          rot  = Integer.valueOf(trot.getText()).intValue();
          gruen= Integer.valueOf(tgruen.getText()).intValue();
          blau = Integer.valueOf(tblau.getText()).intValue();
          repaint();
      }
```

```
    public void paint(Graphics g)
    {
        int r=400;
        Color col;
        col= new Color(rot,gruen,blau);
        g.setColor(col);
        g.fillRect(0,0,r,r);
    }
}
```

Der Layoutmanager setzt die sechs Label- und Textfeld-Komponenten in der Reihenfolge der add-Befehle in das Fenster. Dabei werden die Ausmaße der Komponenten passend gewählt. Das Fenster ist gleichzeitig auch der Zeichenbereich, den nun die anderen Komponenten teilweise verdecken. Die Koordinate (0,0) des Zeichenbereichs ist die linke obere Ecke des Fensters, das die in ue2.html vorgegebene Breite 400 Pixel und die Höhe 200 Pixel hat.

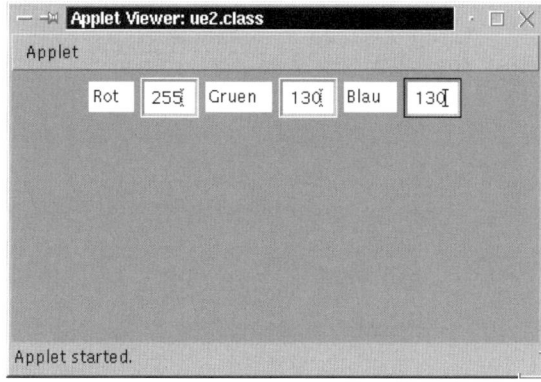

Abbildung 6.7: Die Farbe des Rechtecks wird über die drei Textfenster eingestellt.

6.2.3 Maus

An diejenige Stelle des Fensters, an der eine Maustaste gedrückt wird, soll eine rote Scheibe gezeichnet werden. Dort, wo die Maustaste wieder losgelassen wird, soll eine blaue Scheibe erscheinen (Methode `mouseReleased(MouseEvent evt)`*).*

Lösung

Bei Mausereignissen werden keine Schnittstellen implementiert, sondern es wird eine Unterklasse geschrieben, die von der Klasse `MouseAdapter` erbt.

```
class ML extends MouseAdapter {...}
```

Ein Objekt davon muss bei der Initialisierung unserer Klasse ue3 erzeugt und als Ereignisempfänger angemeldet werden:

6.2 Java-Übungen

```
addMouseListener(new ML());
```

Wir müssen diesem Objekt keinen Namen geben, da es nur als Argument übergeben wird. In der Klasse ML überschreiben wir nun die beiden Methoden mouseReleased und mousePressed, die jeweils bei den entsprechenden Aktionen Ereignisobjekte liefern. Die Koordinaten dieser beiden Ereignisse stehen in dem MouseEvent-Objekt evt, wir erhalten sie mit den Methoden evt.getX() und evt.getY(). Diese Koordinaten benutzen wir zum Zeichnen des Kreises mit Radius r/2:

```
g.fillOval(evt.getX()-r/2, evt.getY()-r/2,r,r);
```

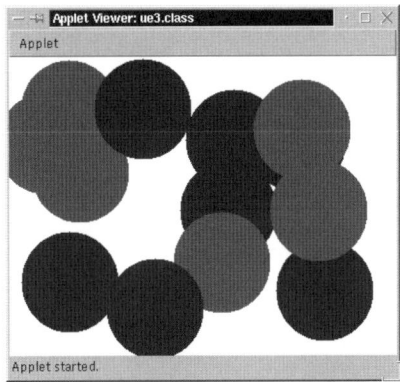

Abbildung 6.8: Bei jedem Druck einer Maustaste wird eine rote Scheibe an die Stelle des Cursors gezeichnet und beim Loslassen eine blaue.

Hier ist das vollständige Programm ue3.java:

```java
/*****  Uebung 3: Maus *****/

import java.awt.*;
import java.awt.event.*;
import java.applet.*;
import java.util.*;

public class ue3  extends Applet
{
    Graphics g;
    int r = 100;

   public void init()
     {
       g = getGraphics();
       setBackground(Color.green);
       addMouseListener(new ML());
     }

     class ML extends MouseAdapter
     {
```

```
          public void mousePressed(MouseEvent evt)
            {
             g.setColor(Color.red);
             g.fillOval(evt.getX()-r/2, evt.getY()-r/2, r, r);
            }
          public void mouseReleased(MouseEvent evt)
            {
             g.setColor(Color.blue);
             g.fillOval(evt.getX()-r/2, evt.getY()-r/2, r, r);
            }
        }
    }
```

Der Compiler `javac` erzeugt nun für die Klasse `ML` eine eigene Datei mit dem Namen `ue3$ML.class`, die vom Browser automatisch mit aufgerufen wird.

6.2.4 Farbanimation

Eine Scheibe soll ständig ihre Farbe wechseln. Dabei sollen die Farbwerte `rot` *und* `blau` *in jeweils zufälligen Schritten +1 oder −1 zwischen 0 und 255 geändert werden.*

Lösung

Eine Animation muss in einem eigenen Prozess der Klasse `Thread` laufen, damit andere Prozesse des Browsers nicht blockiert werden. Der Thread wird mit der Methode `run` vom Browser aufgerufen und mit `sleep` immer wieder kurz angehalten. Mit `start` wird er erzeugt und mit `stop` wieder vernichtet. Wie bei jedem unserer Programme werden alle Objekte innerhalb von `init` initialisiert.

Die Animation geschieht mit der Unendlich-Schleife

```
    while(thr!=null) {...}
```

Diese Schleife wird bei jedem Durchgang jeweils 100 Millisekunden angehalten:

```
    try{thr.sleep(100);} catch(InterruptedException e){}
```

Danach zeichnen wir die Scheibe jeweils hundertmal:

```
    for(int i=0; i<100; i++){...}
```

Nun werden zu den Farbwerten `red` und `blue` mit gleicher Wahrscheinlichkeit jeweils die Werte +1 oder −1 addiert. Dies geschieht mit dem Zufallszahlen-Generator `random`, der gleichverteilte Zahlen zwischen 0 und 1 liefert.

```
    if(Math.random()<.5) red++; else red--;
```

Allerdings müssen `red` und `blue` zwischen 0 und 255 liegen, deshalb brauchen wir noch die Randbedingungen

6.2 Java-Übungen

```
if(red<0) red=0; if(red>255) red=255;
```

Mit den neuen Farbwerten erzeugen wir ein Farbobjekt, setzen die Zeichenfarbe auf dessen Wert und zeichnen eine Scheibe in der entsprechenden Farbe:

```
g.setColor( new Color(red,green,blue));
g.fillOval (x-r/2,y-r/2,r,r);
```

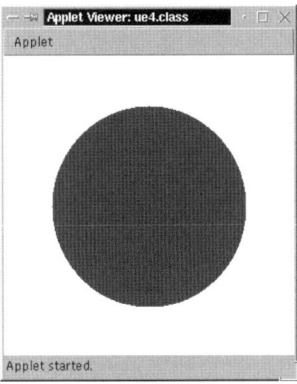

Abbildung 6.9: Die Farbe der Scheibe ändert sich ständig zufällig.

Das folgende Programm liefert das gewünschte Ergebnis:

```
/* Uebung 4: Farbanimation */

import java.awt.*;
import java.awt.event.*;
import java.applet.*;
import java.util.*;

public class ue4 extends Applet implements Runnable
{
    Thread thr;
    Graphics g;
    int red=255, green=0, blue=50;

    public void init()
    { setBackground(Color.white);
      g = getGraphics();
    }

    public void run()
    {
        while(thr!=null)
        {
           int x=150,y=150, r=200;
           try{ thr.sleep(100);} catch(InterruptedException e){}
           for ( int i=0; i<100; i++)
```

```
            {
               if(Math.random()<.5) red++;   else red--;
               if(Math.random()<.5) blue++;  else blue--;
               if(red<0) red=0; if(red>255) red=255;
               if(blue<0) blue=0; if(blue>255) blue=255;
               g.setColor(new Color(red,green,blue));
               g.fillOval(x-r/2,y-r/2,r,r);
            }
         }
      }

      public void start()
      { if(thr==null) { thr=new Thread(this); thr.start(); } }

      public void stop()   { thr=null;}
   }
```

6.2.5 Random Walk

Zeichnen Sie eine Zufallsbewegung auf einem Quadratgitter mit reflektierendem Rand. Fügen Sie zwei Schaltflächen hinzu. Die eine soll die Bewegung anhalten, die andere soll den Zeichenbereich löschen.

Lösung

Der Grundaufbau unserer Animation ist wie in Aufgabe 4 durch die Methoden init, run, start und stop gegeben. Allerdings brauchen wir zusätzlich die Schnittstelle ActionListener, die auf die Schaltflächen reagiert. In der init-Methode definieren wir einen Zeichenbereich can, den Button bClear und die Checkbox cb. Den Button müssen wir als Ereignisempfänger bei unserer Klasse this registrieren:

```
bClear = new Button("Clear");
bClear.add ActionListener(this);
add(bClear);
```

Die Zufallsbewegung läuft in einer Endlosschleife in der Methode run:

```
while(thr!=null)   {...}
```

Wie in Aufgabe 4 erzeugen wir uns einen Thread, der die Methode run aufruft, und unterbrechen diesen Thread mit der sleep-Methode. Die Zufallsbewegung wird folgendermaßen erzeugt: Wir ziehen eine Zufallszahl 0, 1, 2, oder 3 und zeichnen eine Linie nach rechts, links, unten oder oben. Die Zufallszahl wird mit der Klasse Math erzeugt:

```
int rand=(int)(Math.random()*4);
```

random erzeugt eine gleichverteilte Zufallszahl zwischen 0 und 1, die mit dem Faktor 4 zwischen 0 und 4 gestreckt wird. Der Befehl (int) macht daraus die ganzen Zahlen 0, 1, 2 oder 3, die der Variablen rand zugewiesen werden. Die Fallunterscheidung wird durch einen switch-Befehl durchgeführt:

6.2 Java-Übungen

```
switch (rand)
   { case 0:   x = xold+1; break;
     case 1:   x = xold-1; break;
     case 2:   y = yold+1; break;
     case 3:   y = yold-1; break;
   }
```

Nun sorgen wir noch dafür, dass der Weg nicht aus dem Zeichenbereich herausläuft:

```
if(x<0) x=0; if(x>L) x=L;
if(y<0) y=0; if(y>L) y=L;
```

Dann zeichnen wir eine Line von (xold, yold) zu (x,y) und setzen den neuen Punkt auf die Variablen des alten:

```
xold = x; yold = y;
```

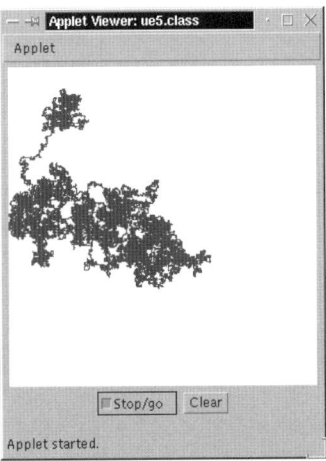

Abbildung 6.10: Ein Punkt springt zufällig zu seinen Nachbarplätzen auf einem Quadratgitter umher.

Damit haben wir ein Applet geschrieben, das einen Random Walk erzeugt, der vom Betrachter angehalten und dessen Spur während des Laufs gelöscht werden kann.

```
/* Uebung 5 Random Walk */

import java.awt.*;
import java.awt.event.*;
import java.applet.*;
import java.util.*;

public class ue5 extends Applet
                 implements Runnable, ActionListener
{
    Thread thr;
    Graphics g;
```

```
final int L=300;
Button bClear;
Checkbox cb;
Canvas can;

public void init()
{
  can=new Canvas();
  can.setSize(L,L);                      add(can);
  can.setBackground(Color.white);
  cb = new Checkbox("Stop/go",true); add(cb);
  bClear = new Button ("Clear");         add(bClear);
  bClear.addActionListener(this);
  g=can.getGraphics();
  g.setColor(Color.red);
}

public void run()
{
    int xold=L/2,yold=L/2,x=L/2,y=L/2,rand;

    while(thr!=null)
    {
        try{ thr.sleep(100);} catch(InterruptedException e){}
        while(cb.getState()) try{ Thread.sleep(100);}
                              catch(InterruptedException e){}
        for ( int i=0;i<100;i++)
            {
                rand=(int)(Math.random()*4);
                switch (rand)
                    {
                    case 0: x=xold+1;break;
                    case 1: x=xold-1;break;
                    case 2: y=yold+1;break;
                    case 3: y=yold-1;break;
                    }
                if(x<0) x=0; if(x>L) x=L;
                if(y<0) y=0; if(y>L) y=L;
                g.drawLine(xold,yold,x,y);
                xold=x; yold=y;
            }
    }
}

public void actionPerformed(ActionEvent evt)
{ g.clearRect(0,0,L,L); }

public void start()
{  if(thr==null) { thr=new Thread(this); thr.start(); } }
```

```
        public void stop() { thr.stop(); thr=null; }
}
```

6.2.6 Drehende Scheibe

Eine Scheibe mit dem Radius 25 Pixel soll sich um das Zentrum des Fensters auf einem Kreis mit dem Radius 100 Pixel drehen. In einem Textfenster soll die Winkelgeschwindigkeit eingegeben werden.

Lösung

Der Mittelpunkt der Scheibe sei (x, y), der Mittelpunkt des Fensters sei (x_m, y_m). Dann gilt

$$x = x_m + R \sin \varphi$$
$$y = y_m + R \cos \varphi$$

R ist der Radius des Kreises und φ ist der zurückgelegte Winkel. In jedem Rechenschritt soll sich φ um den Wert $2\pi v$ ändern, v bestimmt also die Winkelgeschwindigkeit. $v = 0.01$ bedeutet beispielsweise, dass die Scheibe bei einer Umdrehung hundertmal gezeichnet wird.

Diese Formeln lassen sich leicht programmieren:

```
phi += v*2.Math.Pi;
x= (int)(xm + Math.sin(phi)*R);
y= (int)(ym + Math.cos(phi)*R);
```

Die alte Scheibe wird ständig gelöscht und dafür wird eine neue gezeichnet:

```
g.ClearRect(0,0,L,L);
g.fillOval(x-r/2, y-r/2,r,r);
```

Dabei ist L die Größe des Zeichenbereichs, R der Radius des Drehkreises (= 100) und r der doppelte Radius der Scheibe (= 50).

Das übrige Programm sieht so aus wie in den vorigen Aufgaben. Es wird ein Zeichenbereich can definiert, seine Größe und Farbe gesetzt und sein Grafikkontext g definiert. Außerdem wird ein Textfeld `txt` erzeugt und als Ereignisempfänger registriert. Die Texteingabe wird in der Methode `actionPerformed` bearbeitet. Der Text wird mit `txt.getText()` geholt, mit Methoden der `Double`-Klasse in eine reelle Zahl umgewandelt und der Variablen v zugewiesen. Das vollständige Programm ist hier aufgelistet:

```
/*** Uebung 6: Drehende Scheibe ****/

import java.awt.*;
import java.awt.event.*;
import java.applet.*;
```

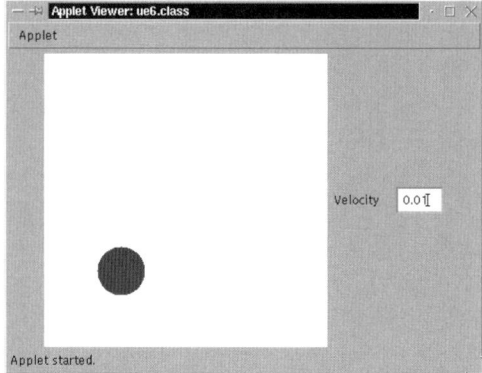

Abbildung 6.11: Eine Scheibe bewegt sich auf einer Kreisbahn. Ihre Geschwindigkeit wird in einem Textfenster eingegeben.

```java
import java.util.*;

public class ue6 extends Applet implements Runnable,ActionListener
{
    Thread thr;
    Graphics g;
    final int L = 300,R = 100;
    Canvas can;
    TextField txt;
    Label lab;
    int xm=L/2, ym=L/2, x=R, y=0, r=50;
    double phi=0., v=0.01;

    public void init()
    {
      can = new Canvas();
      can.setSize(L,L);               add(can);
      can.setBackground(Color.white);
      g = can.getGraphics();
      g.setColor(Color.red);
      lab=new Label("Velocity");      add(lab);
      txt= new TextField("0.01");     add(txt);
      txt.addActionListener(this);
    }

    public void run()
    {
        while(thr!=null)
        {
            try{ thr.sleep(100);} catch(InterruptedException e){}

            phi += v * 2.*Math.PI;
            x = (int)(xm+Math.sin(phi)*R);
            y = (int)(ym+Math.cos(phi)*R);
```

```
                g.clearRect(0,0,L,L);
                g.fillOval(x-r/2,y-r/2,r,r);
            }
        }

        public void actionPerformed(ActionEvent evt)
        {
            v = Double.valueOf(txt.getText()).doubleValue();
        }

        public void start()
        { thr=new Thread(this); thr.start(); }

        public void stop() { thr=null; }
    }
```

Wem die Animation zu ruckartig erscheint, kann noch eine Doppelpufferung einbauen.

6.2.7 Kepler-Problem

Berechnen Sie die Bewegung eines Teilchens der Masse m im Potential $V(\vec{r}) = -\frac{\gamma m}{r^n}$. Für n = 1 (Gravitation) sollten Sie geschlossene Ellipsen für die gebundene Bewegung erhalten. Für kleine Abweichungen vom 1/r-Potential, beispielsweise für Werte von n in der Nähe von 1, sollten Sie Rosetten beobachten. Zeichnen Sie die Bewegung des Teilchens für geeignete Werte von γ, m, Anfangsort und -Geschwindigkeit auf den Bildschirm. Der Anfangsort soll auch mit Mausklick neu bestimmt werden können. Während des Laufs soll der Wert von n in einem Textfenster geändert werden können.

Tipp:

Aus der Mechanik ist bekannt, dass sich das Teilchen nur in einer Ebene bewegt (Drehimpulserhaltung). Also können wir die Bewegung durch x(t) und y(t) beschreiben. Die Bewegungsgleichung dazu lautet

$$\frac{d}{dt}\begin{pmatrix} v_x \\ v_y \end{pmatrix} = -\frac{\gamma n}{mr^{2+n}} \begin{pmatrix} x \\ y \end{pmatrix}$$

$$\frac{d}{dt}\begin{pmatrix} x \\ y \end{pmatrix} = \begin{pmatrix} v_x \\ v_y \end{pmatrix}$$

mit $r^2 = x^2 + y^2$. Zur numerischen Lösung dieser Differentialgleichung kann der Verlet-Algorithmus benutzt werden:

$$\begin{pmatrix} v_x \\ v_y \end{pmatrix}_{j+1} = \begin{pmatrix} v_x \\ v_y \end{pmatrix}_j - \frac{n\,dt}{r^{2+n}} \begin{pmatrix} x \\ y \end{pmatrix}_j$$

$$\begin{pmatrix} x \\ y \end{pmatrix}_{j+1} = \begin{pmatrix} x \\ y \end{pmatrix}_j + dt \begin{pmatrix} v_x \\ v_y \end{pmatrix}_{j+1}$$

Der Zeitschritt dt sollte dabei möglichst klein gewählt werden. Diese Differenzengleichung enthält nur noch dimensionslose Größen und kann direkt programmiert werden.

Lösung

Wie in den vorigen Aufgaben definieren wir einen Zeichenbereich can, eine Checkbox cb, zwei Label lab und lab2, ein Textfeld txt und eine Mausklasse ML. Die Methode actionPerformed registriert Ereignisse des Textfelds. Wenn im Zeichenbereich eine Maustaste gedrückt wird, wird die Methode mousePressed aufgerufen. Die Pixelkoordinaten des Cursors erhalten wir mit getX() und getY().

Die obige Differenzengleichung, die den Ort und die Geschwindigkeit des Teilchens berechnet, wird in der Endlosschleife der Methode run programmiert:

```
r = Math.sqrt(xold*xold+yold*yold);
vx= vxold - n*xold/Math.pow(r,n+2.)*dt;
vy= vyold - n*yold/Math.pow(r,n+2.)*dt;
x = xold + vx*dt;
y = yold + vy*dt;
g.drawLine(pix(xold),pix(yold),pix(x),pix(y));
xold = x; yold = y; vxold = vx; vyold = vy;
```

Dabei werden die Größen zum Zeitschritt j mit old bezeichnet und x,y,vx,vy sind Ort und Geschwindigkeit im folgenden Zeitschritt $j+1$. Zwischen den beiden aufeinander folgenden Orten wird eine Linie gezeichnet. Allerdings haben wir die physikalischen Größen von den Pixelkoordinaten entkoppelt, so dass wir sie mit der Methode pix in Pixel umrechnen müssen.

```
int pix(doublex)
{    return (int)(L/2 + x *scale*L);}
```

Den Wert des Skalenfaktors scale bestimmen wir durch Ausprobieren. Damit die Zeichnung schnell genug läuft, berechnen wir die Bahn eintausend Mal bevor wir den Thread zehn Millisekunden für andere Browserprozesse anhalten.

Nun brauchen wir nur noch geeignete Anfangsbedingungen. Wir wählen Ort und Geschwindigkeit von der Größenordnung eins. Durch Ausprobieren finden wir, dass wir damit einen Zeitschritt von dt=0.001 benötigen, um geschlossene Ellipsen für $n=1$ zu bekommen. Für größere Werte von dt ist der Fehler der numerischen Lösung der Differentialgleichung so groß, dass der Algorithmus fälschlicherweise Rosetten liefert. Das vollständige Programm lautet damit:

```
/*** Uebung 7: Teilchen im Zentralpotential 1/r^n ***/

import java.awt.*;
import java.awt.event.*;
import java.applet.*;

public class ue7 extends Applet implements Runnable,ActionListener
{
    Thread thr;
    Graphics g;
```

6.2 Java-Übungen

```java
    final int L=300;
    Canvas can;
    TextField txt;
    Label lab,lab2;
    Checkbox cb;
    double vx, vxold=1., vy, vyold=0., x, xold=1., y, yold=1., r;
    double dt=.001, n=1.,scale=.1;

    public void init()
    {
      can=new Canvas();
      can.setSize(L,L);                   add(can);
      can.addMouseListener(new ML());
      can.setBackground(Color.white);
      g=can.getGraphics();
      g.setColor(Color.red);
      lab=new Label("Exponent");          add(lab);
      txt= new TextField("1.0");          add(txt);
      txt.addActionListener(this);
      cb = new Checkbox("Stop/Go",true); add(cb);
      lab2=new Label("Mausklick: Neuer Start an dieser Stelle");
                                          add(lab2);
    }

    public void run()
    {
        while(thr!=null)
        {
            try{ Thread.sleep(10);} catch(InterruptedException e){}
            while(cb.getState())    try{ Thread.sleep(100);}
                                    catch(InterruptedException e){}
            g.fillOval(L/2-3,L/2-3,6,6);
            for ( int i=0;i<1000;i++)
                {
                  r=Math.sqrt(xold*xold+yold*yold);
                  vx= vxold - n*xold/Math.pow(r,n+2.)*dt;
                  vy= vyold - n*yold/Math.pow(r,n+2.)*dt;
                  x = xold + vx*dt;
                  y=  yold + vy*dt;
                  g.drawLine(pix(xold),pix(yold),pix(x),pix(y));
                  xold=x; yold=y; vxold=vx; vyold=vy;
                }
        }
    }

  int pix( double x )
  {
    return (int)(L/2+x*scale*L);
  }
```

```
      public void actionPerformed(ActionEvent evt)
         { n=Double.valueOf(txt.getText()).doubleValue(); }

   class ML extends MouseAdapter
   {
         public void mousePressed (MouseEvent evt)
         {
           xold=(evt.getX()-L/2)/(L*scale);
           yold=(evt.getY()-L/2)/(L*scale);
           vxold=1.;
           vyold=0;
           g.clearRect(0,0,L,L);
           g.fillOval(L/2-3,L/2-3,6,6);
         }
   }

      public void start()
      { thr=new Thread(this); thr.start(); }

      public void stop() { thr=null; }
}
```

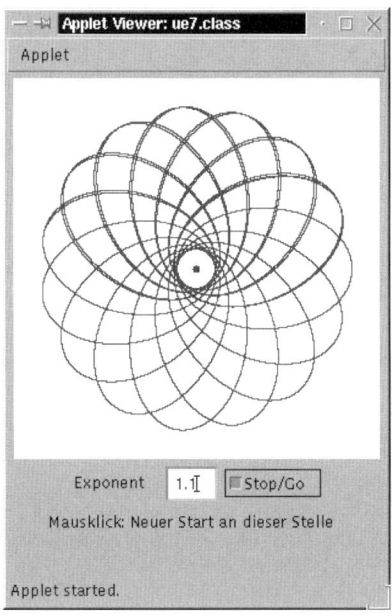

Abbildung 6.12: Die Bahn eines Teilchens im Zentralpotential $1/r^n$. Der Exponent n kann während des Laufs verändert werden.

6.2.8 Fraktal

Zeichnen Sie drei Punkte P_1, P_2 und P_3 auf den Bildschirm; diese Punkte werden nicht verändert. Bestimmen Sie einen beliebigen Startpunkt P. Wiederholen Sie nun die folgende Vorschrift:

1. *Wählen Sie einen der drei Punkte zufällig.*

2. *Bestimmen Sie den Mittelpunkt der Strecke zwischen diesem Punkt P_i und dem Punkt P.*

3. *Zeichnen Sie diesen Mittelpunkt und benutzen Sie ihn als neuen Punkt P, mit dem Sie die Schritte eins bis drei wiederholen.*

Die Menge der Punkte P bildet ein sogenanntes selbstähnliches Fraktal (Sierpinski-Teppich) mit der gebrochenen Dimension $D = \frac{\ln 3}{\ln 2} \simeq 1.58$.

Lösung

In Java kann man die Koordinate eines Punkts durch ein Objekt vom Typ `Point` darstellen.

```
Point p[] = new Point[3], piter;
```

Diese vier Punkte müssen initialisiert werden, zum Beispiel mit

```
p[1] = new Point(300,50);
```

Die Koordinaten können dann mit `p[1].x` und `p[1].y` angesprochen werden. Die Wiederholungsschleife läuft in der Methode `run`. Wir lassen eintausend Punkte in einer `for`-Schleife zeichnen, bevor wir den Thread für hundert Millisekunden anhalten. Zunächst wird eine Zufallszahl aus 0, 1 und 2 gezogen

```
nr = (int)(3.*Math.random());
```

`p[nr]` ist also einer der drei festen Punkte P_1, P_2 und P_3. Dann wird der Mittelpunkt zwischen `p[nr]` und `piter` berechnet,

```
piter.x = (p[nr].x + piter.x)/2;
piter.y = (p[nr].y + piter.y)/2;
```

`piter` ist der neue Punkt, er wird mit `drawLine` gezeichnet.

Unser Programm zählt auch noch die Anzahl der Iterationen und schreibt sie alle tausend Schritte in ein Label:

```
lab.setText(String.valueOf(count));
```

Außerdem kann der dritte Punkt `p[2]` durch einen Mausklick, der das Objekt `evt` erzeugt, geändert werden:

```
p[2] = evt.getPoint();
```

Damit lautet das vollständige Programm:

```java
/*** Uebung 8: Sierpinski-Teppich ***/

import java.awt.*;
import java.awt.event.*;
import java.applet.*;

public class ue8 extends Applet implements Runnable
{
    Thread thr;
    Graphics g;
    final int L=300;
    Label lab;
    Point p[]= new Point[3], piter;
    public void init()
    {
      addMouseListener(new ML());
      g = getGraphics();
      lab = new Label("Rechenschritte"); add(lab);
      lab.setBackground(Color.cyan);
      setBackground(Color.white);
      p[0] = new Point(10,50);
      p[1] = new Point(L-10,50);
      p[2] = new Point(L/2,L-01);
      piter= new Point(50,50);
    }

    public void run()
    {
        int nr,count=0;
        while(thr!=null)
        {
            try{ Thread.sleep(100);} catch(InterruptedException e){}

            for ( int i=0;i<100;i++)
               {
                 nr = (int)(3.*Math.random());
                 piter.x = (p[nr].x + piter.x)/2;
                 piter.y = (p[nr].y + piter.y)/2;
                 g.drawLine(piter.x, piter.y, piter.x, piter.y);
               }
            count++;
            lab.setText(String.valucOf(count)+"00 Schritte");
        }
    }

  class ML extends MouseAdapter
  {
      public void mousePressed (MouseEvent evt)
          {  p[2]=evt.getPoint();  }
```

6.2 Java-Übungen

```
   }

    public void start()
    { thr=new Thread(this); thr.start(); }

    public void stop() { thr=null; }
}
```

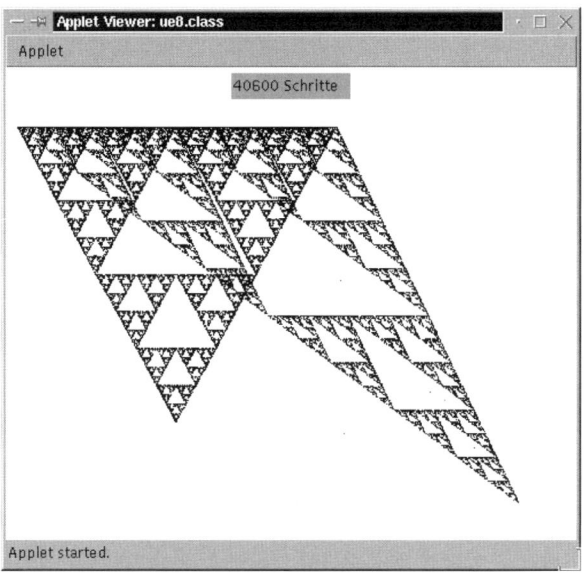

Abbildung 6.13: Zufallssprünge erzeugen einen Sierpinski-Teppich mit der fraktalen Dimension $\ln 3/\ln 2 \simeq 1.58$.

6.3 Mathematica-Übungen

Die Lösungen zu den Übungen finden Sie als Notebooks der Mathematica-Version 4.0 auf der beiliegenden CD. Die Notebooks können Sie mit `mathematica name.nb` aufrufen und bearbeiten.

6.3.1 Zufallszahlen

Schreiben Sie ein Mathematica-Programm, das 10 000 gleichverteilte Zufallszahlen aus dem Intervall [−1,1] erzeugt und zählt, wie oft die Zufallszahl kleiner als −0.5 ist.

Lösung

Wir benötigen hier den Zufallszahlen-Generator `Random[Real,{-1,1}]`. Mit einem `If[expr,true,false]`-Befehl wird die Bedingung der Aufgabe sofort in die Werte 1 und 0 übersetzt, so dass wir am Ende nur noch zählen müssen, wie oft der Wert 1 vorkommt. Das Ergebnis jedes einzelnen Aufrufs der Zufallszahl speichern wir in dem Ausdruck `f`. Dabei müssen wir allerdings die verzögerte Zuweisung `:=` benutzen, denn sonst steht in `f` immer dieselbe Zahl. Nun rufen wir `f` mit der Funktion `Table` 10 000 mal auf und erzeugen damit eine Liste `rand` mit 10 000 Werten 1 oder 0.

```
f := If[Random[Real, {-1, 1}] < -.5, 1, 0];
rand = Table[f, {10000}];
Count[rand, 1]
```

Die Funktion `Count` zählt schließlich die Anzahl der Werte 1 in der Liste `rand`. Die Wahrscheinlichkeit, eine Zufallszahl kleiner als −0.5 zu ziehen, ist offenbar 1/4. Deshalb wird das Ergebnis in der Nähe von 2 500 liegen.

6.3.2 Iteration

Programmieren Sie folgenden Algorithmus:

$$x_0 = 1; \quad x_{n+1} = \frac{1}{2}\left(x_n + \frac{2}{x_n}\right)$$

Berechnen Sie die Werte $x_0, ..., x_{10}$ mit einer Genauigkeit von 50 Stellen. Zu welchem Wert konvergiert diese Iteration?

Lösung

```
f[x_] = (x + 2/x)/2;
x[0] = 1;
x[n_] := f[x[n - 1]];
iter = Table[x[n], {n, 10}];
N[iter, 50]
```

Zunächst schreiben wir die rechte Seite der Iteration als Funktion f[x_]. Dann definieren wir die Ausdrücke x[n_] und x[0]. Mathematica erkennt, dass x[0] spezieller als x[n_] ist und berechnet x_0 mit der speziellen Zuweisung. Bei der Iteration müssen wir die verzögerte Zuweisung := benutzen, denn sonst entsteht bei der Definition eine unendliche Schleife. Die Ergebnisse der Iteration werden in der Liste iter gespeichert. iter enthält exakte Werte, die mit N in numerische Werte mit der angegebenen Genauigkeit von 50 Stellen ausgedruckt werden. Das Ergebnis lautet:

```
{ 1.5000000000000000000000000000000000000000000000000,
  1.4166666666666666666666666666666666666666666666667,
  1.4142156862745098039215686274509803921568627450980,
  1.4142135623746899106262955788901349101165596221157,
  1.4142135623730950488016896235025302436149819257762,
  1.4142135623730950488016887242096980785696718753772,
  1.4142135623730950488016887242096980785696718753769,
  1.4142135623730950488016887242096980785696718753769,
  1.4142135623730950488016887242096980785696718753769,
  1.4142135623730950488016887242096980785696718753769 }
```

Anstelle der Iteration mit Table hätten wir das Ergebnis auch direkt mit dem Befehl NestList erhalten können:

```
iter = N[ NestList[f,1,10], 50]
```

Offenbar konvergiert die Iteration extrem schnell gegen einen stationären Wert, der mit

```
Solve[f[x]==x]
```

berechnet werden kann. Das Ergebnis ist die Wurzel aus zwei. Wir haben hier also einen schnellen Algorithmus zur Berechnung von — sogar beliebigen — Quadratwurzeln. Denn allgemeiner gilt sogar:

$$x_{n+1} = \frac{1}{2}\left(x_n + \frac{a}{x_n}\right) \xrightarrow{n\to\infty} \sqrt{a} \tag{6.1}$$

6.3.3 Gemischte partielle Ableitung

Vielleicht haben Sie gelernt, dass gemischte Ableitungen vertauscht werden dürfen :

$$\frac{\partial^2 f(x,y)}{\partial x \partial y} = \frac{\partial}{\partial y}\left(\frac{\partial f}{\partial x}\right) = \frac{\partial}{\partial x}\left(\frac{\partial f}{\partial y}\right)$$

Definieren Sie $f(x,y) = \dfrac{xy(x^2-y^2)}{x^2+y^2}$ mit $f(0,0) = 0$. Zeichnen Sie diese Funktion. Zeigen Sie, dass die beiden gemischten Ableitungen bei $(x,y) = (0,0)$ voneinander verschieden sind.

Lösung

```
f[x_, y_] = (x y (x^2 - y^2))/(x^2 + y^2);
f[0, 0] = 0;
Plot3D[f[x, y], {x, -1, 1}, {y, -1, 1}]
dxy = D[f[x, y], x, y] // Simplify
```

Die Funktion f[x_, y_] kann leicht in Mathematica-Form geschrieben werden, ebenfalls die gemischte Ableitung, die man mit Simplify auf das folgende Ergebnis bringt:
$$\frac{\partial^2 f}{\partial x\, \partial y} = \frac{x^6 + 9x^4 y^2 - 9x^2 y^4 - y^6}{(x^2 + y^2)^3}$$

Nun liefern dxy /. x->0 und dxy /. y->0 jeweils die Ergebnisse -1 und 1; deshalb hat die gemischte Ableitung keinen Grenzwert am Punkt $(x, y) = (0,0)$. Die Funktion $f(x, y)$ ist in Abbildung 6.14 gezeigt.

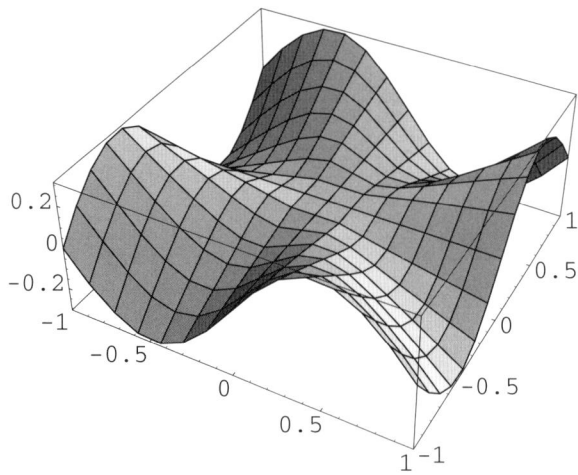

Abbildung 6.14: Die Funktion $f(x, y) = \dfrac{xy(x^2 - y^2)}{x^2 + y^2}$ wude mit Plot3D gezeichnet.

6.3.4 Chinesischer Primzahltest

Chinesische Mathematiker behaupteten vor etwa 2500 Jahren:

$2^n = 2 \bmod n \Leftrightarrow$ n ist eine Primzahl.

Widerlegen Sie diese Aussage (Die Aussage ist in der Richtung $\Leftarrow$ wahr).

Lösung

Mit einer Schleife prüfen wir die Behauptung für alle Zahlen n von 1 bis 1000. Wenn für einen Wert von n die linke Seite wahr und die rechte falsch ist, so ist die Aussage widerlegt.

Für den Ausdruck $2^n \bmod n$ (der Rest von 2^n geteilt durch n) gibt es die Funktion `PowerMod[2,n,n]`. Primzahlen kann man mit `PrimeQ` testen; `!PrimeQ[n]` liefert daher den Wert `True`, falls n *keine* Primzahl ist. Die beiden logischen Ausdrücke werden mit `&&` verknüpft; nur wenn beide wahr sind, wird der entsprechende Wert von n gedruckt.

```
Do[If[PowerMod[2,n,n] == 2 && !PrimeQ[n], Print[n]], {n, 1000}]
```

Als Ergebnis erhalten wir die Zahlen 341, 561 und 645 und widerlegen damit die behauptete Aussage.

6.3.5 Pendel

Die Energie des mathematischen Pendels ist bekanntlich

$$E = \frac{m}{2} l^2 \, \dot\varphi^2 - mgl \cos\varphi$$

$m =$ *Masse, $l =$ starre Länge, $g =$ Erdbeschleunigung. Zeichnen Sie verschiedene Kurven der Bewegung des Ausschlagwinkels $\varphi(t)$ im Phasenraum $(\varphi, \dot\varphi)$ für Energien unterhalb und oberhalb des Pendelüberschlags.*

Lösung

Die Energie enthält die Größen m, l und g. Zur numerischen Auswertung sollten diese Größen möglichst nicht auftreten; deshalb messen wir die Energie in Einheiten von mgl und die Zeit in Einheiten von $\sqrt{l/g}$. Damit wird die Energie zu

$$E = \frac{1}{2} \dot\varphi^2 - \cos\varphi$$

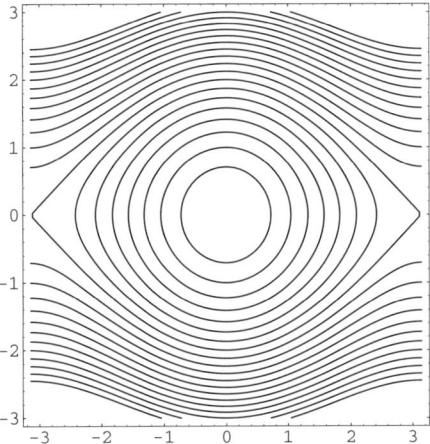

Abbildung 6.15: Bewegung des Pendels in der $(\varphi, \dot\varphi)$-Ebene für verschiedene Energien E, mit `ContourPlot` *gezeichnet.*

$E(\varphi, \dot\varphi)$ ist eine zweidimensionale Funktion, deren Höhenlinien (Bahnen mit konstanter Energie) mit `ContourPlot` gezeichnet werden können. Die Ruhelage des Pendels hat die Werte $\dot\varphi = \varphi = 0$, sie hat also die Energie $E = -1$, der Überschlag findet gerade bei $\dot\varphi = 0, \varphi = \pi$, also für $E = 1$ statt. Daher wählen wir für die Konturen die Werte von $E = -0.75$ bis $E = 4$ in Schritten von 0.25.

```
e[x_, y_] = 1/2  y^2 - Cos[x]
ct = Table[ee, {ee, -.75, 4, .25}];
ContourPlot[ e[x,y], {x, -Pi, Pi}, {y, -3, 3},
             ContourShading -> False,
             PlotPoints -> 100, Contours -> ct ]
```

Das Ergebnis zeigt die Abbildung 6.15

6.3.6 Wasserstoff-Elektronen

Aus der Atomphysik wissen wir, dass die Wahrscheinlichkeit, ein Wasserstoffelektron mit den Bahndrehimpuls-Quantenzahlen l und m im Raumwinkel $d(\cos\theta)\,d\varphi$ zu messen, durch die assoziierten Legendre-Polynome $P_l^m(z)$ bestimmt wird. Die entsprechende Wahrscheinlichkeitsdichte ist proportional zu

$$w(\varphi, \theta) = \left[P_l^m(\cos\theta)\right]^2$$

Zeichnen Sie diese Dichte w als Polardiagramm; das heißt, in der (x,y)-Ebene wird eine Kurve $w(\theta)$ gezeichnet, wobei w als Radius unter dem Winkel $\theta \in [0, 2\pi]$ aufgetragen wird. Dabei sollen alle Diagramme für $l = 0, 1, 2, 3, 4$ (Orbitale s, p, d, f, g) und $0 \leqslant m \leqslant l$ in einem einzigen Bild dargestellt werden.

Lösung

Die Legendre-Polynome existieren in Mathematica als Funktion `LegendreP[l,m,z]`. Polardiagramme werden durch `PolarPlot` aus dem Grafikpaket gezeichnet. Damit können wir die Funktion `p[l,m,c]` definieren, die neben den beiden Quantenzahlen auch die Bezeichnung der Orbitale als Variable enthält:

```
Needs["Graphics`"];
p[l_, m_, c_] :=
    PolarPlot[ LegendreP[l, m, Cos[t]]^2 , {t, 0, 2Pi},
               PlotRange -> All, DisplayFunction -> Identity,
               Ticks -> None, PlotLabel -> c]
Show[GraphicsArray[
    { {p[0, 0, "s0"], p[1, 0, "p0"], p[1, 1, "p1"]},
      {p[2, 0, "d0"], p[2, 1, "d1"], p[2, 2, "d2"]},
      {p[3, 0, "f0"], p[3, 1, "f1"], p[3, 2, "f2"]},
      {p[3, 3, "f3"], p[4, 0, "g0"], p[4, 1, "g1"]},
      {p[4, 2, "g2"], p[4, 3, "g3"], p[4, 4, "g4"]} }]]
```

Die Funktion `GraphicsArray` fasst alle 15 Orbitale wie in Abbildung 6.16 zusammen, und zwar werden die Zeichnungen zeilenweise in einer Liste zusammengefasst und als Argument übergeben.

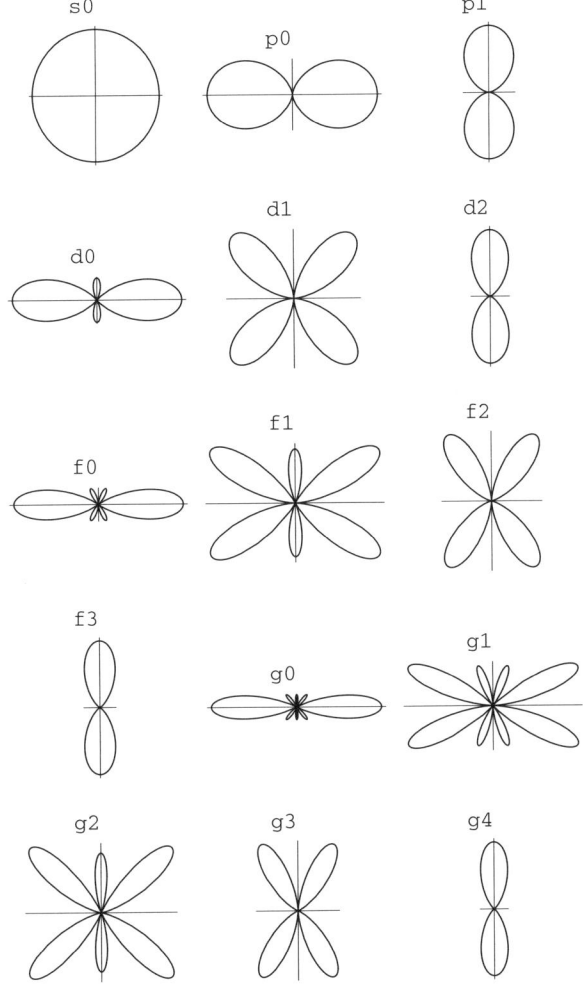

Abbildung 6.16: Orbitale des Wasserstoffelektrons.

6.3.7 Spirale

Eine Spirale sei durch folgende Kurve gegeben:

$$x(t) = t\sin(t); \quad y(t) = t\cos(t); \quad z(t) = 5t$$

a) *Zeichnen Sie diese Spirale für $t \in [0, 20\pi]$.*

b) *Berechnen Sie die Länge der Spirale für $t \in [0, T]$ als Funktion von T.*

c) *Entwickeln Sie das Ergebnis von b) nach T bis zur fünften Ordnung in T.*

Lösung

Die Kurve $\vec{r}(t)$ wird als dreidimensionaler Vektor geschrieben:

```
kurve = {t Sin[t], t Cos[t], 5t}
```

und wird mit folgendem Parameterplot gezeichnet, siehe Abbildung 6.17:

```
ParametricPlot3D[kurve,{t,0,20 Pi},PlotPoints->1000]
```

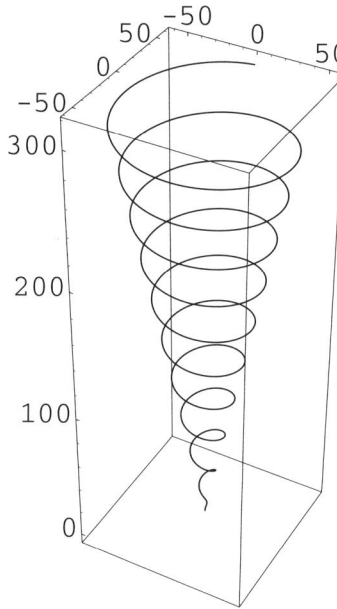

Abbildung 6.17: Dreidimensionale Spirale $(t\sin(t), t\cos(t), 5t)$, mit `ParametricPlot3D` *gezeichnet.*

Jedes Kurvenstück hat die Länge

$$dl = |d\vec{r}| = \sqrt{\frac{d\vec{r}}{dt} \cdot \frac{d\vec{r}}{dt}} dt$$

und die Gesamtlänge ist

$$L = \int_0^T dl$$

In Mathematica lauten diese beiden Gleichungen

```
dl = Sqrt[D[kurve,t].D[kurve,t]]
laenge = Integrate[dl, {t,0,T}]
```

und liefern das Ergebnis

$$L = \frac{1}{2}\left(T\sqrt{26+T^2} + 26\operatorname{arcsinh}\left(\frac{T}{\sqrt{26}}\right)\right)$$

Für kleine Längen (T kleiner als π) kann dieser Ausdruck nach T entwickelt werden:

```
Series[laenge,{T,0,5}]
```

mit dem Resultat

$$L = \sqrt{26}T + \frac{T^3}{6\sqrt{26}} - \frac{T^5}{1040\sqrt{26}} + \mathcal{O}[T^6]$$

6.3.8 Maxwell-Konstruktion

Die Zustandsgleichung eines realen Gases kann oft durch die Van-der-Waals-Gleichung beschrieben werden. In dimensionslosen Einheiten lautet diese Gleichung:

$$(p + \frac{3}{V^2})(3V - 1) = 8T$$

Dabei ist p der Druck, V das Volumen und T die Temperatur, alles in Einheiten der jeweiligen Größen am kritischen Punkt $T_c = 1$. Für $T < T_c$ hat diese $p(V)$-Kurve allerdings eine unphysikalische Schleife, die durch die sogenannte Maxwell-Konstruktion *korrigiert wird. Für $T < T_c$ beschreibt die Gleichung die Koexistenz von Flüssigkeit und Gas: Bei einem Druck p_t wandelt sich eine Flüssigkeit mit einem Volumen V_f in ein Gas mit einem Volumen $V_g > V_f$ um. Die $p(V)$-Kurve ist dazwischen konstant, $p(V) = p_t$. Aus thermodynamischen Gründen muss diese Gerade die ursprüngliche $p(V)$-Kurve in zwei gleich große Flächenstücke zerschneiden, das heißt:*

$$\int_{V_f}^{V_g} p(V)dV = p_t(V_g - V_f)$$

Berechnen und zeichnen Sie die reale $p(V)$-Kurve für $T = 0.9\, T_c$.

Lösung

Die Van-der-Waals-Gleichung lautet, nach p aufgelöst:

```
p[v_] = 8t/(3v-1) - 3/v^2
```

Die beiden gesuchten Volumina werden durch folgende Gleichungen bestimmt:

```
gl1 = p[vf]==p[vg]
gl2 = p[vf]*(vg-vf)==Integrate[p[v], {v,vf,vg}]
```

Diese Gleichungen können allerdings nur numerisch gelöst werden, wobei schon recht genaue Startwerte für V_g und V_f angegeben werden müssen. Ein Blick auf die $p(V)$-Kurve in Abbildung 6.18 legt die Startwerte 3 und 0.6 nahe. Die genauen Werte finden wir mit:

```
vol = FindRoot[{gl1,gl2},{vf,0.6},{vg,3}]
```

Wir speichern diese Werte in den entsprechenden Variablen:

```
vg = vg/.vol;   vf = vf/.vol;
```

Nun definieren wir noch die korrigierte $p(V)$-Kurve:

```
pmaxwell[v_]:=If[v<vf || v>vg, p[v], p[vg]]
```

und zeichnen beide Kurven, siehe Abbildung 6.18.

```
Plot[{pmaxwell[v],p[v]}, {v,0.34,5.},
     PlotRange -> {{0,5}, {0,1}},
     Frame -> True, FrameLabel -> {"v","p"}]
```

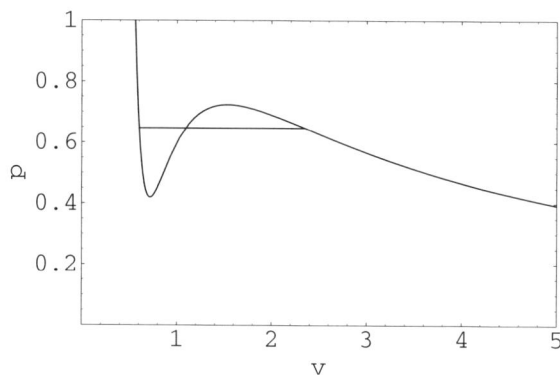

Abbildung 6.18: Koexistenz von Flüssigkeit und Gas, im Druck-Volumen-Diagramm dargestellt.

6.3.9 Nichtlineare Regression

Sie finden auf der beiliegenden CD eine Datei mit dem Namen `strahlung.dat`*. Sie enthält die Intensitäten der elektromagnetischen Strahlung eines heißen Körpers als Funktion ihrer Frequenzen, die Sie mit der Planckschen Strahlungsdichte*

$$P(f) = a \frac{f^3}{e^{hf/k_B T} - 1}$$

fitten sollen. Dabei ist f die Frequenz der Strahlung in Hertz, *T die Temperatur in* Kelvin, *a eine Konstante und $h = 6.626 \cdot 10^{-34}$ Js und $k_B = 1.38 \cdot 10^{-23}$ J/K sind die bekannten Naturkonstanten. Kopieren Sie die Daten in Ihr Verzeichnis, lesen Sie sie mit* `ReadList[..]` *in Mathematica ein und bestimmen Sie mit* `NonlinearRegress` *die Temperatur T des Körpers. Erzeugen Sie einen Plot mit den Daten und der aus* `NonlinearFit` *gewonnenen Fitfunktion.*

Lösung

Die Funktion $P(f)$ lautet in Mathematica

```
p[f_] := a f^3 / (Exp[h f /(k T)] - 1);
h = 6.626 10^-34;
k = 1.38  10^-23;
```

Die Daten werden in eine Liste eingelesen:

```
daten = ReadList["strahlung.dat", {Real,Real}];
lp = ListPlot[daten]
```

Mit der Funktion `NonlinearRegress` aus dem Statistikpaket wird die Funktion $P(f)$ an die Daten gefittet, d.h., die quadratische Abweichung zwischen $P(f)$ und den Daten wird bezüglich der Parameter a und T minimiert. Dabei sollten schon vernünftige Startwerte angegeben werden.

```
Needs["Statistics`"]
NonlinearRegress[daten, p[f], f, {{a, 10^-30}, {T, 500}}]
g[f_] = NonlinearFit[daten, p[f], f, {{a, 10^-30}, {T, 500}}]
pl = Plot[g[f], {f, 0, 2 10^14}]
Show[lp, pl]
```

Wir erhalten eine Temperatur von $T = 631$ Grad Kelvin, die Daten sind zusammen mit der gefitteten Funktion $P(f)$ in der Abbildung 6.19 zu sehen.

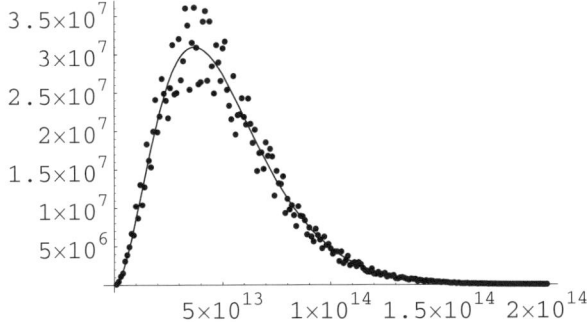

Abbildung 6.19: Die Daten aus der Datei `strahlung.dat` wurden mit der Planckschen Strahlungsdichte $P(f) = a \dfrac{f^3}{e^{hf/k_\mathrm{B}T} - 1}$ gefittet.

Weitere statistische Angaben über die Fitparameter, deren Fehler und Korrelationen werden von `NonlinearRegress` ebenfalls berechnet.

6.3.10 Kettenschwingungen

Eine Kette aus 400 Teilchen sei ringförmig geschlossen. Benachbarte Teilchen seien durch Federn mit der Federkonstante k miteinander verbunden und sollen nur entlang der Kettenrichtung schwingen können. Auf drei Teilchen der Masse m folge jeweils ein Teilchen der Masse 2m. Die Bewegungsgleichung eines Teilchens m_i mit der Auslenkung $x_i(t)$ aus der Ruhelage sei also

$$m_i \ddot{x}_i = k(x_{i+1} + x_{i-1} - 2x_i)$$

Berechnen Sie die Eigenfrequenzen der Kette.

Hinweis: Aus der Mechanik ist bekannt, dass dieses System von 400 gekoppelten Differentialgleichungen durch eine Fourier-Transformation gelöst werden kann. Dabei werden die Eigenschwingungen durch eine Wellenzahl q zwischen $-\pi$ und π klassifiziert, und man muss das folgende Gleichungssystem lösen:

$$\begin{pmatrix} 2k & -k & 0 & -ke^{-iqa} \\ -k & 2k & -k & 0 \\ 0 & -k & 2k & -k \\ -ke^{iqa} & 0 & -k & 2k \end{pmatrix} \vec{S}(q) = \omega^2 \begin{pmatrix} m & 0 & 0 & 0 \\ 0 & m & 0 & 0 \\ 0 & 0 & m & 0 \\ 0 & 0 & 0 & 2m \end{pmatrix} \vec{S}(q)$$

wobei q die Wellenzahl, a die Länge der Elementarzelle mit vier Teilchen und $\omega(q)$ die Frequenz der Schwingung ist.

Lösung

Die vorige Gleichung hat die Form

$$\hat{K}\vec{S}(q) = \omega^2 \hat{M}\vec{S}(q) \quad \Rightarrow \quad (\hat{M}^{-1}\hat{K})\vec{S}(q) = \omega^2 \vec{S}(q)$$

Die vier Eigenwerte der Matrix $\hat{M}^{-1}\hat{K}$ liefern daher vier Frequenzen für jede Wellenzahl q.

In Mathematica definieren wir zunächst die Matrizen $\hat{K}$ und $\hat{M}$ (in Einheiten von a und m):

```
K[q_] = {{2k,-k,0,-k Exp[-Iq]},
         {-k,2k,-k,0},
         {0,-k,2k,-k},
         {-kExp[Iq],0,-k,2k} }
     M = DiagonalMatrix[{1,1,1,2}]
```

und berechnen $\hat{M}^{-1}\hat{K}$:

```
MK[q_] = Inverse[M].K[q]
```

Die Wurzel aus den Eigenwerten dieser Matrix sind die Frequenzen der Schwingungen:

```
omega[q_]:= Sort[Eigenvalues[N[MK[q]]]]//Chop
```

Durch den numerischen Fehler entsteht dabei ein kleiner Imaginärteil, der mit Chop beseitigt wird. omega ist eine Liste von vier Frequenzen; um sie zu zeichnen, muss die entsprechende Wellenzahl hinzugefügt werden. Damit können wir uns nun eine Liste von Punkten erzeugen, die wir mit ListPlot zeichnen können.

6.3 Mathematica-Übungen

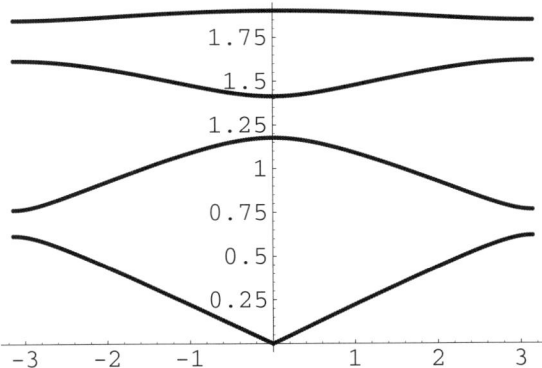

Abbildung 6.20: Frequenzen einer Kette mit vier Teilchen in einer Einheitszelle.

```
tabelle = Table[{q,omega[q][[i]]},{q,-Pi,Pi, 0.01 Pi},{i,1,4}]
ListPlot[Flatten[tabelle,1]]
```

Die Funktion Flatten beseitigt dabei störende Klammern. Das Ergebnis ist in Abbildung 6.20 zu sehen.

Weiterführende Literatur

- Linux, Installation, Konfiguration, erste Schritte, SuSE 1999
- Michael Kofler, Linux, Installation, Konfiguration, Anwendung, Addison-Wesley 2000
- Helmut Kopka, LaTeX, Einführung Band 1, Addison-Wesley 2000
- Guido Krüger, Go To C-Programmierung, Addison-Wesley 1998
- Guido Krüger, Go To Java 2, Addison-Wesley 2001
- Stephen Wolfram, The Mathematica Book, Cambridge University Press 1999
- Michael Kofler, Mathematica, Einführung, Anwendung, Referenz, Addison-Wesley 1998
- M. Kofler, G. Bitsch, M. Komma, Maple, Einführung, Anwendung, Referenz, Addison-Wesley 2001
- Wolfgang Kinzel und Georg Reents, Physik per Computer, Spektrum Verlag 1996
- William H. Press et al., Numerical Recipes in C, The Art of Scientific Computing, Cambridge University Press 1992

Stichwortverzeichnis

A
Ableitung 139, 147, 189, 190
Abschalten des Systems 8
Account 7, 17
`ActionListener` 82, 90, 168, 170, 176
`actionPerformed` 82, 90, 168, 171, 179, 182
Adapterklasse 92
`add` 94, 96, 172
`addActionListener` 92, 168
`addMouseListener` 93
Adresse 31, 42, 43, 47, 54, 55
`alias` 9
Animation 71, 89, 92, 97, 109, 122, 131, 174
Applet 17, 80, 81, 84, 85, 88, 94, 98, 99, 105, 177
`appletviewer` 85, 103, 105, 170
`Apply` 120
Argumente
    einer Funktion 33, 47
Array 40
ASCII-Zeichen 30, 41, 55, 120
`atoi` 50
auflisten 9
Ausdrücke 110, 112
Ausgabe 52
awt 84, 86, 96

B
bedingte Zuweisung 76
Bedingung 119
Bedingungsoperator 36
Besselfunktion 109
Betriebssystem 7
Bild 25
binary file 27
Bit 10, 29, 35
Bitweise Operatoren 35
`boolean` 73, 83
`break` 39, 40, 76, 77
Browser 17, 71, 80, 85, 101, 103, 105, 168, 170, 174, 182
Button 82, 84, 89, 96, 176
Byte 10

C
C 27
Canvas 84, 94
`case` 39, 76

CD 16
`cd` 11
`Checkbox` 84, 89, 92, 98, 102, 103, 176, 182
`chmod` 13
`Chop` 198
`class` 80
`Clear` 113
`Color` 84, 88
Compiler 7, 27–29, 85, 174
Computeralgebra 109
Computersimulation 157
`continue` 40, 77
`ContourPlot` 129, 192
`Count` 188
`cp` 12

D
Datei 12, 56
    öffnen 56
    kopieren 12
    löschen 12
    Name 10
    suchen 14
    verschieben 12
Daten 120, 121, 157
Datennetz 17
`default` 39, 76
`define` 29, 83
Deklaration 29, 32, 41, 43, 46, 73, 79
`DensityPlot` 129
Dezimalzahl 73
`DiagonalMatrix` 198
Dialog 89
Differentialgleichung 65, 69, 107, 147, 152, 162, 181, 198
Differentialoperator 143
Diskette 16
`DisplayFunction` 125
`Do` 120, 191
`do` 39
Doppelpufferung 100, 103, 181
`double` 31
`drand48` 39, 60
drucken 9, 10
`DSolve` 147
`dvips` 23

E
Editor 7, 10, 18

emacs 10
xemacs 10
gvim 10
joe 10
pico 10
vi 10
Eigenvalues 198
Eigenvektor 135
Eigenwert 135
Einfügemodus 18
Eingabe 52
elektrisches Feld 143
else 38, 76
emacs 10, 18
EPS-Datei 157
Ereignis 90, 96, 168
Exit 114
exit 8
Expand 113
Export 121, 123
extends 81, 85

F
Factor 113, 142
False 113
false 73
Farbe 88, 94–96, 168, 170, 175, 179
Fast Fourier Transform 137
fclose 57
Feld 30, 40, 45, 48, 74, 154
FILE 57
final 83
FindRoot 146, 196
Fixpunkt 153
Fläche 129
Flackern 100
Flatten 148
Fließkommazahl 31
float 31
FlowLayout 95
Font 84, 88
fopen 57
For 120
for 39, 63, 77, 158, 163, 174, 185
formatiertes Schreiben 55
Fortran 27
Fourier-Transformation 24, 136, 137, 152, 198
fraktal 187
ftp 17
Funktion 30, 45, 111, 117, 139, 189

G
Gültigkeitsbereich 32, 82
Gaußglocke 129
Genauigkeit 189
getchar 52
ghostview 25
Gibbsches Phänomen 139
GIF-Format 123, 132
Gleichung 145, 196
globale Variable 33, 46
größter gemeinsamer Teiler 155
Gradient 144
Grafik 22, 25, 84, 122
Grafikbehälter 94
Graphics 84, 87, 94, 99, 100, 127
GraphicsArray 125, 192
grep 15
Grundrechenart 33
gvim 10
gzip 15, 25

H
Höhenlinien 129, 192
Header-File 28
Help 111
Hexadezimalzahl 30, 55, 73
Hintergrund 95
Histogramme 24
HTML-Text 85, 105, 123

I
Icon 8
If 119, 191
if 38, 76, 159, 174, 188
Image 84, 100
Import 121, 123
import 82
include 28, 48, 65
Index 75
Infinitesimalrechnung 139
Infinity 141
init 82, 85, 91, 99, 168, 174
Initialisierung 41, 43, 75, 80, 185
Instanz der Klasse 79
Integrate 140, 143, 195, 196
Inverse 135
Iterator 115

J
Java 27, 71
java.lang 82

`javac` 85, 169, 174
`joe` 10

K
`kill` 14
Klammern 28, 74, 80, 111
Klasse 71, 73, 78, 80
Klassenmethode 81
Kommandozeile 49
Kommentar 28
    Zeile 23
kompilieren 60, 86, 153, 169
komplexe Zahl 112, 117
komprimieren 15
Konstante 30
Konstruktor 79, 88, 91, 168
Koordinaten 87
Kopf 120
kopieren 17, 18
Kreis 179
Kreuzprodukt 133
Kurve 123, 194
Kurvenfits 24

L
löschen 18
Label 84, 94, 96, 102, 168, 170, 182
LaTeX 20, 26, 57, 157
Layoutmanager 95, 172
Legendre-Polynome 151, 192
`LegendreP` 192
lesen 52, 161
`less` 10
lineare Gleichung 135
`LinearSolve` 135
Linux 7, 27, 71, 110
Lissajous-Figur 126
`list` 9
Liste 111, 115, 121, 132, 189
`ListPlot` 126, 198
`locate` 14
log-log-Plot 24
Login 7, 11
logische Operatoren 34
logischer Wert 31, 74
`logout` 8
lokal 33
`lpq` 10
`lpr` 9, 23
`lprm` 10
`ls` 9

M
`main` 27, 45, 49
`malloc` 44
`man` 15, 42
Manual 15
Maple 109
`Math` 81, 82, 176
`math` 110
`math.h` 28, 60
Mathematica 109
Mathematik
    Bibliothek 29, 34, 59
    Formeln 20
    Funktionen 75
Matrix 42, 48, 65, 111, 116, 121, 134, 135
`MatrixForm` 134
Matrixpotenzen 134
Maus 71, 84, 89, 92, 96, 103, 172, 182, 185
    Taste 8
Methode 71, 78
`mkdir` 12
Modem 17
Modulo 62, 73
`mount` 16
`MouseAdapter` 93, 172
`MouseEvent` 93
`mousePressed` 93, 173, 182
`mouseReleased` 173
`mv` 12

N
`NDSolve` 148
`Needs` 127
`netscape` 85, 103, 105, 170
`new` 72, 74, 80
`nice` 14, 29
Nicht 34, 74, 113
`NIntegrate` 141
`NonlinearFit` 152, 196
`Normal` 142
Notebook 109, 132
`NSolve` 146
`NSum` 142
Nullstelle 145
Numerical Recipes 64
numerischer Wert 112
Nyquist-Frequenz 138

O
Objekt 71, 78, 80
objektorientiert 71, 78

Oder 34, 74, 113
Oktalzahl 30, 55, 73
Operator 33–35, 73

P
packen 15
paint 82, 86, 94, 97, 99, 170
Paket 82
Panel 84, 94
Parallelepiped 133
Parameterplot 24, 194
ParametricPlot 126, 150
ParametricPlot3D 126, 194
parse error 28, 38
Passwort 7, 17
Pendel 65, 191
pico 10
Pipe 9, 56
Pixel 25, 168, 182
Plot 122, 123, 148
Plot3D 129
PlotRange 125, 132
PlotStyle 124, 147
Plus 120
Point 185
Polardiagramm 151, 192
PolarPlot 127, 192
Poster 26
PostScript 22, 25
Potential 144
Potenzen 34, 74, 112
PowerMod 191
Präprozessor 29
Precision 112
PrimeQ 191
Primzahl 150, 154, 190
printf 28, 42, 46, 54
println 76, 81
Priorität 14, 29
private 83
Prozess 14
ps 14
public 80, 83
Puffer 18
putchar 52
pwd 11

R
Random 114, 188
random 60, 77
Raumwinkel 151, 192

ReadList 120, 152, 196
Rechteckimpuls 137
reelle Zahl 31
Referenzvariable 72, 73, 75, 79
Regel 115, 146, 148
Regression 24
Rekursion 50, 114, 119, 155
repaint 92, 99, 171
return 46
rm 12
root 13
Rosette 107, 128, 181
run 82, 97, 99, 103, 174, 182, 185
runden 37
Runge-Kutta-Verfahren 69, 163
Runnable 82, 97, 99

S
scanf 42, 53
Schaltfläche 89, 102, 176
Schleife 38, 77, 111, 119, 174, 182, 189
Schnittstelle 82, 90, 97, 168, 170, 176
schreiben 52
Schriftart 88
Schriftgröße 88, 95
scp 17
Semikolon 110
Series 142, 195
Shell
    bash 8
    tcsh 8
Show 114, 125
Simplify 113, 146, 190
Skalarprodukt 133
sleep 98, 101, 174
Solve 146
speichern 111, 121
Spektrum 138
SphericalPlot3D 130
ssh 17
start 82, 85, 98, 99, 174
startx 7
static 81
stdin 52
stdio.h 52, 57
stdlib.h 60
stdout 52
stehende Welle 100
stehende Welle 131
Steuerzeichen 20, 28, 42, 53, 55
stochastischer Prozess 158

stop 82, 86, 99, 174
strcmp 50
String 73, 83
strings 10
Struktur 44
suchen
    Datei 14
    Stichwort 15
Sum 120, 141
Summe 141
Superuser 13
Swing 84
switch 39, 76, 176

T
Table 115, 119, 124, 132, 134, 188, 198
tar 15
Taylorreihe 142
teilerfremd 68, 156
telnet 17
Template 78
Terminal 8
Textdatei 20, 110
Textfenster 102, 170, 179, 182
TextField 84, 90, 168
Textverarbeitung 20
this 98, 100, 176
Thread 82, 84, 97, 174, 182, 185
time 63
Timing 119
top 14
Torus 130
True 113
true 73
try 98

U
Überladen von Methoden 81
überschreiben 82
Umlaut 57
umleiten 56
Und 34, 74, 113
Unendlich 141
UNIX 7

V
van-der-Pol-Oszillator 149

Variable 29, 32, 33, 72
    globale 46
Vektor 41, 43, 48, 65, 111, 116, 118, 132, 143, 194
Vektoranalysis 143
Vektorfeld 143
Vererbung 80, 81
Verlet-Algorithmus 107, 181
verschieben 18
Verzeichnis 11
Verzweigung 38, 76
vi 10
void 81

W
Wegintegral 143
While 120
while 39, 77, 103, 158, 161, 163, 174
Wildcards 9
World Wide Web 17
Wrapper-Klassen 83
wvdial 17

X
xanim 132
xdvi 23
xemacs 10, 18
xfig 25
xmgr 23, 68, 156, 157, 159, 163
Xor 34, 74
xv 25

Z
Zeichen 30, 52, 83, 161
Zeichenbereich 94, 102, 172, 176, 179, 182
Zeichenkette 41, 49, 50, 53, 74, 83
Zeiger 31, 42, 49, 57, 81
Zelle 110
Zufallszahlen 39, 60, 96, 117, 120, 158, 174, 176, 185, 188
Zugriffsrechte 9, 13
Zuweisung 37, 74, 114
    verzögerte 118, 188
Zwischenspeicher 100
Zylinder 130

THE SIGN OF EXCELLENCE

Linux

Installation, Konfiguration, Anwendung
5. Auflage

Michael Kofler

Zu den Stärken des Buches zählt der gut verständliche Stil des Autors. Sie lernen Linux nicht nur anwenden, sondern auch verstehen! Die 5., vollständig überarbeitete und erweiterte Auflage setzt einen neuen Schwerpunkt im Bereich Netzwerke (ISDN/ADSL, Internet-Zugang für kleine Netzwerke, Samba). Neu behandelt wird das Thema MP3 (Soundkarte, Audio-CDs brennen). Der Autor geht detailliert auf die Distributionen Red Hat und SuSE ein, berücksichtigt aber auch Corel und Mandrake Linux. Zwei CD-ROMs enthalten Evaluations-Versionen von Corel und SuSE Linux.

Pressestimmen:
- Das Buch für die einsame Insel (Unix Open)
- Klassiker (Linux Magazin)
- Best of Operating Systems (amazon.com zur englischen Übersetzung)
- nous le recommandons en priorité (Linux+ zur französischen Übersetzung)

Linux Specials

**1108 Seiten, 2 CD-ROM
DM 99,90/öS 729,00/sFr 88,00
ISBN 3-8273-1658-8**

www.addison-wesley.de

THE SIGN OF EXCELLENCE

Java 2

Florian Hawlitzek

Java 2 auf den Punkt gebracht. Im ersten Teil lernen Sie die Konzepte dieser objektorientierten Sprache anhand von Beispielen kennen. Der zweite Teil bietet eine ausführliche Referenz der Syntax und einer großen Zahl von Standardklassen, die nach Themengebieten gegliedert sind. Zum Schluss finden Sie eine Sammlung von Tipps und Tricks zu Java-Technologien wie Applets, Servlets oder Multithreading.

Nitty Gritty

432 Seiten
DM 25,00/öS 183,00/sFr 23,00
ISBN 3-8273-1671-5

www.addison-wesley.de

ADDISON-WESLEY

THE SIGN OF EXCELLENCE

Workshop Java 2

Lothar Zeyer

Vertiefen Sie Ihr Java-Wissen! Zahlreiche Übungen und Tipps mit Lösungen helfen Ihnen, sich fortgeschrittene Aspekte der Java-Programmierung wie Multithreading, Grafikprogrammierung mit AWT/Swing, Animation, 2D-Grafik, Netzwerkprogrammierung und RMI praktisch anzueignen – und sie sicher und gekonnt in der Praxis anzuwenden. Absolvieren Sie den Online-Test auf CD und erwerben Sie das Zertifikat für Computing Professionals.

workshop

416 Seiten, 1 CD-ROM
DM 69,90/öS 510,00/sFr 63,00
ISBN 3-8273-1705-3

www.addison-wesley.de

THE SIGN OF EXCELLENCE

Perlen der Programmierkunst

Programming Pearls

Jon Bentley

Jon Bentley zeigt in seinem Buch anhand komplexer Beispiele Wege auf, wie man seine Programme eleganter gestalten kann. Dabei werden hilfreiche Tipps für eine genaue Problemanalyse ebenso vermittelt wie praktische Programmiertechniken und fundamentale Designprinzipien. Diese lassen sich für alle höheren Programmiersprachen sinnvoll einsetzen. Schwerpunkte sind unter anderem Programm-Performance, Effizienz und Anwendung (Sortierung, Strings etc.).

Professionelle Programmierung

304 Seiten
DM 79,90/öS 577,00/sFr 73,00
ISBN 3-8273-1719-3

www.addison-wesley.de

THE SIGN OF EXCELLENCE

Maple

Einführung und Leitfaden für den Praktiker

Michael Kofler, Gerhard Blitsch, Michael Komma

Das Standardeinführungswerk für Maple wird jetzt zur aktuellen Version neu aufgelegt mit Ergänzungen zu Maple in Unterricht und zu praktischen Anwendungen. Systematisch und mit realitätsnahen Beispielen wird auf die verschiedenen Anwendungsgebiete von Maple eingegangen. Jedes Kapitel endet mit einer knappen Syntaxzusammenfassung, die das themenorientierte Nachschlagen erleichtert. Das Buch enthält die Neuerungen der Version 6, die insbesondere die Gebiete Grafik, Programmierung und Lineare Algebra betreffen.

Scientific Computing

560 Seiten, 1 CD-ROM
DM 89,90/öS 656,00/sFr 78,00
ISBN 3-8273-1732-0

www.addison-wesley.de

THE SIGN OF EXCELLENCE

C

Klaus Schröder

C auf den Punkt gebracht. Sie erlernen die Syntax von C und beschäftigen sich mit allen wichtigen Themen - von Pointern und Funktionsbegriff über die modulare Programmierung bis zur Fehlerbehandlung mathematischer Funktionen. In vielen Kapitel bieten Aufgaben (mit Lösungen im Internet) Ihnen die Möglichkeit, Ihr Wissen zu prüfen. Referenzteil und ein umfangreiches Register machen das Buch zu einem Nachschlage- und Arbeitsbuch für die Programmierung.

Nitty Gritty

446 Seiten, ET 03-2001
DM 25,00/öS 183,00/sFr 23,00
ISBN 3-8273-1758-4

www.addison-wesley.de   **ADDISON-WESLEY**

THE SIGN OF EXCELLENCE

Programmierung

Jürgen Bayer

Programmierung auf den Punkt gebracht. In diesem Grundlagenbuch lernen Einsteiger anhand anschaulicher Beispiele aus den gängigen Programmiersprachen (C/C++, Delphi, Java, Visual Basic) die entscheidenden Konzepte und Begriffe der Programmierung kennen. Dabei werden auch die Prinzipien einer modernen, objektorientierten Programmierung verdeutlicht. Hier erhalten sie das notwendige Wissen, um schnell und gekonnt selbst Programme zu schreiben. Tipps und Tricks runden die Erläuterungen ab.

Nitty Gritty

ca. 350 Seiten, ET 04-2001
DM 25,00/öS 183,00/sFr 23,00
ISBN 3-8273-1814-9

www.addison-wesley.de